高等学校酒店管理专业本科系列教材

前厅与客房管理

QIANTING YU KEFANG GUANLI

主　编：唐凡茗
副主编：杨　卉
参　编：曾柳洁　程芸燕　黄　超

重庆大学出版社

内容简介

本教材共分为 11 章，涵盖酒店前厅与客房管理的各方面知识，充分考虑应用型人才培养要求，注重内容与行业发展趋势的结合。本教材中使用了大量案例，注重理论与实际的结合，具备很强的实用性。同时，为平衡前厅与客房“服务”和“管理”之间的关系，本教材兼顾管理者与酒店业未来领导者的角度，使教材内容更加科学和先进。

本教材主要作为高等院校酒店管理专业教材，也可作为酒店管理行业人员培训教材使用。

图书在版编目（CIP）数据

前厅与客房管理 / 唐凡茗主编.-- 重庆：
重庆大学出版社, 2022.6

ISBN 978-7-5689-3221-9

Ⅰ.①前… Ⅱ.①唐… Ⅲ.①饭店—商业管理—高等学校—教材 ②客房—商业管理—高等学校—教材 Ⅳ. ①F719.2

中国版本图书馆CIP数据核字（2022）第055476号

前厅与客房管理

主　编　唐凡茗
副主编　杨　卉
参　编　曾柳洁　程芸燕　黄　超
责任编辑：尚东亮　版式设计：尚东亮
责任校对：刘志刚　责任印制：张　策

*

重庆大学出版社出版发行
出版人：饶帮华
社址：重庆市沙坪坝区大学城西路21号
邮编：401331
电话：（023）88617190　88617185（中小学）
传真：（023）88617186　88617166
网址：http://www.cqup.com.cn
邮箱：fxk@cqup.com.cn（营销中心）
全国新华书店经销
重庆巍承印务有限公司印刷

*

开本：787mm × 1092mm　1/16　印张：15　字数：358千
2022年6月第1版　2022年6月第1次印刷
印数：1—3000
ISBN 978-7-5689-3221-9　定价：48.00元

前言

Qianyan

通常，酒店前厅部与客房部一起组成酒店的房务部（Rooms Division）。前厅部是酒店对客服务的重要场所，既是提供接待服务的部门，也是进行客房销售的部门，被喻为酒店的“门面”和“橱窗”，前厅部管理水平将会对酒店的经营产生直接影响；而客房部是酒店管理有关客房事务、向客人提供住宿服务的部门。在酒店的发展历史中，客房是最为重要的商品，前厅部和客房部共同承担着酒店房务运作的重要任务，因此，做好前厅管理和客房管理对于提高酒店服务质量，进而提高其经济效益、社会效益至关重要。

本教材的编写与课程教学紧密结合，经过团队多年探索与改革创新，补充了酒店前厅与客房发展的前沿性与时代性内容，展示了大量的前厅和客房管理实例并进行全面的阐述和分析，突出实用性、探究性和个性化。其主要特点包括：

1. 内容丰富。本教材在编写过程中参考了国内外最新研究成果和酒店业发展趋势，还通过开展校企共建课程来反映酒店前厅与客房发展的前沿性和时代性。另外，教材内容基于 Opera PMS 系统，在全面介绍酒店前厅及客房相关理论和概念时，也注重实际管理经验。

2. 案例丰富。本教材使用大量案例，包括大量案例分析及案例点评，力求理论联系实际，增强教材的实用性。

3. 侧重管理。本教材作为酒店管理专业本科教材，突出管理内容，以体现大学本科教育特点，平衡前厅与客房“服务”和“管理”之间的关系，紧密结合理论与实际，加强对前厅与客房管理理论与实践的系统研究。

4. 视角全面。本教材不仅从管理者的角度介绍前厅与客房管理中的传统问题，也从酒店业未来领导者，以及以前厅经理、客房经理和总经理为职业目标的专业人才角度，深入探讨了酒店前厅与客房管理中的新趋势、新理念和新视角，如收益管理、绿色饭店、新技术运用、危机事件处理等。同时关注部门间的合作，这种合作贯穿全书。

本书作为高等院校酒店管理专业教材，还可用作酒店管理行业人员培训教材使用。对于本教材中可能存在的不足之处，敬请各位读者不吝赐教。

编者

2022 年 1 月

目录

Mu Lu

第1章 前厅部概述

■ **内容导读**

前厅部是酒店对客服务的重要场所，既是提供接待服务的部门，也是进行客房销售的部门。通常，酒店前厅部与客房部一起组成酒店的房务部（Rooms Division）。通过本章的学习，要求达到以下目标：

- 了解前厅部的地位、作用及主要任务。
- 了解前厅的功能分区和环境营造。
- 了解和掌握前厅部组织机构及其设置原则。
- 了解前厅部主要机构及其各自职能。
- 了解前厅部主要管理人员的岗位职责与素质要求。
- 了解前厅部人员编制。

1.1 前厅部主要职责

酒店前厅包括酒店大门、大堂、服务前台在内的为客人提供综合服务的区域。前厅是现代酒店开始和最终完成对客服务的场所，也是向客人传达酒店第一印象和最后印象的场所。前厅被喻为酒店的“门面”和“橱窗”，因此，前厅部管理水平将会对酒店的经营产生直接影响。

前厅部（Front Office）也称作客务部、前台部、大堂部，是饭店组织客源、销售客房商品、沟通和协调各部门的对客服务，并为宾客提供前厅系列服务的综合性部门。前厅管理系统、工作规范程序、员工素质和工作表现对酒店服务质量尤其是经营效果具有非常重要的影响。

1.1.1 前厅部的地位与作用

前厅部是招徕并接待客人、推销客房及餐饮等酒店服务，同时为客人提供各种综合服务的部门。前厅部虽然不是酒店的主要营业部门，但是其工作对酒店的市场形象、服务质量以及管理水平和经济效益有至关重要的影响。

1）前厅部是酒店形象的代表

前厅部的服务与管理在一定程度上反映了一家酒店服务质量和档次的高低，曾经有客人提道：“由于经常在全球各地出差，通过大堂的气氛就能大致辨别该酒店的星级水平，以及在集团中的等级位置。”正因如此，有人将前厅比作酒店的门面，这体现在前厅大堂的设计、装饰、布置、灯光等设施的舒适度和豪华程度，更体现在前厅部员工的精神面貌、服务态度、办事效率、服务技巧、礼貌礼节、服务特色和组织纪律等诸多方面。

2）前厅部是给客人留下第一印象和最后印象的场所

客人抵店后首先接触的是前厅部，即是给客人留下第一印象的场所。从心理学的角度看，第一印象非常重要，第一印象的好坏很大程度上影响客人对酒店整体服务质量的评价。若第一印象好，客人在住店期间的容错率会较高；反之，若第一印象不好，客人认为酒店服务质量差是必然的，且这种不良形象很难改变，从而影响其入住酒店的决定。此外，客人离店时最后接触的也是前厅部，因此前厅部也是给客人留下最后印象的场所，而最后印象在客人脑海里停留的时间最长。最终印象的好坏很大程度上取决于前厅部服务员的礼貌礼节和服务质量，良好的服务态度和较高的办事效率有助于给客人留下“依依不舍”的感觉和深刻的美好印象，更是为客人住店期间获得的良好服务的锦上添花。

3）前厅部是创造经济收入的关键部门

前厅部通过与酒店销售部门协同合作，积极主动销售酒店客房产品，提高酒店平均房价和客房出租率，以争取获得良好的客房经济效益。另外，前厅部还通过提供邮政、电信、票务、商务、租车服务等，直接获得经济收入。

4）前厅部是饭店业务活动的中心

前厅部被喻为酒店的大脑，负责联络和协调各部门的对客服务工作，在很大程度上控制着整个酒店的经营活动。通常情况下，前厅部是掌握酒店宾客信息和酒店信息最全面、最集中的部门，在这种前提下，前厅部发出的每一条信息、每一项指令，都直接影响酒店其他部门的对客服务质量。因此，前厅部和酒店各个部门之间应当具备非常畅通的信息流，前厅部员工也必须认真负责，一丝不苟，确保联络和协调其他部门工作的顺利进行。

5）前厅部的工作有利于提高酒店决策的科学性

在对客服务方面，前厅部掌握着酒店全部宾客的相关资料和信息，并且在收集、处理宾客对酒店服务与管理方面的意见和建议上具备及时性，将这些信息反馈给酒店其他相关部门和管理层，有助于其进行有针对性的分析。在酒店经营方面，前厅部保存有大量实时经营数据，而对其进行加工后生成的各种信息报表则是酒店管理者进行科学的经营决策的依据，有助于酒店在市场中站稳脚跟。

6）前厅部是建立良好宾客关系的重要环节

宾客满意度是酒店服务质量的体现，在市场经济条件下，建立良好的宾客关系有助于提高宾客满意度，为酒店争取更多的回头客，从而提高、稳定酒店的收益。前厅部是与酒店宾客接触最多、最频繁的部门，前厅部员工也最容易获知宾客的需求，通过尽可能地满足宾客个性化需求，建立良好的宾客关系，以提高酒店宾客满意度。

1.1.2　前厅部的主要任务

1）为客人提供各种综合服务

前厅部负责组织接待客人、接受客房预订、分配房间、入住接待、更换住房、行李服务、离店结账服务、遗留物品处理、问询服务、票务服务、商务服务、邮电服务等，前厅部提供的各种综合服务是酒店“服务链条”的重要体现。

2）管理和提供信息

前厅部对信息进行收集、加工、处理和传递。前厅部管理和提供的信息既包括酒店经营的外部市场信息，如旅游业的发展状况、国内外经济信息、旅客的消费心理、人均消费水平、顾客年龄构成等，也包括酒店内部管理信息，如入住率、平均房价、营业收入、客人的意见和建议、客人相关预订和入住信息、客人在酒店各部门的消费情况等。前厅部不仅对这些信息进行收集，更重要的是对其进行加工和整理，传递至餐饮部、客房部、销售部等酒店经营管理部门，促进部门间有效的沟通合作并辅助酒店经营决策。此外，前厅部保存着最全面、最详细的有关商务、交通、美食、购物、游览、医疗信息，以便随时向客人提供其所需要和感兴趣的资料，处处为客人提供方便。

3）控制房态

前厅部控制酒店客房的使用状况。客房状况如住客房、走客房、待打扫房、待售房等，是客房销售和分配的依据，准确、有效的房态控制有利于提高客房利用率以及对客服务质量。

4）管理客房账务

前厅部负责为客人建立账户、累计客账、结账收银等客房账务。客人向酒店提供信用证明后，即可在酒店内各营业点签单赊账，待退房离店时进行统一结账。建立客账有利于酒店实时记录和监督与客人的财务关系，既为客人提供了方便，也保障了酒店声誉和经济效益。

5）销售酒店客房

除酒店销售部外，前厅部的预订处和接待处也负责酒店客房的销售工作，既包括受理客人的预订，也包括为没有预订的步入客人推销客房等酒店产品和服务。前厅部销售客房数量的多少、销售价格的高低，直接影响酒店的客房收入，也间接影响酒店餐厅、酒吧等场所的收入。

1.2 前厅区域功能设计与环境营造

酒店前厅区域是酒店在建筑内部接待客人的第一个场所，也是客人对酒店产生第一印象的地方。前厅部为客人提供接待、登记、结算、寄存、咨询、礼宾、安全等服务。酒店前厅区域的规划与设计所营造的酒店氛围对整个酒店形象产生举足轻重的作用。

前厅区域的装饰设计始终处于探索和发展中，而核心思路可以概括为“功能”与“美感”的统一，即科学性与艺术性的结合。

1.2.1 酒店前厅功能设计

1）前厅设计的基本原则

酒店前厅区域包括正门、大厅（大堂）以及楼梯、电梯和公共卫生间等。虽然各类酒店在设计上都强调突出自身的特点，但是前厅区域的设计必须遵循一定的原则，以便于前厅的有效运转。

（1）经济性原则

酒店大堂作为客流量最大的场所，应当设置充足的空间，设置营利设施，为酒店创造收益或提供相关信息，前厅设置要尽量少占用大堂空间，做到物尽其用。

（2）安全性原则

前厅区域的设计应当确保安全性，既要保证“收银处”的安全，维护酒店现金和账务活动的安全；又要保证客人的隐私，防止客人轻易得知其他客人的信息。因此，前厅接待处多为直线、半圆形设计，而圆形设计较少。

（3）明显性原则

一方面，包括接待处、礼宾处等在内的酒店大堂位置应当是明显的，即大堂可见度较高，客人一进入酒店就能发现大堂，而大堂员工也能清楚看见往来酒店大堂的客人；另一方面，前厅各业务处应当具备明显的中英文标识，方便客人查找和前往相应的服务部门。

（4）效益性原则

酒店前厅区域的设计应当注重各个工作环节的衔接，在“时间与动作研究”的前提下确保前厅接待人员的工作效率，同时节省客人的体力与时间。

（5）美观性原则

前厅区域的设计要考虑给客人留下深刻、良好的印象，注重布局、灯光、色彩以及气氛，塑造良好的酒店形象，同时突出酒店个性。

2）酒店前厅的功能分区

酒店前厅通常包括四大功能区：一是接待服务区，包括接待处、前厅办公室、大堂副理台、礼宾处、行李房贵重物品保管处等；二是公共设施区，包括客人休息区、公共卫生间、电梯间等；三是经营设施区，包括大堂吧、商务中心、小商场等；四是服务设施区，包括 PA（公区清洁）工作间、大堂吧操作间、员工通道等。

（1）酒店正门

酒店正门设计要新颖、有特色，能对客人产生较强的吸引力。一般酒店都采用双层玻璃门做正门，以保证采光。侧边多设置一两扇边门，以便酒店员工及团体客人的行李进出酒店。高星级酒店应在正门内外两侧设置自动开门按钮，以便坐轮椅的客人、推婴儿车的客人进出。酒店的名称、店徽、星级标志等应醒目、美观，不易被过往车辆遮挡。此外，酒店正门前应有供客人上下车的空间及车道、停车场，确保客人进出方便、安全。对于高星级酒店而言，车道上方通常处于室内。酒店正门外的空地通常设置旗杆，分别用来挂店旗、国旗和在酒店下榻的各国元首所在国国旗。

（2）接待服务区

大堂内设置多个服务柜台，其布置应当与大堂的整体风格协调一致，同时满足服务要求。通常礼宾处设置在客房区域或可用电梯厅与酒店正门连接的路线中；行李员服务台靠近正门，同时能够看到接待处和电梯厅；大堂应设置行李间，标准按照每间客房0.05~0.06 m^2设定，观光度假型酒店行李间应适当加大。

（3）休息区

休息区具有疏导、调节大堂人流的作用，通常设置在接待台附近，并能向大堂吧或其他经营场所延伸，引导客人消费。

（4）公共卫生间

大堂应设有中英文文字及图形明显标志的男女客用卫生间，内部空间宽敞，各种用品如纸巾、洗手液、烘干机、小毛巾等要齐全，公共卫生间应干净无异味。富有创意的公共卫生间也能给客人留下深刻的印象，有助于提升酒店形象。

（5）服务设施区

大堂内酒店员工的活动及工作区域应当与客人活动区域分开，尽量避免员工流动路线与客人流动路线重叠，以最大限度地发挥各区域的效率，如酒店员工电梯、行李专用电梯、客用电梯应分别设立在不同位置。

1.2.2 酒店前厅环境营造

前厅环境营造要努力做到满足功能要求与创造环境、氛围的艺术效果相结合，体现民族风格、地方特色，同时适应国际环境艺术新潮流。酒店前厅环境应当与自然紧密联系，与饭店规模、目标市场相适应，与酒店整体建筑相协调，此外还应当形成酒店自己的格调、气势和氛围。

1）灯光与色彩

酒店前厅区域要有适宜的光线，使客人能在良好的光线下活动，员工也能在良好的光线下工作。高强度的华丽吊灯有利于营造前厅的热烈气氛；接待处照明度偏高的灯管有利于营造适宜的工作环境。同时，大堂内最好保证一定数量的自然光线，配备层次、类型各异的灯光，确保良好的光照效果。灯具本身也是一种装饰品。

前厅区域环境还受到色彩的影响。前厅区域内客人主要活动区域的地面、墙面、吊灯等应当以暖色调为主，烘托豪华热烈的气氛。而在接待服务区与休息区附近，色彩应当偏冷，营造宁静、平和的氛围，以适应服务员工作和客人休息时对安静、轻松气氛的要求。

2）绿化

现代酒店设计中应该尽可能在前厅区域布置绿化，尤其是大城市中心的现代酒店。由于周边不一定有优美的花园风景，所以更加需要在建筑内设计花卉、树木、山石、流水等景观。绿化还可以调节大厅的气温、湿度，减少噪音，净化空气，消除人们由于长时间室内活动而产生的疲劳。

3）温度、湿度与通风

前厅区域温度要适当，一般夏季温度是 22~24 ℃，冬季温度是 20~24 ℃，配合以适当的湿度（40 % ～ 60 %RH），整个环境相对比较适宜。

前厅区域由于人员较密集，人员活动较频繁，整个区域内的耗氧量较大，若通风不畅，会使人觉得气闷，感受到压抑，因此要使用性能良好的通风设备，并配备空气清新剂，以改善空气质量，使之适合人体要求。通常高星级酒店大厅内风速应保持在 0.1 ～ 0.3 m/s，新风量一般在 160~200 m^3/ 人。前厅区域的废弃和污染物控制标准为：一氧化碳含量不超过 5 mg/m^3，二氧化碳含量不超过 0.1 %，可吸入颗粒物不超过 0.1 mg/m^3，细菌总数不超过 3 000 个 /m^3。

4）环境噪声控制

酒店前厅区域人流量较大，加之声源多、音量大，若噪声过于集中，则会超过人体的舒适限度，使人感到烦躁不安，容易出错，易于激动和争吵，降低员工工作效率，也会使酒店客人感到烦躁。前厅区域的噪声一般不超过 50 分贝，大厅天花板、墙面需要使用隔音及吸音材料。前厅员工应提高工作效率，尤其应当尽快安置团队、会议等大批客人，减少其在前厅区域的滞留时间。前厅员工也要养成轻声说话的习惯，有时可以使用一些体态语言，代替说话进行沟通。

1.3　前厅部的组织架构

1.3.1　前厅部组织机构设置原则

虽然每家酒店在性质、规模、风格等方面有所不同，也存在不同的组织架构，但其组织机构设置都应当遵循以下原则：

1）从实际出发的原则

前厅部组织机构的设置、岗位职责、人员配备应当以酒店的性质、地理位置、经营特点、管理方式、规模等为依据，不能生搬硬套或盲目遵从统一标准。例如规模大的酒店前厅部各职能划分较全面和细致，而规模小的酒店可以将一些部门进行整合。

2）机构精简的原则

前厅部在进行组织机构设置时应当遵循“因事设岗、因岗定人、因人定则”的原则，防止机构臃肿，人浮于事的现象。但是同时也要注意防止出现职能空缺的现象。

3）分工明确的原则

应当明确岗位人员的职责、任务，同时明确上下级隶属关系及信息传达、反馈的渠道、途径和方法，以防出现管理职能的空缺、重叠或业务环节衔接脱节的现象。

1.3.2　典型的前厅部组织架构

在图 1-1 的组织架构图中，描绘了一个典型的大型酒店前厅部组织架构。职能部门包括预订处、前台接待处、话务中心、商务中心、行政楼层管理处、礼宾处。然而根据酒店规模大小的不同，前厅部组织架构可以有很大的区别，图 1–2 和图 1–3 分别描绘了中型酒店和小型酒店前厅部组织架构。

这些组织架构的区别体现在以下三个方面：

1）酒店规模越大，管理层次越多

如大型酒店一般有前厅经理—主管—领班—服务员四个层次，而小型酒店可能只有前厅经理—领班—服务员三个层次。然而，在组织机构扁平化的发展趋势下，中小型酒店在尽可能地减少管理层次，以达到提高沟通和管理效率的目的，也可以降低管理费用。但是管理层次的增加和减少应当从酒店的实际情况出发，而不应盲目跟风。

2）酒店规模越大，组织机构内容越多

如大型酒店多设有商务中心、行政楼层管理处，而小型酒店和一些中型酒店却没有这些部门。

3）大型酒店内前厅部门职能较分散，岗位设置较具体

如有些大型酒店设置了专职收银员，而在大多数大中型酒店，前厅收银员隶属于财务部，或与前台接待员合并成一个工种并隶属于前厅部。在小型酒店，则可能出现将职能岗位合二为一、合三为一、合四为一的现象。

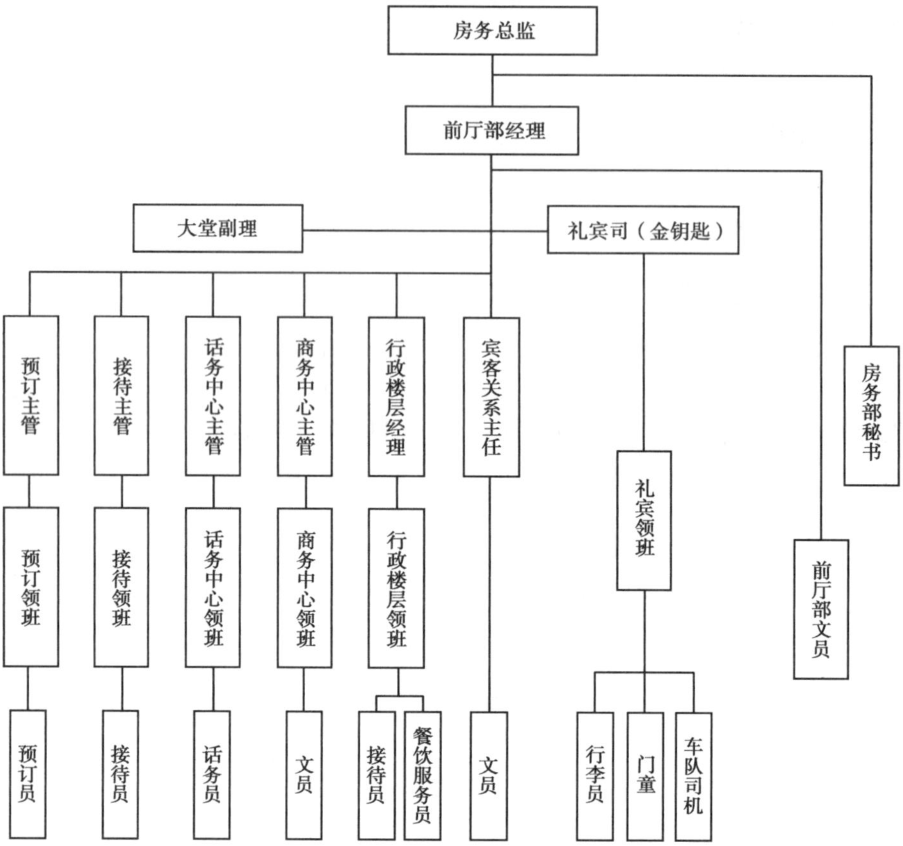

图 1-1　大型酒店前厅部组织架构

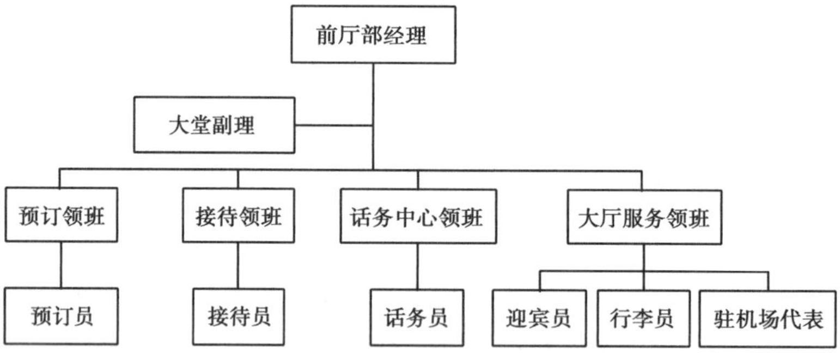

图 1-2　中型酒店前厅部组织架构

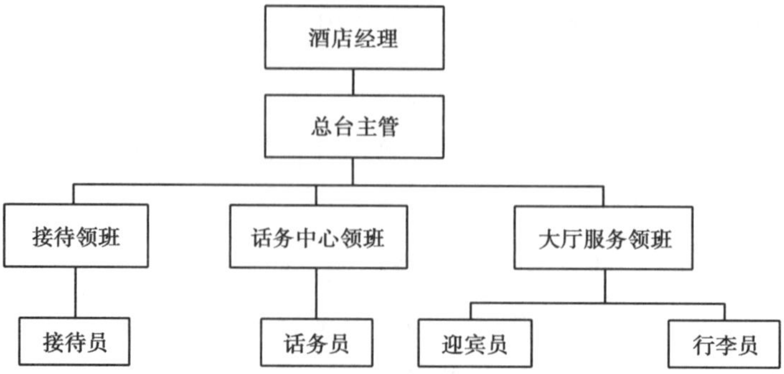

图 1-3　小型酒店前厅部组织架构

前厅部的组织架构设置及人员编织会产生相应的成本，从而影响酒店的成本水平。前厅经理应与总经理一起协商编制与酒店整体薪酬水平相关的人事预算。

1.3.3　前厅部主要机构及其职能

1）预订处（Reservation）

预订处负责酒店的订房业务，接受客人以电话、传真、信函或口头等方式的预订；负责建立酒店与有关公司、旅行社等提供客源的单位之间的业务关系，提供客人要求的信息和服务，准确确认这些项目，从而达到尽力成功推销客房的目的；保持与接待处的密切联系，及时向前厅经理及接待处有关部门提供有关客房预订资料和数据，向管理上级提供 VIP 客人（贵宾）预订的相关信息；与市场营销部门进行有效的沟通，淡旺季都必须有合适的计划。

2）前台接待（Reception/Registration）

前台接待也称“开房处”“接待问询处”等，管理层级通常包括主管、领班和接待员。前台接待的主要职责是销售客房，接待住店客人（包括团体客人、散客、常住客人、预订客人和非预订客人等），为客人办理入住登记手续，分配房间，分发钥匙；掌握住客动态及信息资料，控制客房状态，与客房部员工沟通；接听电话，提供当地景点的信息和方位；制定客房营业日报表等；协调对客服务工作，在客人和酒店之间起到联系作用。

3）话务中心（Telephone Switch Board）

话务中心主要负责转接电话、为客人提供请勿打扰电话服务、叫醒服务、回答电话问询、接受电话投诉、电话找人、电话留言、播放酒店背景音乐。话务中心的工作在酒店中是非常重要的，还体现在话务员必须能够解决包括危及生命在内的紧急危机。

4）礼宾处（Concierge）

礼宾处主要为客人提供迎送服务、行李服务和各种委托代办服务；为客人在娱乐、活动、消遣、交通、旅游、教堂服务以及酒店所在地区保姆服务等方面提供大量的信息，礼宾处员工必须非常了解酒店所在区域，并能够满足每位客人的个性化需求。

5）商务中心（Business Center）

商务中心的主要职责是为客人提供打字、翻译、装订、复印、传真、订票、小型会议室出租等商务服务，也为客人提供秘书服务。

6）宾客关系部（Guest Relations Department）与大堂副理（Assistant Manager）

现在，大多数高档酒店都在前厅部设置宾客关系部，主要代表酒店总经理，协助大堂副理负责前厅服务协调、VIP 客人接待、投诉处理等工作。而在不设置宾客关系部的酒店，这些职责由大堂副理负责，除此之外，大堂副理还负责维护大堂环境和大堂秩序、处理突发状况等事项。

1.3.4 前厅部管理人员的职能

1）前厅经理的职能

成功的前厅经理能够将酒店的使命传递给顾客。通过实施管理方针，前厅经理融入前厅员工，与之一起同客人进行情感上以及工作效率方面的沟通与交流。前厅经理最主要的职责是协调可用于实施有效管理的基本要素，即员工、设备、库存（预备出租的客房）、预算以及销售机会，以实现酒店的利润目标。但是这个目标的完成并不是酒店前厅经理孤军奋战完成的，而需要与其他部门协同合作，因此前厅经理需要具备的最重要的理念特征是团队精神。

前厅经理有一个非常忙的日程，其中涉及亲自参与前厅员工的工作，与酒店其他所有部门的领导进行沟通等。前厅经理必须能够预测收入和相关成本费用，能够进行面试，能够与潜在的商务客人打交道。具体来说前厅经理的岗位职责包括：

①全面主持前厅部工作，确保部门员工为客人提供一贯高标准的服务。

②贯彻执行总经理下达的营业及管理指标，并根据酒店计划，制定前厅部各项业务指标和规划。

③确保酒店商业运营管理手段是可行的，获得客房出租利益的最大化，以达到酒店利益最大化的目的。

④按照有关要求，制作未来一个星期、一个月或其他时间段的客房销售预测表。全权处理同一天内酒店超额预订，与收益管理经理确定超额预订的标准，并确保标准得到及时有效的实施。

⑤组织主持每日主管工作例会，传达酒店例会工作要点，听取汇报，布置工作，解决难题。

⑥确保员工做好前厅部各项统计工作，掌握和预测房间出租情况、订房情况、客人到店和离店情况以及房间账目收入等。

⑦参与制订并最终提交前厅部员工的预算草案，负责前厅部员工的招聘工作；配合培训部对前厅部员工进行业务培训，提高员工素质。

⑧建立前厅部员工之间良好的沟通体系，通过训练领导和激发团队员工。

⑨对前厅部员工进行定期评估，并按照奖惩制度进行奖惩。

⑩维护与酒店其他部门经理之间高效的接触和沟通，包括销售部、客房部、工程部、电脑部、财务部等，以便为客人提供优质服务。

⑪监督营业报表，进行营业统计分析。

⑫收集客人对客房、前厅及酒店其他部门的意见和建议，处理客人投诉。

⑬密切保持与贵宾的联系，经常向客人征求意见，了解情况，及时反馈，定期提出有关接待服务工作的改进意见，供酒店管理层参考决策。

⑭代表总经理负责 VIP 客人的接待工作。

⑮完成任何其他合理的职责和被指派的职责。

为了完成相应的岗位职责，前厅经理必须具备相应的素质要求：

①掌握酒店经营、销售知识，熟悉旅游经济、旅游地理、公共关系、经济合同等知识。

②掌握前厅部各项业务标准化操作程序、客房知识，了解客人心理和推销技巧。

③掌握酒店财务管理知识，能够进行经营统计分析。

④具备一定的计算机管理知识、外语能力。

⑤了解宗教常识和国内外民族习惯及礼仪要求，了解国际时事。

⑥熟悉涉外法律，了解国家重要旅游法规。

⑦具备一定的市场分析能力，根据客源市场信息和酒店历史资料预测用房情况，决定客房价格，决定是否接受订房协议。

⑧能够合理安排前厅部人员的工作，并能处理好与其他部门的横向关系。

⑨具备良好的沟通能力。

⑩能独立起草前厅部工作报告和发展规划，撰写酒店管理相关的研究报告。

⑪遇事冷静沉着，感情成熟，具有自我控制能力。

⑫善于听取他人意见，能够正确评估他人能力，能妥善处理客人投诉。

⑬具有 5 年以上前厅部服务和管理经验。

2）大堂副理的职能

大堂副理的岗位职责主要包括：

①协助酒店高级管理层负责整个饭店的运作，收集对客服务过程中所产生的问题信息。

②大堂副理在前厅部经理的直接领导下，在当班期间负责整个酒店的正常运作。

③代表酒店迎送 VIP 客人，包括引领 VIP 客人至指定房间，并介绍房间设施和酒店情况，落实贵宾接待的细节，记录与贵宾相关的值得注意的事项。

④负责处理宾客的问题和投诉。

⑤进行整个酒店的安全和日常的设备检查工作，及时排除可防范的弊端，解决当班期间的所有安全问题。

⑥处理关于客人账务的问题及其他相关询问，并根据酒店有关规定和授权进行处理；协助财务部，追收住店客人拖欠的账款。

⑦了解当天及之后一定时间段的房态走势，尽量参与接待处工作。

⑧在发生紧急事件时，及时做出正确指示。

⑨负责贵重物品遗失和被寻获的处理工作。

⑩向上级管理者反馈有关员工的表现和客人意见。

⑪向其他班次协调交班记录上需要沟通的事项。

为了完成相应的岗位职责，大堂副理必须具备相应的素质：

①具有较强的服务意识、整体管理意识、公关意识、整体销售意识和培训意识。

②了解酒店各部门的运作程序。

③以身作则，爱岗敬业，作风正派。

④具备一定的计算机管理知识、外语能力。

⑤掌握所在城市的历史、游乐场所地点、购物及饮食场所地点，了解主要客源国家的风土人情。

⑥具备一定的法律知识。

⑦有较强的自我控制能力，处事不惊，不卑不亢。

⑧有较强的判断、分析、处理问题的能力，思维敏捷。

⑨具备良好的沟通能力。

⑩有敏锐的观察力，具备一定的预见性。

⑪注重细节，工作有责任心，敢于承担责任，执行力较强。

⑫具有5年以上酒店管理经验。

3）前台主管的职能

在规模较大的酒店里，前厅部的管理人员还包括各部门的主管人员。前台主管的岗位职责包括：

①掌握前厅部运营的基本情况，包括客房预订情况、重要团体和客人的订房情况、VIP客人等，发现问题及时向前厅部经理汇报。

②主持前厅工作例会，上传下达，协调与客房部、餐饮部、工程部等其他相关部门的沟通合作。

③严格按照酒店规定检查和控制前厅工作程序，全面负责前厅的接待、问询等日常工作，健全各种问询资料，处理接待处工作中的差错，处理宾客有关投诉。

④负责前台财产、设备的使用管理和保养工作，及各类资料的收集、存档及管理工作。

⑤检查每日的报表是否有误，并及时纠正。

⑥建立良好的宾客关系，努力增加客房销售。

⑦关心员工思想、学习、工作、生活情况，协助前厅经理做好员工的技术培训与定期评估。

前台主管必须具备的素质要求包括：

①熟知前厅服务的多重结构、销售组合概念、商品广告艺术和效果、产品定价策略等相关知识。

②了解主要客源市场的需求情况，熟悉客人接待工作。

③具有良好的沟通能力，能协调与旅行社、公司、组织结构的关系。

④能独立撰写客源市场分析、酒店经营分析报告等业务文件。

⑤能够监督、检查和指导前厅部员工的各项业务工作能力。

⑥具有共情能力，能妥善处理客人投诉，维持与客人的良好关系和前厅秩序。

1.3.5 前厅人员的编制

前厅员工的排班基于两个方面：一是酒店的预算目标；二是预期入住酒店和结账离店的客人数量。客人信息需求频率和前台服务内容的增加，可能会影响到班期。前厅经理必须通过审查薪金和前厅员工每小时的工资以及税率，来判断前厅人力成本。

表 1-1 至表 1-4 展示了前厅人员编制的成本计算的四个步骤。

第 1 步，估计需求。前厅经理要估计和预测部门一个确定时间段内的需求，在检查销售历史、目前预订情况、预计散客数量、续住客数量、离店客人数量后，确定该工作段中对人力需求的影响。

表 1-1 需求估计

	5 月 1 日	5 月 2 日	5 月 3 日	5 月 4 日	5 月 5 日	5 月 6 日	5 月 7 日
前台接待							
接待领班							
礼宾员							
话务员							
主管							

第 2 步，设计时间表。在这个过程中，前厅经理既要满足酒店的需求，又要满足员工的需求。酒店必须每天 24 小时、每周 7 天为客人服务；同时员工个人有休息的要求，并且要照顾家庭，以及出于经济动机在酒店投入或多或少的时间。

表 1-2 时间表

	5 月 1 日	5 月 2 日	5 月 3 日	5 月 4 日	5 月 5 日	5 月 6 日	5 月 7 日
前台接待 1	7-3	7-3	7-3	7-3	×	×	7-3
前台接待 2	9-5	×	9-2	10-6	×	7-3	9-12
前台接待 3	3-11	3-11	3-11	3-11	3-11	×	×
前台接待 4	×	×	×	3-7	7-3	3-11	3-11
接待领班	8-12	×	9-2	9-12	×	×	11-3
礼宾员 1	3-11	3-11	×	×	9-5	9-5	9-5
礼宾员 2	×	×	9-5	9-5	3-11	3-11	3-11
礼宾员 3	9-5	9-5	3-11	3-11	×	×	12-8
话务员 1	7-3	×	×	7-3	7-3	7-3	7-3
话务员 2	3-11	3-11	3-11	×	×	3-11	3-11
话务员 3	×	7-3	7-3	3-11	3-11	×	×
主管	7-3	7-3	7-3	7-3	×	7-3	×

第 3 步，计算预期薪金。前厅经理需要将每类员工的工资列出，以判断这部分将占预期销售收益的百分比。

表 1-3　预期薪金表

5 月 1 日	5 月 2 日	5 月 3 日	5 月 4 日	5 月 5 日	5 月 6 日	5 月 7 日
前台接待：2 487 元						
8×19=152	8×19=152	8×19=152	8×19=152	—	—	8×19=152
8×20=160	—	5×20=100	8×20=160	—	8×20=160	3×20=60
8×18=144	8×18=144	8×18=144	8×18=144	8×18=144	—	—
—	—	—	4×18=72	8×18=144	8×18=144	8×18=144
456 元	296 元	396 元	528 元	288 元	304 元	219 元
接待领班：368 元						
4×23=92	—	5×23=115	3×23=69	—	—	4×23=92
礼宾员：1 840 元						
8×16=128	8×16=128	—	—	8×16=128	8×16=128	8×16=128
—	—	8×16=128	8×16=128	8×16=128	8×16=128	8×16=128
8×14=112	8×14=112	8×14=112	8×14=112	—	—	8×14=112
240 元	240 元	240 元	240 元	256 元	256 元	368 元
话务员：1 904 元						
8×17=136	—	—	8×17=136	8×17=136	8×17=136	8×17=136
8×17=136	8×17=136	8×17=136	—	—	8×17=136	8×17=136
—	8×17=136	8×17=136	8×17=136	8×17=136	—	—
272 元	272 元	272 元	272 元	272 元	272 元	272 元
主管：1 040 元						
8×26=208	8×26=208	8×26=208	8×26=208	—	8×26=208	—
前厅其他薪金：5 500 元						
前厅经理：3 000 元 / 周		大堂副理：2 500 元 / 周				

第 4 步，分类汇总成本。在这一步中，前厅经理需要汇总前厅各个部门的分组成本费用。

表 1-4　汇总成本

前台接待	2 487 元
接待领班	368 元
礼宾员	1 840 元
话务员	1 904 元
主管	1 040 元
前厅其他薪金	5 500 元
小计	13 139 元
税款 / 附带福利	13 139×0.33=4 336 元
每周总预计薪金	17 475 元

在表 1-5 中，前厅经理可以对比表 1-4 中前厅部总的薪金指标和预计每周的客房销售收入，从而使前厅经理、总经理以及财务总监能够在某一特定时间段预测饭店的财务绩效。这些信息能够使前厅经理的工作更高效，通过审查以及调整离店数、续住客人数、散客数等数据，优化酒店每晚的客房销售数目。例如，某天下午 6:30 时前厅经理发现还有 15 间闲置客房，此时没有确认类预订或担保预订，为了提高客房出租率，前台接待将被授权与客人协商一个合理的价格以出售客房；若只有 3 间闲置客房，且有 5 个担保预订，则前台接待不会被授予此权力。

表 1-5　预计每周客房销售收入与预计每周薪金对比

	5 月 1 日	5 月 2 日	5 月 3 日	5 月 4 日	5 月 5 日	5 月 6 日	5 月 7 日
前日销售	135	97	114	102	97	110	113
离店数	125	40	72	75	5	15	100
住客数	10	87	72	72	192	195	88
预定数	72	40	35	70	10	15	35
散客数	20	20	30	10	10	5	50
应到未到	5	3	5	10	2	2	3
实际出租	97	114	102	97	110	113	95
总客房出租数					728		
客房销售收入（日平均房价为 400 元的情况下）					291200 元		
预计薪金预算（表 1-4）					17475 元		
薪金占收入百分比					6%		

本章小结

▶ 前厅部被喻为酒店的“门面”和“橱窗”，是酒店的中枢神经和对客服务的指挥中心，是向客人传达酒店第一印象和最后印象的场所，代表着酒店的形象，因此，前厅部在提高酒店服务质量和建立良好宾客关系方面具有重要作用。

▶ 前厅部的主要任务是为客人提供包括接待、分配房间、行李服务、账务服务、问询服务等在内的各种综合服务，管理和提供信息，控制酒店房态，管理客房账务，销售酒店客房。其工作目标在于为客人提供热情、高效的服务，控制好酒店房态，提高酒店客房利用率，建立良好的宾客关系。

▶ 酒店前厅区域的规划与设计既要具备功能性，又要具备艺术性。即使各个酒店在具体设计上有各自的特点，但都遵循经济性、安全性、明显性、效益性和美观性原则，以便前厅的有效运转。在功能性方面，酒店前厅通常分为接待服务区、公共设施区、经营设施区和服务设施区；在前厅环境营造方面，酒店一般从灯光与色彩、绿化、温度、湿度、通风和环境噪声控制方面出发，将功能要求与环境氛围的艺术效果相结合，形成酒店自己的格调、气势和氛围。

▶ 前厅部的组织架构因酒店的规模、性质的不同而有所不同，但都遵循从实际出发、机构精简、分工明确的原则。为提高酒店工作效率，方便部门间的沟通协调，很多酒店将前厅部与客房部合二为一，构成“房务部”，设房务总监管理两个部门。部分酒店考虑到前厅部处理宾客账务的功能，将收银员与前台接待员合并成一个工种隶属于前厅部，从而提高工作效率。

▶ 合理的前厅部人员编制基于酒店的预算目标与酒店预期入住和结账离店的客人数量。前厅经理通过审查薪金和前厅员工每小时的工资，以及税率，来判断前厅人力成本，从而优化酒店每晚的客房出租数目，提高酒店财务绩效。

复习思考题

1. 思考题

（1）前厅部的地位与作用表现在哪些方面？

（2）前厅部的主要任务有哪些？

（3）前厅设计的基本原则有哪些？

（4）前厅部组织机构设置的原则有哪些？

2. 实践题

（1）你工作的酒店是某市一家 3 星级酒店，位于市中心，共有 160 间客房，客源结构为散客 70%，会议团 20%，旅游团 10%。请画出你酒店的前厅部组织机构设置图，并思考在员工人数确定方面，你需要哪些信息？

（2）参观几家不同星级酒店的前厅，简述其前厅部的功能布局、环境设置及主要特点。

（3）对比前厅部管理人员应具备的素质要求，查找自身存在的不足。

（4）若你有酒店前厅部工作经验，请谈谈你遇到过的员工之间的冲突，你是如何处理的？在与其他部门、与客人的沟通上，有哪些方面需要注意？

案例分析

曼远是一家国际酒店的前厅部经理，最近她在工作中遇到了一些麻烦，受到了来自酒店其他部门各方面的压力。首先是人力资源总监罗米，多次督促她按时公布部门排班表和考勤记录，因为这直接影响了人力资源部的薪酬计算和发放。其次是行政管家廖君，由于他的好脾气，他在酒店的口碑和人缘都很好，但是他却频频和前台接待员发生不愉快。还有工程部总监李响，在与前厅的沟通方面也存在严重问题，比如前台接待员给在家的李响打电话，说 1616 房间的水管爆了，然而其实是客人搞错了淋浴设备的使用方法。接下来是餐饮部总监梅，她抱怨前厅员工从不向客人推销餐厅和大堂吧，明明他们在前台接待处放了那么多免费饮品券。最后是市场营销总监艾瑞克，曼远在一周前的管理层早会上说，这周三和周四的客房已经订满了，然而实际上这两天只有 30% 的客房出租率，这一失误使得市场营销部损失了大笔佣金，最近，市场营销部还就有关情况向前台接待员做了了解。

曼远将所有这些情况记在心里，感觉上她能正视前厅部存在的不足。但是实际情况是，她知道每月 27 日要公布和张贴排班表和考勤记录，但是总有几个员工会在最后一分钟向她提出休假的请求，因此这些工作就被耽误了。前台接待员与客房部的矛盾在于他们错误地将客人安排进了没有准备好的客房，或者明明客人已经退房离开了却没有及时通知客房部，以至于造成了工作量向后堆积和某些可以避免的后续损失追踪工作。曼远觉得这是由于计算机系统中房态显示不准确造成的，以及前台接待处、收银处太忙碌以至于忘了通知客房部退房信息。至于打给工程部总监李响的那通紧急电话，她认为是由于员工连续上了 4 个夜班，且客人没说清楚的原因，不明白是谁建议的紧急通知工程部总监。关于免费饮品券，她也很希望前厅员工能够积极推销和发放，但是她的员工对此并不积极。最后，她认为提供给市场营销部错误的预订信息是报表上数字的错误导致的，真正的原因不应该在前厅部。

马上就要到年终考核了，曼远对此感到担忧，因为她知道同事报告了她所犯的主要错误。这天，她被叫到总经理克里斯的办公室，出乎她意料的是，克里斯采取了与她之前酒店不同的方法，她要求曼远就以下方面做一系列的战略准备：

- 员工激励
- 人才培养
- 有效的员工排班
- 沟通
- 授权

克里斯要求你协助曼远开发战略，用以提升她对员工的监控能力。你觉得曼远现在的主要问题是什么？你会如何进行战略开发？

第2章
客房预订

■ 内容导读

预订（Reservation）是指客人在抵店前通过各种途径与方式提出对酒店客房及其他服务的预先约定。客人通过电话、网络、传真等各种方式与酒店联系，预约一定时间段的客房使用权，酒店则根据客房状况决定是否满足客人的订房需求。预订在得到酒店的确认之后，酒店与客人之间便存在一种具有法律效力的合同关系，酒店有义务以预先和客人确定的价格为客人提供希望使用且已经得到酒店确认的客房。

客房预订对客人和酒店来说都具有十分重要的意义。对客人而言，客房预订可以保证其住房需要，尤其在旅游旺季，酒店客房供不应求，通过预订可以保证其住房要求被满足；对酒店而言，客房预订有助于酒店提前做好接待准备，如工作人员安排、设施设备更新完善、酒店日常消耗品的采购等，此外，客房预订有助于酒店提前占领客源市场，有效提高客房利用率。

通过本章的学习，要求达到以下目标：

- 了解和掌握酒店客房预订的方式与种类。
- 了解酒店客房预订顾客来源。
- 了解酒店常见的客房计价方式。
- 掌握酒店客房预订程序。
- 熟悉预订资料管理的内容。
- 了解OTA订单处理程序。

2.1 客房预订方式与种类

酒店在受理客房预订时，要注意以下四个方面：第一，提供能够满足客人要求的理想房间；第二，预订处理要及时；第三，正确记录和妥善保管预订资料；第四，根据客人的预订要求，完成客人抵店前的准备工作。

2.1.1 客房预订的方式

客人预订酒店客房的方式是多种多样的，受预订的紧急程度和客人设备条件的制约，客人预订方式多种多样，具有不同的特点。

1）电话预订

电话预订是指客人通过拨打电话的方式联系酒店订房，其特点是迅速、便捷，有利于客人与酒店直接进行沟通。客人在掌握酒店客房的实际情况下，及时根据需求调整订房要求，订到满意的客房。目前，电话预订的方式仍然相当普遍，一些连锁酒店集团通常会设置一个集团预订中心电话号码，通过宣传册、广告牌、酒店和集团官网、电视等方式进行宣传。

由于存在语言障碍、信号清晰度、受话人听力水平等影响因素，酒店员工在受理电话预订时要注意以下方面：

①接听电话要及时，不能让致电者等太久（通常在铃响三声内要接起）。

②预订员要注意使用欢迎词和礼貌用语，将客人的预订要求认真记录，并在接听完毕后复述一遍对方所说的信息，得到客人的确认。

③预订员必须熟悉当日、最近一周、最近一月甚至最近一个季度可提供的客房情况，以确定是否接受客人的预订要求。

④若无法立即答复客人的订房要求，应当请客人留下电话号码和姓名，并约定再次通话时间，待查清预订情况后再通知客人是否可以接受预订。

⑤确保客人的预订信息被记录存档。

2）口头预订

口头预订（面谈预订）指客人或其代理人直接来到酒店，当面预订客房。这种订房方式能够使预订员有机会更详尽地了解客人的订房需求，并当面回答客人提出的问题，还有利于推销酒店产品。同时，客人也有机会查看酒店客房产品的实际情况，并依此调整自己的订房需求。

在受理口头预订时要注意：

①预订员应注意礼貌礼仪，态度热情，语言、语调适当婉转。

②把握客户心理，运用销售技巧，灵活地推销酒店客房及其他产品。有需要时，还可通过展示客房来帮助客人进行选择。

③准确地填写预订单内容，必要时可请客人自行填写。在旺季时，还应当告知客人留房截止时间。

④如需预留订房押金，应当做好相关工作。

3）网络预订

通过互联网进行预订是目前最先进、最普遍的订房方式，逐渐成为酒店争取客源，尤其是异地市场客源的重要渠道。由于计算机技术的普及，越来越多的散客开始采用这种方便、快捷、先进且廉价的预订方式。

一些大型酒店都有自设网站，能够实现全方位在线订房，这种方法的优点在于经济、迅速，然而网站维护成本较高，对于大多数中、小型酒店而言一时难以承受。此外，国际上各大型酒店管理集团大都建立了中央预订系统（Central Reservation System，CRS），以供客人向其所属酒店订房。在美国，30% 的旅游产品都是通过网络销售出去的。为了扩大预订渠道，酒店除了上述两种网络预订渠道，还可以将自己的网页与国内外著名旅游酒店预订网站进行友情链接，使客人能够更方便快捷地接触到酒店信息和预订服务（具体内容在 2.3 节进行讲解）。

4）微营销平台预订

该预订方式是在互联网飞速发展背景下，顾客通过微信、微博、抖音等新媒体平台进行客房预订。

微营销平台集酒店会员运营、产品销售、宣传推广、品牌打造为一体，结合大数据技术向顾客进行信息的精准传送，越来越多的顾客因其便利性选择在这些平台上进行预订，尤其是酒店会员顾客。对于酒店而言，微营销平台的运营、维护成本较低，在各级别酒店都可以承受的范围内；并且，这种预订方式有利于提升酒店的直接销售能力。

5）合同预订

酒店通常与旅行社或商务公司签订订房合同，以达到向其长期出租客房的目的。

2.1.2　客房预订的种类

酒店在处理客人的预订时，一般分为临时性预订、确认类预订和保证类预订三种预订。其中，临时性预订和确认类预订都属于非保证类预订。

1）临时性预订

临时性预订是指未经书面确认或未经客人确认的预订，酒店通常与客人约定将房间保留至入住当天的下午 6 点，若客人未到店，则预订将被取消。目前此类预订仍然比较常见，尤其在淡季，酒店为客人提供了足够的考虑时间。另外，客人也会在即将抵达酒店前很短的时间内或在到达当天通过电话、口头等方式进行客房预订，在这种情况下，酒店一般没有足够的时间（或没有必要）给客人寄去确认函，同时也无法要求客人支付定金，因此只能做到口头确认预订。

2）确认类预订

确认类预订通常指酒店以书面形式与客人确认过的预订，酒店为客人保留订房至某一事先声明的规定时间，若到了此规定时间客人仍未到店，且未与酒店联系，酒店可将客房出租给其他客人。

确认预订的方式有两种：一种是口头确认，另一种是书面确认。书面形式的确认具有以下优点：

①客人可了解和证实其客房预订是否已被酒店接受。

②书面形式的预订确认是酒店与客人之间达成的协议，证明双方的关系。

③书面确认也确认了客人的个人情况。通常对于持有确认函的客人，酒店会给予较高的信用限额，因为向此类客人收取欠款的风险较小。

3）保证类预订

保证类预订是客人通过信用卡、预付定金、签订合同等方式，保证酒店的客房收入，而酒店则必须为其提供所需客房的预订方式。通过这种方式预订的客人将保证前来住宿，否则将承担相应的经济损失，因此酒店也必须为其保留客房至约定时间，通常是为其保留至客人预期抵店次日中午 12 点。保证类预订的担保方式通常有三种：

（1）信用卡担保

客人使用信用卡做担保预订酒店客房。若客人届时既未取消预订，也未到酒店前台办理入住登记，酒店可以通过发卡银行收取一夜的房租，以弥补酒店的损失。对于一些开通了远程预授权服务的银行，客人需要向酒店提供信用卡种类、卡号、持卡人姓名和失效日期等信息，则酒店可以依此为客人保留客房至第二天中午 12 点，若客人仍未到店，也未通知取消预订，则酒店可以依据客人的信用卡信息向发卡银行收取当晚房费。

（2）预付款担保

预付款担保即客人通过缴纳预付款而获得酒店的订房保证。从酒店的角度而言，收取预付定金是最理想的保证类预订方式。酒店通常会向客人或其委托人或接待单位在住客抵店前收取一晚的房费或整个住店期间的房费作为订房担保金（若客人住店期间所有费用都由委托人或接待单位支付，则还应收取一定数量的杂费押金），收取的订金将在客人离店结账时予以扣除，而酒店则应保证为客人保留相应的客房。若客人未取消预订且未到酒店办理入住，则酒店将会从订金中收取一晚的房费，把余款退还给客人，同时取消之后几天的订房。

（3）合同担保

合同担保指酒店与有关旅行社、企业等单位签订订房合同，合同内容包括签约单位的地址、银行账号以及同意为未抵店的订房客人承担付款责任的相关说明等。当其客户要求住宿时，旅行社、企业等单位会与酒店联系，而酒店则按照客户需要为其安排合适的客房，若客人未入住，公司也保证会支付房租，而客房也将保留一个晚上。这种担保方式虽然不像信用卡担保和预付款担保那样被广泛使用，但也是酒店针对公司所使用的一种相对行之有效的订房担保方式。

2.2　客房预订业务管理

2.2.1　预订来源

酒店的客房预订来自多个细分市场，主要包括企业客户、社会团体、休闲散客、团队、回头客等，这仅仅是客源市场的一种分类方法。了解这些细分市场的目的在于了解每一细分市场的需求，并为其提供符合订房要求的酒店客房。

1）企业客户

企业客户是受雇于一个企业的酒店客人或来自某个企业的客户。企业客户是酒店非常重要的客源，为企业贡献了非常客观的销售收入。比如某酒店所在地的休闲度假时间在周末，若酒店无法保证周一至周四的企业客户，则酒店将面临亏损的经营局面。通常企业客户出行的目的是参观企业总部，或参加商业会议，其活动往往已经提前定好，有详细的行程和旅游安排。因此商业旅行通常要求企业客户提前进行客房预订。

企业客户的预订工作可能由秘书、行政助理或企业接待处负责，酒店在与其接洽过程中，主要着眼于营销和公共关系工作。通常这类客户的预订不受时间限制，甚至在房态紧张的情况下，前厅经理和预订员也能够为其进行快速预订，从而使其感受到在酒店管理中所享受到的特殊待遇。

企业客户同样能够通过连锁酒店的预订 / 转介系统来完成预订。只要提供相应的身份证明，企业客户可以通过电话、酒店官网了解酒店的空房状况和房价信息，在几分钟内完成预订。对于酒店而言，方便、快捷的预订方式是赢得回头客的重要机会。

旅行社同样可以帮企业客户进行客房预订。那些代订机票或者其他交通方式的旅行社往往也提供酒店客房预订的业务。

2）社会团体

社会团体包括一些社会组织、政府机构、教育者、宗教团体等，这些团体很好地填补了酒店业务周期中的空余时间。出于时间和成本的考虑，这一客源市场的出行时间通常处于非高峰期。比如教育者可以选在寒、暑假举办会议，从而保证充足的时间和相对较低的房价。而大多数社会组织、政府机构、宗教团体等都与当地旅游局合作紧密，通过网络搜索，他们决定在何时举办年会、半年会或者季会。此外，婚宴、生日宴、寿宴、产品发布会、客户答谢宴等都是酒店弥补业务空闲时间的有效手段。

3）休闲散客

休闲散客指以观光、探亲、访友或出于其他个人原因独自或结伴出行的人。这些旅行者通常没有严格地规定日期和行程，他们的旅行计划较为灵活，更多时候是寻找一些沿途逗留的地方。然而，这个细分市场里也有一些顾客只想拥有稳妥的旅行，所以总会提前进行保证类预订。根据意见分化，这个细分市场也可以分为若干个小群体，包括单身青年、已婚夫妇、年轻家庭、老年人和学生等。休闲散客的订房方式多种多样，既可以选择旅行社、社交平台、第三方网络平台等，也可以选择电话、传真、酒店官网等酒店的直接销售渠道。

尽管通过旅行社订房对于休闲散客来说可能并不像商务人士那样普遍，但是旅行社提供的一条龙服务却促使酒店与其形成了良好的合作关系，对旅行者而言也更为便捷。另一个常被旅客采用的预订方式是电话预订。通过拨打旅游指南上的中央预订电话或酒店的预订电话，旅客可以获悉最新的客房报价和是否能够订房的信息。

休闲散客还可以使用网络进行预订。旅客可以访问网页获悉住宿情况，还可以在比较价格后完成预订。随着电脑和移动网络的广泛使用，越来越多旅客接受并使用这种方法。此外，部分旅客会通过社交媒体进行客房预订，这也构成了这一细分市场中营销效能的一部分。

案例分享

万豪酒店夏威夷度假村（Marriott Resort Hawaii）在2010年举办过一个“推特你自己到夏威夷”的在线竞技活动，以庆祝喜达屋集团夏威夷分部成立50周年。胜出者将会获得夏威夷航空公司（Hawaiian Airlines）提供的免费游夏威夷的机会，住宿则由万豪酒店提供。一些视频在网上供大众评审，得分最高的将赢得免费夏威夷游，并且可以邀请11位亲友同行。这次比赛由万豪集团与夏威夷观光会议署（HVCB）、夏威夷航空公司、赫兹公司（Hertz）合作举办。夏威夷观光会议署主席兼首席执行官约翰·莫纳汉评论说：“随着社交网络的迅速发展，竞赛活动拥有了迅速传播的潜力。”“这是一个令人兴奋的项目，能够参与其中我们感到非常荣幸。”夏威夷航空公司市场营销副总监格伦·谷口说：“免费的旅行是一个非常好的激励，可以提高我们网站的访问量，并且提升品牌知名度。”

案例来源：詹姆斯·A.巴尔迪《饭店前厅管理》（第5版）

4）团队

团队客人是以团队形式出游的人，包括商务游客和休闲游客。会议客人和研讨会的参会者是商务旅行团队客人的代表，而参加已组织的娱乐、教育、共同兴趣等活动的与会者则是休闲旅行团队客人的代表。这一细分市场的单次客房预订量通常较大，对价格较敏感，且往往与酒店其他产品服务捆绑销售。

5）回头客

回头客也叫现有客户，指已经在酒店入住或有过酒店入住历史的客人。这一细分市场的顾客已经体验过酒店的设施和服务，并且可能很愿意相信相同的酒店或者同品牌旗下的其他酒店也具备同等良好的口碑。

接待处是客人办理入住登记和离店结账的场所，也是展现酒店优质服务的关键，有利于提高潜在预订。在为客人办理入住登记时，前台接待可以询问客人在离店后是否会继续旅行，进而询问客人是否需要为这次旅行或未来的旅行进行客房预订。酒店以这样的方式向现有客户进行推销，有可能增加未来的订房量。

2.2.2 国际酒店常见的收费方式

在国际酒店业，通常按照提供给客人的房费报价中是否包含餐费、包含哪几餐的费用而划分为不同的收费方式。一般分为以下五种：

1）欧式计价（European Plan，EP）

该收费方式只包括房租，而不包括任何餐费，目前世界上大多数酒店都采用这种收费方式。

2）美式计价（American Plan，AP）

该收费方式在房租的基础上，还包括一日三餐的费用，因此也被称为“全费用计价方式”。大多数远离城市的度假酒店采用这种收费方式，酒店也为部分团队提供这类报价。

3）修正美式计价（Modified American Plan，MAP）

该收费方式包括房租、早餐，以及一顿午餐或晚餐（二者选一）。这种收费方式比较适合普通旅游客人，目前也常被酒店用来进行节日促销。

4）欧陆式计价（Continental Plan，CP）

该收费方式包括房租和欧陆式早餐（Continental Breakfast）。欧陆式早餐主要包括鲜榨果汁、烤面包、咖啡或茶。

5）百慕大式计价（Bermuda Plan，BP）

该收费方式包括房租及美式早餐（American Breakfast）。美式早餐包括欧陆式早餐的内容，还包括鸡蛋、火腿或香肠或培根等。

2.2.3　客房预订业务

客房预订是一项技术性较强的工作，科学的工作程序有助于客房预订的顺利进行，从而确保酒店的客房收益。通常，酒店客房预订包括预订前的准备工作、受理预订、确认预订、拒绝预订、候补预订、核对预订、变更和取消预订、预订资料管理等阶段。

1）预订前的准备工作

进行预订工作前，预订员做好相应的准备工作，才能确保在处理客人的订房需求时给出快速、准确的答复，从而提高预订的工作水平和效率。具体要求包括：

①预订员要按时到岗，并做好班次之间的交接工作。接班时要查看上一班的预订资料，尤其掌握需要处理的优先等待、列为后备和未收定金等预订名单，还要问清其他需要注意的事项。

②检查计算机等设备是否完好、订房控制系统运转是否正常，准备好预订单、预订表格等各种资料和文具用品，摆放整齐规范，避免处理客人预订时出现临时现查、现找等现象的发生。

③预订员到岗后需要快速准确地掌握当日及未来一段时间内酒店的房态，包括可预订客房数量、类型、等级、位置、价格等，做到对可接受预订的客房情况心中有数，也确保为客人提供准确的客房信息。

2）受理预订

接到客人的预订申请后，预订员应迅速在酒店管理系统或订房控制系统中查看是否有满足客人需要的空房，以决定是否接受客人的预订申请。在决定是否接受客人的预订申请时，预订员需要关注四个方面的信息：预计抵店日期、客房类型、客房数量、入住天数。在掌握这些信息的前提下，预订员便能判断客人的订房要求是否符合酒店客房的可供出租状况，从而决定是接受还是婉拒预订。

若可以接受预订，那么预订员应立即与客人确认相关信息，填写酒店“预订单”并将预订信息及时输入计算机预订系统。客房预订单（表 2-1 和表 2-2）一般包括以下内容：

①客人姓名、称呼。

②国籍、证件类型及证件号码、地址、电话号码、电子邮件地址。

③预订抵达、离店日期与时间（航班号或车次）。

④所需客房类型及数量。

⑤客人数量。

⑥房价与付款方式。

⑦订房人姓名、公司名、地址、电话号码。

⑧客人的特殊要求（如接机、加床、特殊布置、无障碍房等）。

⑨受理预订人员姓名，受理预订日期，预订系统中的确认号。

表 2-1　预订单

<table>
<tr><td colspan="6">Sales & Marketing Dept.
Fax No.: XXXX-XXXXXXXX</td></tr>
<tr><td>☐ New Booking</td><td colspan="2">☐ Amendments</td><td colspan="2">☐ On Waiting list</td><td>☐ Seminar　☐ Cancellation</td></tr>
<tr><td>Guest Name</td><td>No. of Rm</td><td>Rm Type</td><td>PAX</td><td>Rate</td><td>Company Name</td></tr>
<tr><td></td><td></td><td></td><td></td><td></td><td></td></tr>
<tr><td></td><td></td><td></td><td></td><td></td><td></td></tr>
<tr><td></td><td></td><td></td><td></td><td></td><td></td></tr>
<tr><td colspan="3">Original Arr. Date:________</td><td colspan="3">Original Dep. Date:________</td></tr>
<tr><td colspan="3">New Arr. Date:________</td><td colspan="3">New Dep. Date:________</td></tr>
<tr><td colspan="3">Arr. Flight:________</td><td colspan="3">Dep. Flight:________</td></tr>
<tr><td rowspan="2">Billings</td><td colspan="2">☐ POA</td><td colspan="3">☐ Room Only</td></tr>
<tr><td colspan="2">☐ Room & Breakfast</td><td colspan="3">☐ Others ________</td></tr>
<tr><td colspan="6">Remarks:________
____
________</td></tr>
<tr><td colspan="3">Contact Name:________</td><td colspan="3">Company Name:________</td></tr>
<tr><td colspan="3">Telephone Number:________</td><td colspan="3">Fax Number:________</td></tr>
<tr><td colspan="3">Done by:________</td><td colspan="3"></td></tr>
<tr><td colspan="3">Date Taken:________</td><td colspan="3">CFM Number:________</td></tr>
</table>

表 2-2　团队预订单

<table>
<tr><td colspan="3">☐ Booking/Tentative</td><td colspan="3">☐ Amendments</td><td colspan="2">☐ Confirmation</td><td colspan="2">☐ Cancellation</td></tr>
<tr><td colspan="10">Name of Group: ______________________　Nationality: ______________________</td></tr>
<tr><td rowspan="2">Arr. Date</td><td rowspan="2">Dep. Date</td><td colspan="2">Single Room</td><td colspan="2">Twin Room</td><td colspan="2">Guide Room</td><td colspan="2">Suite</td></tr>
<tr><td>No. of Rm</td><td>Rate</td><td>No. of Rm</td><td>Rate</td><td>No. of Bed</td><td>Rate</td><td>No. of Rm</td><td>Rate</td></tr>
<tr><td></td><td></td><td></td><td></td><td></td><td></td><td></td><td></td><td></td><td></td></tr>
<tr><td></td><td></td><td></td><td></td><td></td><td></td><td></td><td></td><td></td><td></td></tr>
<tr><td></td><td></td><td></td><td></td><td></td><td></td><td></td><td></td><td></td><td></td></tr>
<tr><td colspan="10">Complimentary Rooms: ______________________
Deposit: ______________________</td></tr>
<tr><td colspan="6">☐ Room rates subject to 15% surcharge
☐ Commissionable with ____________</td><td colspan="4">☐ Room rates inclusive of 15% surcharge
☐ Non-Commission</td></tr>
<tr><td colspan="2" rowspan="5">MEAL REQUESTS
☐ Oriental
☐ Continental
☐ American</td><td colspan="2">Date</td><td></td><td></td><td></td><td></td><td></td><td></td></tr>
<tr><td colspan="2">Time</td><td></td><td></td><td></td><td></td><td></td><td></td></tr>
<tr><td colspan="2">Outlet</td><td></td><td></td><td></td><td></td><td></td><td></td></tr>
<tr><td colspan="2">Rate</td><td></td><td></td><td></td><td></td><td></td><td></td></tr>
<tr><td colspan="2">PAX</td><td></td><td></td><td></td><td></td><td></td><td></td></tr>
<tr><td colspan="6">☐ Meal rates subject to 15% surcharge</td><td colspan="4">☐ Meal rates inclusive 15% surcharge</td></tr>
<tr><td colspan="10">Charge to: ______________________
Remarks: ______________________
Done by: ______________________　Date: ____________</td></tr>
</table>

在填写客房预订单时，预订员应当认真地逐栏填写清楚，并向订房人重复其主要内容。由于这是最原始的订房资料，预订单信息错误将会导致后续订房系列工作的失败。

3）确认预订

在接受客人的订房要求并经过仔细核对之后，接下来预订员需要与客人确认预订，通常有口头确认和书面确认两种方式，以显示酒店对客人订房的承诺。通常只要条件允许，酒店都会采用书面确认的方式，向客人寄送订房确认书（表 2-3）。订房确认书主要包括以下内容：

①重申客人的客房预订要求，包括住店客人姓名、人数、抵离店日期、客房类型和数量等。

②付款方式、房价等。

③酒店关于取消客房预订的规则。

④对客人选择酒店表示感谢。

⑤预订员或预订主管的签名、确定日期。

表 2-3 订房确认书

<table>
<tr><td>致：
公司：
电话：
传真：
邮箱：
事宜：</td><td>客房预订确认信</td><td>发自：
电话：
传真：
日期：</td><td colspan="2">××酒店预订部</td></tr>
<tr><td colspan="5">非常感谢您选择了（酒店名），我们十分荣幸地为您确认您所预订房间的具体信息：</td></tr>
<tr><td colspan="2" rowspan="2">客人姓名：____________
预订确认号：____________
抵店日期：____________
离店日期：____________</td><td colspan="3">抵达时间/航班：____________
离开时间/航班：____________</td></tr>
<tr><td>接机（站）安排：
送机（站）安排：</td><td>□需要
□需要</td><td>□不需要
□不需要</td></tr>
<tr><td colspan="5">客房数量/客房类型：____________
客房价格（每日）：____________ 每间夜不含/含×份早餐
服务费/税：每间夜已包含/需加收15%服务费及税
预订状态：非担保预订
付款方式：所有费用客人自理
备注：____________</td></tr>
<tr><td colspan="5">温馨提醒
所有没有担保的预订将自动保留到入住当日的下午6点（酒店当地时间），若晚于下午6点入住，请提供信用卡担保。
担保预订的变更或取消请提前24小时通知酒店，否则酒店将收取首晚房费。
酒店的入住时间是下午2点，退房时间是中午12时（均为酒店当地时间）。请您在办理入住手续时出示您的有效证件。
我们热忱地期待您的光临！</td></tr>
</table>

订房确认书是酒店回复客人订房要求已经被接受的书面凭证，是规定了双方权利和义务的协议书。通常，酒店至少要在客人抵店前一周将订房确认书寄到客人手中，对团体订单则需要提前更长时间，以确保客人有充分的时间知晓酒店为其预订保留了房间。随着互联网的发展，订房确认书也通过电子邮件、短信的方式发送给客人，更加方便、快捷，使得预订确认工作更加高效。

订房确认书的意义在于：首先，书面确认使客人了解酒店已理解其订房需求，有助于客人核对预订信息，减少差错和失误。其次，预订确认书可以进一步证实客人的个人情况，如姓名、地址等，以此评估给予客人的信用风险。最后，订房确认书当中的内容，如付款方式、保留客房截止时间、房价等，都对酒店和顾客双方具有法律约束力。

书面确认是较为正式的预订确认方式，对于大型团体、重要客人，尤其是一些知名人士、政府官员、国际会议等订房的预订确认书，通常由前厅部经理或酒店总经理签发，以示尊重和重视。

4）拒绝预订

若酒店的客房可供出租状态无法满足客人的全部需求时，预订员应当建议客人更改一些内容，主动提出一系列可供客人选择的建议。例如，建议客人重新选择抵店日期或更改住房类型、数量组合等，尽量留住客人；即使无法满足客人最初的订房要求，也要最终尽量使客人感到满意。在销售酒店客房产品的预订过程中，用建议代替拒绝是非常重要的环节，不仅可以最大限度地销售酒店产品，也有利于向顾客展示酒店的良好形象，树立酒店的良好信誉。

若最后仍然无法满足客人的订房要求，预订员也应当始终保持友好的态度，表达遗憾和理解，并向客人传达希望客人下次光临本店。若客人以书面、电子邮件形式进行客房预订，而酒店无法满足其订房需求，也应立即礼貌复函，表示歉意，如图 2-1。

致歉信

尊敬的 ×× 先生 / 女士：

由于本酒店在下列日期内：________年____月____日，客房已经全部订满，因此无法接受您的订房要求，我们对此深表歉意。

感谢您对本酒店的关照，希望以后能有机会为您服务。

×× 酒店预订处

________年____月____日

图 2-1　婉拒致歉信

5）候补预订

当酒店预订客满或者处于超额预订情况时，酒店无法马上满足客人的订房要求，且若客人不接受预订员提供的建议，在征得客人同意的情况下，可以将客人列入等候名单（Waiting List），记录订房人的姓名、联系方式，承诺一旦有空房将立即通知客人。

6）核对预订

有些客人在预计抵店前很长时间就预订了客房，而在入住酒店前的这段时间内，客人的需求可能会发生改变，以至于客人可能会取消预订或者更改预订。酒店为了提高预订准确性，并做好客人抵店前的准备工作，预订人员通常会通过电话、电子邮件等形式与客人进行多次核对，询问客人是否如期抵店，住客人数、时间和房间类型、要求等是否有变化。在旅游旺季时，这一步骤是具有重要意义的。

根据酒店客房出租情况，核对工作通常进行三次：第一次在客人预计抵店前一个月进行，由预订员每天核对下月同一天到店的客人或订房人；第二次在客人预计抵店前一周；第三次则在客人预计抵店前一天进行。对于大型团队客人而言，核对工作还应该更加细致，核对次数也应该更多，以免因为团队临时取消或变更订房要求后，造成酒店大量客房闲置，酒店承受重大经济损失的风险。

7）变更、取消预订

即使酒店接受并确认了客人的客房预订，客人也可能在预计抵店前任何时候出于各种原因提出变更或取消客房预订的要求。

若客人要求更改客房预订信息，预订员应先查询酒店房态，确认是否有符合客人更改要求后的房间（如客房数量、类型、时间、价格等）。若有，则应满足客人的要求，并更新客人的订房资料。在时间允许的情况下，应将更新后的订房确认书发送给客人，以示前一份预订确认书失效。若无法满足客人的订房变更要求，可将其作为候补或优先等待名单。

若客人要求取消预订，预订员在受理订房的取消时，仍应当保持热情、友好的态度，并给予耐心、高效的处理，不能在电话或者回信中表露出不愉快，预订员应当向客人传达欢迎客人今后随时光临酒店的信息。正确、妥当地处理取消订房的要求，对于维护酒店形象、巩固客源市场具有重要意义。绝大多数取消客房预订的客人在那之后还会再次进行同一酒店的客房预订。预订员在办理客房预订取消时，应当做好预订资料的处理工作，在电脑系统和预订单上修改预订资料，并注明取消日期、原因、取消申请人等，妥善保管。

若客人变更或取消的客房订单中涉及特殊要求（如接机、订餐、鲜花、水果、蛋糕、酒水等）和其他有关接待部门（如客房部、餐饮部），预订员应当尽快将预订的变更或取消进行通知，以免造成资源浪费。

为了防止因客人临时取消预订而给酒店带来的损失，或使酒店工作陷入被动，酒店通常在旅游旺季时要求客人进行保证类预订，即支付一定数额的定金，待客人结账时予以扣除。而对于订房数量较大的团体订房的变更与取消，酒店则按照与旅行社、公司签订的合同办理。一般要求在团队抵达前 10 天告知相关信息，否则将按照合同规定收取损失费。

2.2.4 预订资料管理

为确保预订工作正确、有序地进行，预订员应当及时整理、记录、储存办理过的预订资料，包括客房预订单、预订变更/取消单、客人原始订房资料（如电子邮件、传真、信函等）、订房确认书、订房人支付的预付款收据、客史档案等。

1）预订编码

预订编码是一系列连续的字母和数字组合，通常包含了客人的相关参考信息，是为客人进行确认预订或保证类预订提供的参考。客人在支付了至少一个晚上的客房费用后，酒店用生成的预订代码可以识别不同的连锁酒店或者下属酒店、处理预订的员工、预计抵离店日期、信用卡类型、信用卡号码、房价、客房类型、预订房号等。预订代码有助于酒店有效地管理相应的预订系统，一个预订代码可能是这样的：

001-JZ-0413-0426-AE-96-K-96587W

001：该酒店在其酒店集团中的代码

JZ：最初受理预订的预订员或前台接待员的姓名首字母缩写

0413：预订抵店日期

0426：预订离店日期

AE：信用卡类型（美国运通卡）

96：客房价格为每晚 96 美元

K：预订房型为大床房

96587W：预订流水号

在进行预订代码设计时需要注意，由于储存在电脑资料库的代码信息内存容量可能会受限制，因此必须在提供充分酒店信息的同时不宜将代码设计得太复杂。

2）预订资料的记录与储存

当为客人办理完相关的预订事项后，应当将同一客人的预订资料装订在一起，将最新的预订资料放在最上面，以此类推，以便于进行查阅。

预订资料可以按照客人抵店日期的顺序进行存放，以便随时掌握未来每天的宾客抵店情况。也可以按照客人姓氏字母的顺序进行储存，以便随时查找客人的预订资料。这种方式也有利于前台接待处和总机通过宾客姓氏字母顺序快捷、有效地查找宾客相关资料。

3）预订资料的修改

客人抵店前可能出于种种原因更改或取消客房预订，此时预订员应当及时找出客人的预订单，对其预订资料进行更改或取消，并做好标记。同时，根据客人变更的订房要求填写相应的预订变更单或预订取消单，并更改计算机内相关信息，如预订总表、预订卡条等，以确保预订资料得到及时、准确地更新。

酒店还可以使用取消代码来用作客人取消保证类预订的参考，此代码能够证明客人的预订取消要求已经在与酒店沟通后得到核实与确认。例如，前台接待员由于工作失误，要向客人收取已取消的预订的费用，客人可以提供印有取消代码的确认信当作证明。一个取消代码可能是这样的：

001-JH-0413-666X

001：该酒店在其酒店集团中的代码

JH：最初受理客房预订取消的预订员或者前台接待员姓名的首字母缩写

0413：预订抵店日期

666X：取消预订流水号

4）预订信息的传递

为保证预订客人的顺利入住，预订员应当在客人抵店前及时将正确的预订资料传送给相关部门，如接待处、总机、餐饮部、客房部等，以便提前做好接待准备工作。

①提前一周或数日，将客情预报表（表 2-4）、VIP 客人预报表（表 2-5）等提供给相关部门和酒店总经理，其目的在于针对 VIP 客人、大型会议及团体、酒店客满等情况进行

工作安排和调度。

表 2-4 客情预报表

Date: ________Year________Month________Day								
Date	Arr.	Dep.	In-House	Vacant	OOO	OCC %	PAX	
							Group	Individual
Done by:								

表 2-5 VIP 客人预报表

Date:			
Name/Group		Nationality	
Status		PAX	
Arrival Date		Arr. Flight No.	
Departure Date		Dep. Flight No.	
Company			
Details of Inquiries:			
Remarks: Done by:			

②客人抵店前夕，将具体安排以书面形式告知各有关部门，以便做好接待准备工作。通常包括 VIP 接待通知单（表 2-6）、接站单（表 2-7）、订餐单（表 2-8）、宴会单（表 2-9）、次日抵店团队客人名单（表 2-10）等。对于 VIP 客人的订房，预订处应根据需要提前一天或数天通知接待处和客房部，实施订房管控，不再将这些房间出售给其他客人。而对于有特殊布置需求的预订，如新婚订房，在房态允许的情况下，也可以实施相应的订房管控，提前布置好客房，放置鲜花、贺卡、纪念品等，以体现酒店的个性化服务，为客人留下美

好而难忘的印象。

表 2-6　VIP 接待通知单

Name/Group		Nationality	
Status		PAX	Male:　　　　Female:
Arr. Date		Arr. Flight No.	
Dep. Date		Dep. Flight No.	
Expected Period		VIP Level	
Guest's Requirements:			
Company		Accompany PAX	Male:　　　　Female:
Specific Requirements:			
Remarks:			
Done by:________________		Checked by:________________	

表 2-7　接站单

Pick-up Date/Time:________________________________

Flight No.:________________________________

Guest Name:________________________________

Remarks:

Done by:

表 2-8　订餐单

Room No.		Name	
Date/Time		Nationality	
Name of Restaurant			
PAX		Tables	
Price for Each Person （Table）			
Special Requirements			

表 2-9　宴会单

Meeting					
Guest/Company			PAX		
Arr. Date			Dep. Date		
Organizer			Telephone No.		
Room's Requirements	Rm Type	Single Room	Twin Room	Business Room	Suite
	No. of Rm				
	Rate				
	Floor				
Remarks					
Meeting Room Requirements	Room				
	Date				
	Rate				
Remarks					
F&B Requirements		Breakfast	Lunch		Dinner
	Time				
	Place				
	Standard				
Entertainments					
Remarks					
Billing	☐ Cash	☐ Transfer	☐ Check	☐ Others:______	
Done by:______		Sales Manager:______			

表 2-10　次日抵店团队客人名单

Group:______　CFM No.:______							
Name	Room No.	Room Type	VIP	Nationality	Arr. Date	Dep. Date	Remarks

③VIP 客人的房间通常在其抵店前一天甚至数天前就已经安排好，在客人抵店当天早上，接待员将房卡信封、住宿登记表准备好。团队客人的房间通常在其抵店当天上午由接待处领班或主管安排，并准备好相应的房卡信封和住宿登记表。预订员需要将有关细节再通知相关部门，以确保接待前的准备工作及时、高效地完成。

2.3　基于OTA平台的预订管理

酒店基于OTA平台的预订管理是网络预订方式中的一种，随着互联网的发展，网络预订的使用频率越来越高，相较于影响范围有限的酒店自设网站，与国内外知名旅游酒店预订网站合作能使酒店更快、更好地达到市场宣传、占有的目的。

2.3.1　基于互联网的预订系统

1）互联网在客房预订中扮演的角色

商务和休闲旅客一般会积极搜集各类促销信息，如电视促销广告、信用卡邮寄广告、航空公司的常旅客奖励计划、来自网络社区平台的促销活动等。通过对这些信息加以筛选，旅行者确保自己获得满意的性价比结果。旅行者也会在网络上进行最优价格的搜索，以确保自己对正确的选择感到满意。

在以前，消费者能够得知房价的途径只有印刷出来的宣传册，或者给酒店打电话，或者通过旅行社的报价得知。而任何提供给旅游批发商和团体客户的折扣都基于其营业额或者停留时间。当网络公司开始蓬勃发展时，酒店批发商开始提供免费广告以督促消费者使用网络，他们将剩余客房作为存货放在网上，而酒店也愿意将这类产品低价出售。发布在网络上的客房数量并不多，但是效果看起来很不错，所以其他网站也开始提供类似的打折模式，并且担保以更低的价格出售客房，在这过程中，客房价格变得越来越透明。顾客在办理入住手续之前，已经可以从网络上获得自己被担保的房价是否是最低价。

案例分享

通过客户预订引擎链接（guest connect booking engine），酒店经理可以将旅客在预订量和转换率上的重大增长反馈给公司。客户链接模块（guest connect）是由Sabre旗下全资子公司SynXis公司开发的。

客户链接模块可以引导客户的预订步骤。它包括酒店最具代表性或连锁酒店最具特点的产品元素，如详细的产品描述、产品图像、动态包装、促销定价、客房偏好选择等。酒店经理也可以利用综合全面的追踪工具对投资回报率（return on investment，ROI）有一个全面的认识。

美国基维斯特岛雷明顿酒店（Remington Hotels）在对其每周预订数据进行前后对比后发现，客户预订引擎链接所创造的预订量比旧的预订引擎多了150%。对于一家拥有100间客房的酒店而言，这一增长将导致每周增量收入超过45 000美元。

案例来源：詹姆斯·A.巴尔迪《饭店前厅管理》（第5版）

2）顾客对于网络预订的反映

第三方预订网站，如携程、艺龙、飞猪等，只需要顾客敲几下键盘，就可以获得酒店的空房和价格信息。随着移动端技术的发展，顾客还可以通过手机App随时随地查看酒店客房信息。目前，顾客在进行预订的过程中对网络的依赖程度也是越来越高。

此外，越来越多的酒店发现通过社交媒体，如微博、微信、等，酒店可以更好地宣传自身形象，并加强与顾客的沟通交流。目前，社交媒体已经成为大多数酒店制订市场营销计划时必须考虑的重要因素。

案例分享

2018 年我国旅游人次超过 58 亿，旅游市场规模达到 5.97 万亿元，旅游市场对于 OTA 的需求潜力巨大。旅游消费超过三成是在线上完成的，OTA 市场交易额突破 1.2 万亿元，同比增长 21.5%。其中，酒店预订是 OTA 平台的主要收入来源，酒店需求在 OTA 总需求中超过一半。

2019 年上半年在线旅游市场交易额超过 7 000 亿元，占线上旅游消费额的近 70%，酒店预订需求占据 OTA 平台总需求的 51.5%，贡献了超过 3 500 亿元的市场交易额。借助微信生态，OTA 平台用户规模大幅度增长。2019 年 6 月，同程艺龙月活用户规模超过一亿，排名榜首，携程及去哪儿紧随其后。

案例来源：Fastdata 极数：2019 年上半年中国在线旅游（OTA）行业分析报告，2019-8-6.

2.3.2 酒店 OTA 预订管理

1）OTA 订单处理流程

酒店在处理 OTA 网络预订时，基本上与处理其他方式的客房预订要求相似，预订员都应保持热情的态度，提供迅速、准确的服务，只是此时预订员的联络对象并非是客人或订房人，而是 OTA 客服员。

（1）接到预订

预订员需要时时关注酒店与 OTA 的合作网站，当网站后台收到订单时，会跳出提醒弹窗。此时网络订单将会出现在网站首页，预订员点击“查看详情”后即可看到订单的详细信息。为了确保预订信息能确实到达酒店，OTA 通常还会将客房预订单以书面形式传真至酒店。

（2）核对信息并答复

收到预订信息后，酒店预订员应立即打开酒店的订房系统，查看酒店房态，以确认是否有满足客人预订需要的客房类型、客房数量，客房价格是否正确等。若能够满足客人的订房需求，应立即在合作网站上接受预订单。若无法满足客人的订房需求，预订员通常会暂时将此订单搁置，而当酒店长时间未处理订单时，OTA 客服员会致电酒店询问订单收悉情况，此时预订员可将情况进行说明，如没有满足客人需要的客房类型或数量，并提出建议，由 OTA 客服员与客人或订房人沟通，或进行酒店预订员、OTA 客服员、客人之间三方同时沟通。由于预订员在收到订单时无法与客人直接进行沟通和提供建议，因此酒店不会轻易拒绝网络订单，而是等到与 OTA 客服或客人沟通后，依客人要求进行处理。

在与OTA客服员和客人沟通时，预订员也应用友好的态度对待对方。若最后仍然无法满足客人的要求，预订员也应当表示遗憾和理解，并希望客人下次光临本酒店。

（3）OTA订单录入

当确认接收订单后，预订员应及时在酒店订房系统内录入客房预订信息，包括客人姓名、预订抵店日期、预订离店日期、客房类型、房价代码、订房中心备注的特殊要求等。确认信息无误后，点击“保存”，生成酒店订房系统内的客房预订。

在进行OTA订单录入时，需要注意以下方面：

首先，预订人和住客录入。当客房订单上存在多人时，应备注清楚所有人的姓名；若入住人不是预订人，应将预订人姓名备注好，以便退房时审核结算。

其次，房价录入。根据不同预订渠道（通常有携程、美团、艺龙、飞猪、Booking.com等），不同付款方式（现付、预付、担保、信用住等），在系统内录入相应的客房价格。

第三，特殊要求录入。有的客人在订单中注明无烟房或无烟处理，几个房间安排在一起，请安排安静的房间，请安排高楼层等，预订员应仔细查看客房订单，并在系统内做好备注。

最后，其他增值服务内容录入。根据酒店与OTA的合作内容，如是否开通携程优享会，优享会会员是否享受延迟退房和房间水果赠送等，预订员都应当录入系统，以确保服务落到实处，提升客人满意度。

（4）预订资料保存

客房预订信息在酒店订房系统内保存后，会自动生成一个预订号，将此预订号复制粘贴在酒店合作网站的订单上，并将预订号和预订员姓名写在书面预订单后传真回对应的OTA客服员。预订员在完成OTA预订后，应将书面预订单按照日期妥善保存在对应的OTA资料夹中，以便有需要时能迅速、准确地找到预订单。

2）OTA订单特殊情况处理

酒店在与OTA的合作中，应当时刻注意房态和预订进度，做到尽量不拒单，原因是酒店拒绝客房预订需求，尤其是保留房预订需求，将会影响其在OTA上的排名，因此需要慎重处理无法满足的预订需求。

酒店与OTA的合作方式是酒店向OTA授权出售保留房，保留房是指酒店留出一定数量的客房，供OTA平台自由售卖，这也是与OTA平台深度合作的一种体现。绝大部分酒店不是迫不得已不能关闭保留房，而OTA也只有房控和业务人员有权限在特殊情况下关闭保留房。

若由于酒店对预订进度和房态把控不及时，导致客房不够出租，且没有及时关闭OTA房态，将可能导致酒店拒绝OTA客房订单。此时，预订员切勿直接通过网络平台和电话拒绝订单，而应当先把所有OTA房态关闭，再进行处理，可能的方法有：

（1）免费为客人升级房型

比如当日普通大床房的房态紧张，而豪华大床房闲置较多，预订员可以通过免费为OTA客人升级房间，或者建议适当加价升级并赠送早餐等方式满足客人的订房要求。这样既确保了更多低价客房的销售，又提升了酒店的客房出租率和顾客满意度，从而增加了酒店收益。

（2）为 OTA 保留房订单客人腾房

如酒店没来得及关房，产生了 OTA 保留房订单，而酒店没有足够的客房可以满足所有同类型客房预订需求，此时酒店可以选择为 OTA 保留房订单客人腾房，也可以选择转移 OTA 保留房订单客人去其他酒店。然而后者将会造成与 OTA 的违约等一系列不良后果，因此通常情况下酒店会确保 OTA 保留房订单客人的房间，而将其他渠道（如电话、会员、公司客等）预订的客人转移至同等级的其他酒店。

本章小结

▶ 处理客房预订是酒店一项重要业务，有利于提高客房出租率和提高顾客满意度。处理酒店客房预订的人员包括预订员、前台接待员、销售员等，这些员工必须掌握酒店的即时房态，了解当下、一段时间内酒店的客房状况，保持礼貌、热情、高效的工作态度，尽量满足客人的预订需求。

▶ 客人的预订方式和渠道、预订来源多种多样，了解这些信息有助于前厅管理人员和预订员有针对性地开展营销活动，以提高酒店客房出租率和客房收益。

▶ 网络预订和 OTA 预订已成为主流的预订方式和渠道之一，对酒店业的经营产生了重大影响。酒店应当从收益管理的角度积极理解和运用这些预订方式。

复习思考题

1. 思考题

（1）客房预订的方式和种类有哪些？

（2）客房预订的来源和价格种类有哪些？

（3）前厅部预订业务有哪些内容？

2. 实践题

（1）接受团队预订。

（2）为散客提供客房预订变更服务。

3. 案例分析

（1）某日上午，李先生致电酒店预订员，要求取消他的网络订单。预订员查看信息后发现李先生在一个月前通过携程网预订了酒店的豪华大床房，并且已经在网上提前支付了入住期间的房费。经过询问预订员了解到，李先生的朋友今早致电酒店预订同一时间段的豪华大床房，酒店提供的价格比李先生在网上预订的价格更便宜，于是李先生想取消网络预订单，转而直接从酒店订房。如果你是预订员，你是否会接受李先生的取消预订要求？为什么？

（2）唐先生接到通知，他们公司的重要客户近期将到本地考察，并且视考察情况决定下一年度是否继续合作。总公司将接待任务交给了他们分公司，并叮嘱务必要招待好这位贵宾。唐先生于是在这位贵宾到达前一周在市内某国际酒店预订了一间豪华套间。唐先生办事比较谨小慎微，虽然已经预订了客房，他仍然在距离入住还有3天时，再次打电话到酒店确认，当得知客房已经安排妥当之后，唐先生才放下心来。可是，就在客人预计入住的当天，唐先生先一步到酒店想办理好入住手续，以便客人到达时可以直接拿钥匙入住，却被前台接待员告知当天的豪华套房已经订满了，建议他入住商务套间。由于存在房费差价，唐先生拒绝了酒店的提议，并表示自己提前一周就预订了客房，不应该再让他补差价入住别的房间。唐先生在与前台接待员僵持的过程中，对于前台接待员坚持让他补差价的做法也越来越不满。若不是因为他的贵宾已经在从机场前往酒店的路上，他真想立即取消在酒店的预订房，改住其他酒店。在这个案例中，酒店有哪些地方存在问题？若你是前台接待员，你会如何处理这件事？

第3章 超额预订管理

■ 内容导读

并非所有客人都进行保证类预订，这表示即使酒店的客房预订率达到 100%，也可能有一小部分客人出于种种原因无法如期抵达酒店、临时取消预订或者提前离店，从而导致酒店的经营损失。为了达到充分利用酒店客房、提高客房出租率的目的，酒店有必要进行预订控制，从而避免因上述情况的出现给酒店造成的损失。对预订进行预测、进行超额预订都是有效的预订控制手段。

通过本章的学习，要求达到以下目标：

- 了解和掌握客房预订预测的内容。
- 掌握超额预订数的确定。
- 了解和掌握酒店失约行为的处理。

3.1 预订的预测

酒店在预订过程中收集到相关数据后，下一步就是对客房预订的数量进行预测。主要是对某一特定时间内酒店客房销售情况进行推测，以便前厅部合理安排工作人员，以及计划如何使用酒店设施。

表 3-1 是前厅经理的预测结果，前厅经理依据这个预测结果来安排前厅员工，如按照预计抵离店人数安排前台接待员、行李员数量，按照出租客房数安排总机员工数量等。

表 3-1 客房预测结果

	5 月 1 日	5 月 2 日	5 月 3 日	5 月 4 日	5 月 5 日	5 月 6 日	5 月 7 日
离店	10	20	53	70	2	3	150
抵店							
确认	40	10	50	30	25	5	23
担保	30	15	20	10	5	1	10
合计	70	25	70	40	30	6	33
散客	20	10	45	30	20	5	40
续住	10	75	53	90	152	197	57
应到未到	3	4	8	6	2	1	5
总计	95	106	160	154	200	207	125

备注：

5 月 1 日

A 公司 150 间房离店，离店时间为上午 10:30—11:30，客人需要发票。

B 公司年会预订 53 间房，预计抵店时间为下午 3:00—5:00。

5 月 3 日

B 公司年会客人在上午 9:00 团队早餐后离店，不可以延迟退房。

某歌星将在市体育馆举办演唱会，预计体育馆附近的 3 家酒店会满房，约 45 个散客从这 3 家酒店流出。

5 月 4 日：

演唱会第二天。

现代体育大会，大部分人年龄在 10 ~ 16 岁，入住时间为下午 4:00—6:00。

5 月 7 日：

现代体育大会的客人在中午 12 点结账离店。

在市艺术馆有书画家大会，主要入住设计酒店。预计该酒店满房，将会有 40 个散客流出。

此外，客房预订预测的结果也是前厅部与其他部门沟通交流的工具，如餐饮部、客房部、工程部等，客房预测对于这些部门安排员工、设备使用、客房改进计划或更新设备、下订单等都是十分必要的。例如，预测酒店在 5 月 5 日和 5 月 6 日客房出租率非常高，逼近满房，那么原本没有安排上班的员工可能要返回餐厅工作岗位帮忙，客房部员工可能也无法休假。而在 5 月 1 日和 5 月 2 日入住率不高时，工程部可以安排定期检修、大扫除、客房改造等。在遇到大型活动或者大型团队时，财务总监需要估计现金流；客房部行政管家需要根据客房预订预测数安排足够的员工；保安部则需要知晓活动、会议的具体安排，以确保停车场能够满足顾客的需求。以上都是客房预测的作用。

3.2　超额预订

超额预订（Overbooking）指酒店通过对所有可能影响酒店客房出租数量的因素进行预测，以求最大限度地达到 100% 的客房预订量。在这个过程中，酒店有意识地使客房预订数超过其真正能够提供的客房数，充分利用酒店客房，提高客房出租率。

虽然公众对于超额预订持怀疑态度，但是很多案例证实，超额预订可以避免应到未到或者临时取消给酒店带来的损失。而超额预订产生的经济效益，也往往比偶尔带给客人的麻烦造成的酒店损失要多得多。在酒店经营当中，超额预订可以抵消由应到未到预订所带来的损失，这已经成为了惯例，毕竟酒店总经理和前厅经理并不是故意为客人制造麻烦，而是为了达到酒店的财务指标而不得不进行超额预订。

然而，在法律意义上，酒店一旦接受了客人的预订，就意味着酒店与客人之间已经建立了与酒店客房相关的合同关系。当酒店由于实施超额预订，导致某个或者某些客人在某个时间不能按照与酒店约定的“合同”内容办理入住时，客人有权利就酒店单方面违约进行起诉。

3.2.1　超额预订实施的考虑因素

为了避免或减少酒店单方面“撕毁”合约带来的损失，酒店应当对超额预订有清醒的认识，在实施超额预订时，考虑以下三个因素：

1）团体预订与散客预订的比例

由于团体预订和散客预订在履约率上的不同，酒店应当根据这两个客源市场的比例，来决定超额预订的数量。例如，当酒店的团队预订数量较多，所占比重较大时，超额预订的数量不应过多、比率不应过大。这是因为团队预订的执行率较高，很少会有团队临时取消预订，从而降低了为客人带来麻烦的可能性。对于酒店来说，依据与旅行社、公司的合同规定，团队未到或临时取消，酒店也会根据合同获得相应的补偿金。反之，当团队预订数量较少，散客预订数量较多时，酒店的超额预订比率不应过小，从而提高客房利用率和客房出租率。

2）各预订种类的比例

各预定种类的比例指的是某一时间段内，保证类预订和非保证类预订的比例。例如，某日酒店的保证类预订数量较多，占当日总预订的百分比较大，则超额预订的百分比不能过大；反之，超额预订的百分比不应过小，尽量减少酒店客房闲置数量，提高客房出租率。

3）各客源数量的比例

酒店在实施超额预订时，应当有针对性地统计出不同客人数量所占的比例，以便进行下一步分析。通常，客人类别分为预订未到者、临时取消者、续住客人、提前离店者。超额预订数量的计算就是基于这些客源的比例。

（1）预订未到者和临时取消者

酒店通常会为确认类预订的客人保留客房至下午 6:00，在这段时间之后，酒店没有为客人继续保留客房的义务。对于不同类型的确认类预订客人（如公司客户、休闲旅游者、团队客人等），应到未到率通常是不同的，酒店应当针对不同类型的客户进行详细调查，并针对各类型的客人提出将这一比率最小化的建议和解决方法。相较而言，保证类预订的客人具有更高的稳定性，其应到未到比率和临时取消比率都远远低于其他预订类型的顾客，但是酒店仍然应当调查客人应到未到和临时取消预订的具体情况，并根据其来源做出相应的计划方案。

（2）续住客人

续住客人指已经登记入住的客人，但在酒店的逗留时间超出其预期，希望延长停留时间。酒店应当根据客户类型（如会议客人、团队、休闲散客等）准确记录每一类客人的续住比率。比如携带家属的商务散客可能将其周四、周五结束的商务旅行延长至周六或周日；而会议团队客人的预订时间是周一至周四，这类客人可能将其预订延长至周末，以便进行城市观光等休闲活动。

（3）提前离店者

提前离店者指决定早于预订时间离店的客人。有时休闲客人可能觉得游览景点不如预期，从而提前结束旅行；而公司客人可能因为突发事件被要求尽快赶回办公室，从而提前结束商务出行。准确记录这类客人的信息和比率有助于帮助酒店预测客人提前离店的情况。

（4）散客

散客是酒店市场上最受欢迎的一部分。在旅游旺季、节假日、大型活动和会议及类似场合，会有大量潜在客户成为酒店的散客，因此前厅经理应当对这些可能情况有所了解，以便做出相应的计划。市场上散客的数量通常很多，若前厅经理与其他酒店的前厅经理保持良好的关系，在其中一方满房时，便可以将客户推荐至另外的酒店。将无法入住的客人送至邻近的酒店，对于酒店和客人而言都是双赢的结果。

3.2.2 超额预订数的确定

超额预订应当有个“度”，避免酒店因超额预订量过多而导致客人无法入住，或因超额预订量过少而导致酒店较多客房的闲置。依据国际酒店管理经验，超额预订的比例应控制在 5%~20% 之间，但是各酒店应当根据自己的实际情况，合理掌握超额预订的“度”。

超额预订数要受预订未到客人比率（包括应到未到率和临时取消率）、提前退房率、延期住店率等因素的影响。这些因素存在以下的关系式：

酒店总客房数量 − 确认类预订数 × 基于历史的预订未到比率 − 保证类预订数 × 基于历史的预订未到比率 − 预计续订数 + 预计提前离店客房数 − 预计散客数 = 酒店达到 100% 客房出租率这一目标另需增加的预订数

通过以下例子来说明如何运用这个公式：

首先，若该酒店共有 210 间客房，某日收到确认类预订 80 间，根据历史数据分析得知，该类型预订的预订未到比率为 5%。

其次，该酒店当天还有 100 间保证类客房预订，基于历史数据，前厅经理估计此类型预订的预订不到比率仍然保持在 2%。这意味着这 2 间客房最终不会有顾客入住，但是这两间客房是否可以出租给另外的客人，不同的酒店有不同的政策。

第三，基于历史数据，并考虑到目前的季节性、旅游市场情况等，酒店预计当晚将会有 10 间续订客房。

第四，同样基于上述考虑因素，酒店预计当天会有 4 间客房提前结账离店。

最后，该酒店所在城市近期将会发生一些重大旅游事件，将会给酒店带来 7 间散客预订单。

根据上述信息，运算过程如下：

210 间可入住客房 −76 间确认类预订［80−80×（1−5%）］−98 间保证类类预订［100−100×（1−2%）］−10 间续订客房 +4 间提前离店客房 −7 间预计散客数 = 酒店达到 100% 客房出租率这一目标另需增加 23 间客房

这个公式也可以理解为：

酒店当日可预订客房数量 × 基于历史的应到未到比率

酒店当日可预订客房数量 × 基于历史的预订临时取消比率

续住客房数 × 提前退房率

预计离店客房数 × 延期住店率

酒店达到 100% 客房出租率这一目标另需增加的预订数

假设这个公式中，X= 超额订房数；A= 酒店客房总数；C= 续住客房数；D= 预计离店客房数；r_1= 应到未到比率；r_2= 预订临时取消比率；f= 提前退房率；k= 延期住店率。则：

$$X=\frac{(A-C)\times r_1+(A-C)\times r_2+C\times f-D\times k}{1-(r_1+r_2)}$$

假设超额预订率为 R，则：

$$R=\frac{X}{A-C}\times 100\%$$

$$=\frac{(A-C)\times r_1+(A-C)\times r_2+C\times f-D\times k}{(A-C)[1-(r_1+r_2)]}\times 100\%$$

此时酒店总共应当接受的客房预订数 Z 为：

$$Z=A-C+X$$

例如，某酒店共有 400 间客房可供出租，在 5 月 10 日，预计续住客房数量为 150 间，预期离店客房数量为 120 间，根据历史信息，该酒店的预订临时取消比率为 5%，应到未到比率为 4%，提前退房率为 3%，延期住店率为 7%。试求该酒店在 5 月 10 日：①可以超额预订多少间客房？②超额预订率是多少？③总共应该接受多少间客房预订？

解：①根据上述公式可知，A=400，C=150，D=120，r_1=4%，r_2=5%，f=3%，k=7%。带入公式后有

$$X=\frac{(A-C)\times r_1+(A-C)\times r_2+C\times f-D\times k}{1-(r_1+r_2)}$$

$$=\frac{(400-150)\times 4\%+(400-150)\times 5\%+150\times 3\%-120\times 7\%}{1-(5\%+4\%)}$$

$$=20（间）$$

②超额预订率的计算结果为：

$$R=\frac{X}{A-C}\times 100\%$$

$$=\frac{20}{400-150}\times 100\%$$

$$=8\%$$

③该酒店总共应该接受的客房预订数量是：

$$Z=A-C+X=400-150+20=270（间）$$

答：该酒店在 5 月 10 日可以超额预订 20 间客房，超额预订率最佳为 8%，总共可以接受 270 间客房预订。

3.3 失约行为的处理

3.3.1 预订失约行为的处理方法

按照行业惯例，在规定时间内抵店的确认类和保证类预订的客人，由于酒店超额预订而不能入住，此时酒店应当妥善处理。处理的方式包括：

①诚恳地向客人致歉，请求客人的谅解。

②为客人免费升级客房。若本酒店无可入住的客房，应当立即联系另一家同等级的酒店，请求援助；若无同等级的酒店，可联系一家级别略高的酒店，高出的房费由酒店承担，客人去往其他酒店的交通费用也由酒店承担。当为客人寻找其他酒店时，应当以同集团酒店或距离为首要考虑因素。

③若客人在酒店预计逗留不止 1 晚，则在征得客人同意后，应当在酒店有空房时立即将客人接回，并承担客人从另一家酒店返回本酒店的交通费用。酒店应妥善保管客人留在酒店的行李，同时还需要负责客人往返途中的行李服务。当客人搬回酒店后，酒店通常会以 VIP 标准接待客人（由大堂副理或前厅经理迎接客人，在客房内准备欢迎水果或花束等）。

④若客人属于保证类预订，则除了上述措施，酒店还可视具体情况，为客人提供以下帮助：

支付其在另一间酒店入住期间的首晚房费，或在客人搬回酒店入住后给予其减免一晚房费的待遇。

⑤将此事详细记入客人的客史档案，务必保留客人的相关信息，以便此事后续可能的跟进。

案例分享

在五一假期，各个酒店客房出租率都很高，为了保证经济效益，大多数酒店都实行了超额预订。某天，大堂副理和前台接待配合，将大部分客人安排妥当，剩下未办理入住的预订都是担保订单，客人一定会到店的预订。当日，1520 房间为预离房，大堂副理从下午 1 点起多次拨打这位蒋先生的电话想要提醒他退房时间，但是蒋先生并没有接；发出去的短信也没有回复。终于，下午 6 点时蒋先生来到前台接待处，但是并不是要办理结账退房，而是要求办理延住手续。但此时，1520 房间的预订客人张先生也刚刚到达。前台接待员尝试向张先生解释酒店超额预订，并保证为其安排在其他酒店，一旦本酒店有空房，会立即将张先生接回。但是张先生态度坚决，称这是酒店的问题，与他无关，他就在这间酒店，哪里也不去。而另一边蒋先生态度也很坚决，他还有事情没有办完，不会离开酒店，他的行李都在房间里，他哪里也不去。鉴于两位客人态度都十分坚决，而且张先生表示即使房间比较小他也不介意，他就是不想去别的酒店来回奔波。大堂副理在请示过当日值班经理后，为 1520 的蒋先生办理了延住手续，并将张先生安置到了值班经理用房，张先生表示接受。

点评：经验告诉我们，由于并不是每位客人都做出保证类订房，即使酒店的订房率达到 100%，也会有订房者因故应到未到、临时取消预订或者住店客人提前离店，从而使酒店出现闲置空房。因此，酒店为了追求较高的客房出租率，提高客房利用率，争取获得最大的经济收益，往往会采取超额预订的手段。

超额预订是客房预订管理艺术的最高体现，处理得当会提高酒店客房出租率，增加酒店的经济效益；但是如果超订过度，预订客人都在规定时间内抵店，而酒店却因此客满无法为所有预订客人提供所订住房，那么必然会引起客人的不满，这无疑给酒店带来了很大的麻烦。一旦接受并确认了客人的订房要求，酒店就是承诺了订房客人具有得到“自己的住房”的权利。发生这种情况属于酒店的违约行为，因此，必须积极采取补救措施，千方百计地调剂房间，开拓房源，最大限度地满足客人的预订需求，妥善安排好客人的住宿问题，消除客人的不满，尽量避免不良影响，维护酒店的声誉。

只要是有预订的客人，一般都希望按照预订入住，出于种种原因不想搬去其他酒店，比如离市中心太远、离购物区太远、离景区太远等，因此如何满足客人的需求就成为了最重要的问题。在这个案例中，客人不愿意去其他酒店，但是酒店因为超额预订而没有客房可以提供。好在经过有关人员的共同努力，终于让客人入住了值班经理用房，在满足客人需求的同时为酒店增加了收入，这种做法是值得鼓励的。

通常，在处理超额预订时，只有实在挤不出客房时才可以考虑将客人送往其他酒店，因为客人入住其他酒店后有可能成为其他酒店的回头客，这对于送出客人的酒店而言将是一个损失。

3.3.2 控制预订失约行为

①完善酒店的预订规范及相关政策，健全预订程序和标准。

②与旅行社、OTA、公司等的沟通要确保及时和信息正确。

③加强对预订的监督，避免错项和遗漏，或者及时发现以修正错误和遗漏；加强对员工的培训，提高预订员的专业素养。

④完善与酒店相关部门的沟通制度。

⑤记录和保存预订相关案例，并进行总结分析和定期案例分享。

本章小结

▶ 在旅游旺季或其他供不应求时期，酒店为了提高客房利用率，提升酒店客房出租率，避免部分客人因为临时取消预订或者预订不到而给酒店造成的损失，通常会实施“超额预订”。

▶ 酒店应当依据历史数据和经验，科学地确定超额预订率，并保留好记录，以供将来超额预订数的确定。

▶ 若客人因为酒店超额预订而无法入住，这属于酒店的违约行为，酒店应当妥善处理，以保证客人和酒店双方的权益。同时，酒店应当采取有效的方法，控制预订失约行为。

复习思考题

1. 思考题

（1）超额预订的影响因素有哪些？

（2）如何处理超额预订的失约行为？

2. 实践题

（1）假设你是某酒店新上任的前厅经理，你所接到的第一个任务就是思考针对超额预订的处理办法。你发现之前酒店实行的预订办法是，禁止预订超过酒店可以提供的空房数量，你们酒店的预订比例大约是：确认类预订占 60%，保证类预订占 40%。

在过去的 1 个季度中，大约有 5% 的确认类预订最终并未到店，从而导致了 200 间客房的经济损失。之前的前厅经理由于时间和精力问题并没有组织针对这个情况的研究分析，然而客房损失已经达到 10 万元之多（200 间客房 × 平均每间客房 500 元），因此，酒店迫切需要管理人员去考虑和决定一个解决方案。

请针对以下方面对酒店提出一些建议：超额预订的必要性；对不同类型（确认类预订、

保证类预订、提前离店和散客）酒店客房的预订分类管理。

接下来，请使用以下数据为酒店计算客房预测（单位：间）：可用客房为 400 间，前日已入住客房数为 300，当日离店客房数为 250 间，当日预订客房数为 250（60% 确认类预订，40% 保证类预订），散客数为 10，应到未到率为客房预订量的 2%。

你和酒店管理层都明白工作应当慢慢进行，并且需要制订一个计划。若要引导酒店实施超额预订，你会提出哪些建议？

（2）酒店为了规避应到未到客人给酒店带来的经营损失，采用超额预订的方法提高客房出租率。某酒店共有客房 500 间，通过近几年的数据统计发现平均每日预订临时取消率为 5%，应到未到率为 4%。某日，该酒店有 200 间离店客房，120 间续住客房，提前离店率为 3%，而延期退房率达到 8%。请问该酒店应采用多少超额预订量比较恰当？此时超额预订率是多少？酒店总共应当接受多少间客房预订？

3. 案例分析

丹妮是某国际酒店的前台接待员，这天晚上 10 点左右，一位先生到前台办理入住。丹妮在核对了客人信息后，查到这位李先生预订了酒店的行政大床房一间住 3 晚，但是系统里并没有任何行政大床房处在空房状态。原来，今天预订处基于历史数据超额预订了客房，当下所有行政大床房都已经住满。若你是丹妮，你会如何处理？

第4章 接待管理

■ 内容导读

前台接待是酒店前厅部的核心工作，其工作要求接待人员为客人提供主动、热情、礼貌、周到的服务，工作要点在于尽可能缩短客人办理入住登记的等候时间，为客人提供令其满意的客房，提高接待工作的效率和顾客满意度。

前厅部礼宾接待的主要内容包括：接机服务、迎送客人、行李接送和寄存、邮件递送、物品租借、车辆出租、停车管理、委托代办等，礼宾接待是前厅部对客服务的重要体现。

总机是前厅信息系统中的重要环节，其接待内容包括：留言找人、客人投诉接待、叫醒服务、电话转接服务等。商务中心主要负责提供票务服务、商务办公服务等。

通过本章的学习，要求达到以下目标：

- 了解和掌握前台接待业务内容及其管理。
- 掌握房态控制方法和客房分配的艺术。
- 了解礼宾部接待业务内容及其管理。
- 了解“金钥匙”理念及其岗位职责和素质要求。
- 了解总机和商务中心接待业务内容及其管理。
- 学会处理接待工作中的常见问题。

4.1 前台接待管理

客人对酒店的第一印象至关重要，感受到酒店的热情接待的客人会对酒店产生积极的印象，同时对接下来的服务产生相同的期待。因此，在客人入住时展现酒店的热情服务有助于树立酒店良好的形象和保证后续的商业关系。若客人受到漫不经心的对待，则客人不会对酒店产生好感，更有可能在之后的入住期间百般挑剔。在如今的社会中，客人都希望得到尊重和关怀，酒店也注意尽可能地满足客人的期待，以期获得更多回头客。

案例分享

李先生因公到A市出差，秘书为其预订了距离客户公司较近的酒店。李先生在上午9点到达酒店前台办理入住，面色焦急，他告知前台接待员，由于航班延误，他现在只有30分钟的时间赶到客户公司参加会议，因此他必须尽快入住，放下行李，然后乘车前往客户公司。前台接待员立即查看系统，发现此时酒店并没有空房，于是她立即向客人解释情况，并建议为其寄存行李和准备客房，客人可先行处理公务。李先生接受了建议，前台接待员立刻呼叫行李员为客人办理了行李寄存，同时说明了客人的情况，行李员立即通知门童为客人叫了出租车去往客户公司。这一系列快速行动使李先生在最短时间内到达了客户公司。而当李先生结束会面在下午返回酒店时，前台接待员关切地询问他行程是否有受影响，同时递上了为其准备好的客房钥匙，并告知他行李已经为其送至房间。李先生向前台接待表示了感谢，他对整个入住过程也感到非常愉悦和舒适。

然而，入住接待的情况也有可能是这样的：当李先生到达酒店后，前台接待员告知他："办理入住的时间是下午3点，现在还没有空房，请您等到下午3点后再来办理。"李先生于是只能四处寻找行李寄存处，在排队等了几分钟后他终于办好了行李寄存。接着他找到酒店门口的门童，请对方帮忙叫出租车，但是由于高峰期，他又等了十分钟才轮到自己坐上出租车。由于这一系列的延误，李先生到达客户公司时迟到了。由于酒店地理位置的便利性，李先生在会后仍然返回该酒店，并在酒店大堂等到下午3点。这就是一次不愉快的入住体验，下次李先生再来A市出差时，很有可能会选择其他酒店入住。

4.1.1 前台接待业务程序

前台接待业务主要指为客人办理入住登记手续（Check in），以及与之相关的修改订单、更换客房、调整房价、续住办理、延迟退房办理等业务。入住登记是酒店与客人众多互动环节中的一部分，主要包括以下内容：

1）热情待客，向客人表示欢迎

这是酒店向客人提供礼貌、热情、周到服务的第一步，表示对客人的欢迎，是对国内外酒店前台接待员的基本工作要求。绝大多数酒店将这一步骤写进了入住接待标准流程的第一步，也是酒店形象塑造至关重要的一步。然而，不难发现，这一行为在国内很多酒店也是缺失的。

2）询问预订信息

办理入住登记时，首要步骤是确认是否有预订。若客人已预订客房，前台接待员应当迅速在预订表或抵店名单上查找客人的预订信息，找到后应与客人核对基本预订信息，如入住人姓名、抵离店日期、房型、预订渠道、付款方式等，确认无误后进行入住登记的下一步。

若客人未经预订而抵店，前台接待员应询问客人的住宿要求，经查看后，在有空房的情况下尽量满足客人的需求，并向客人推荐酒店的其他服务设施，如餐厅、酒吧、健身中心、SPA 等。若酒店已经客满，前台接待员可委婉拒绝客人的留宿请求，在客人同意的情况下，为其推荐符合其需要的其他酒店并为其联系客房。这么做有利于塑造酒店的良好形象，若有机会，客人可能下次还会来酒店投宿。

3）填写住宿登记表，安排客房

为客人安排符合其住宿要求的客房，同时，查验客人的身份证明并扫描，然后填写酒店住宿登记表并请客人签名确认。

住宿登记表（Registration Card）为酒店提供了客人的账单信息，为客人提供了抵离店时间、房价、所享受待遇等信息。通常，即使客人已经有客房预订，酒店仍然需要客人填写住宿登记表，用以确认客人的姓名、地址、联系方式、预计抵离店日期和时间、入住人数、房价、付款方式等，经客人签字后确保信息的有效性。

（1）为散客办理入住登记

不同的酒店使用的住宿登记表大多是不同的，但是其内容一般都包括客人的基本信息（如姓名、性别、国籍、身份证件信息、通信地址、联系方式等），住宿信息（如抵离店日期和时间、房号、房价、是否包含早餐或其他待遇等），确认签名（客人签名、接待员签名）。表 4-1 展现了为散客办理入住登记常用的住宿登记表。

前台接待应当快速检查住宿登记表的信息是否填写完整，这些内容对于酒店经营管理具有重要意义。

通信地址：掌握客人准确的通信地址，有助于酒店在客人离店后的账务、遗留物品处理，也有助于向客人提供离店后的邮件服务及其他邮寄信息服务等。市场营销部门也可依据通信地址来分析酒店营销的地域性；若是商务客人，前台接待员和财务部门也可依据这些信息来开具发票。

抵离店日期和时间：正确记录客人的抵离店日期与时间，对结账及提供信息服务具有重要作用。客人在办理入住登记手续时，前台接待员应当在登记表上正确标注与客人核实过的抵离店日期，若知晓具体的时间也应当注明，这些信息都有利于酒店之后的客房预测与前厅部的客房安排工作。例如，当酒店客房出租率较高时，前台接待员应当在为客人办理入住时就声明退房时间并询问客人在离店当日的具体离店时间，从而为之后的客房安排、超额预订提供有效信息，早做准备。

表 4-1 住宿登记表

<table>
<tr><td>Room No.
房间号码</td><td>PAX
人数</td><td colspan="2">Res. No.
预订号码</td></tr>
<tr><td>Last Name
姓</td><td>First Name
名</td><td colspan="2">Title
称谓</td></tr>
<tr><td>Nationality
国籍</td><td>Date/Place of Birth
出生日期 / 地点</td><td colspan="2">Member No.
会员号码</td></tr>
<tr><td>ID. Type
证件种类</td><td>ID No.
证件号码</td><td colspan="2">ID Expiry Date
证件有效期</td></tr>
<tr><td>Visa Type/ Visa Exp Date
签证种类 / 有效期</td><td>Date/Port of entry
入境日期 / 口岸</td><td colspan="2">Place of Issue
签发地点</td></tr>
<tr><td>Arr. Date
到店日期</td><td>Dep. Date
离店日期</td><td colspan="2">Accompany Guest
同宿人姓名</td></tr>
<tr><td colspan="4">Company Name 公司名称</td></tr>
<tr><td colspan="4">Contact Address 联络地址</td></tr>
<tr><td colspan="4">Remarks 备注 :</td></tr>
<tr><td colspan="3">1. Check out time is 12:00 noon. A full price of extra charge applies for early check in before 6 am & late check out after 6 pm.
退房时间中午 12:00 时整。早上 6:00 前入住、下午 6 点后退房需加收全天房费。
2. The Hotel is not responsible for any valuables left in guest rooms. Safety-Deposit Boxes are available in the room or at the reception desk as free of charge.
请使用酒店在房间或前台免费为住客提供的保险箱，酒店对阁下留在房间内的贵重物品概不负责。
Daily Room Rate 房价____________ Guest Signature 宾客签名________
Email Address 邮箱地址________ Tel Number 联系方式________
Please find the rate quoted above is subject to 15% surcharge.
以上房价不包含 15% 服务费。</td><td>Done by
员工签名
____
Checked by
检查签名
________________</td></tr>
</table>

房号：便于酒店员工查找、识别住店客人以及建立客账，保障客人信息、财产、人身安全。

房价：是客人离店结账、为酒店预测客房收入的重要依据。

客人签名：能够确保前台接待员将相关信息传达到位，也是客人对所填信息表示认可的证明。

接待员签名：可以加强员工的工作责任心，也是酒店进行质量控制的措施之一。

住宿登记卡的任何空白区域都应当引起前台接待员的注意，出现这样的空白有可能是客人或接待员的疏忽所致，也有可能是客人在弄虚作假。例如客人以各种理由不愿意填写通信地址或联系方式（“我的住所不太固定”或者“我担心酒店会泄露我的个人信息”），倘若碰巧遇到接受这些理由的前台接待员，就为这样的弄虚作假创造了条件，接着，一个忙碌的前台接待员可能在旺季慢慢再向客人询问这些数据。遇到这样的情况，前台接待员一定要解释清楚这些数据对于保证客人在酒店的住宿安全是十分有必要的，并确保客人提供相关信息。

对于使用 PMS 的酒店，大部分常客的信息已经储存在系统中，前台接待员在确认客人身份后，可以直接从 PMS 中打印住宿登记表，此时登记表上已经存在大量客人的信息，包括客人基本信息（姓名、性别、国籍、身份证件信息、通信地址、联系方式、会员号等）和部分住宿信息（抵离店日期、房价、房型、入住人数、是否包含早餐等），此时前台接待员应当与客人一一核实，若信息有误则应当立即在住宿登记表和 PMS 中更正，并请客人签字确认。

（2）为团体客人办理入住登记

团队通常在抵店前已经完成客房预订。大多数团队往往提前提供团队客人名单以及客房住宿分配名单，酒店前台可提前将这些信息录入 PMS，同时提前准备好团队住宿登记表（表 4-2），若客房已经准备好，酒店前台还可以提前制作准备好客房钥匙。待团体客人抵店，前台接待员应当请团体领队签字确认预订信息。若在团体客人抵店前未得到团体客人资料，则可先将团体客人引至休息区，前台接待员在核查客人身份并进行扫描登记的同时，与团体领队确认客房分配，由团体领队填写团体住宿登记表并签字。

表 4-2　团队住宿登记表

Group Name/Account No.:					Arr. Date:		Dep. Date:_	
Rm No.	Name	Gender	Nat.	DOB	ID/Passport No.	Visa Type	Visa Expiry	Remarks
Border:			Last City:		Next City:			
Supervisor:			FOM:					

另外，前台接待员还应当在团体领队的配合下填写“团体资料单”，完成后分别发送至酒店其他相关服务部门，如餐饮部、客房部。团体资料单的内容包括团体名称、团体编

号、抵离店日期和时间、行李件数、团体客人基本信息、叫早时间等。

团队抵店后，若有更改预订的要求或者其他特殊需要，前台接待员应当记录更改要求和特殊需要，填写相应的单据后将其尽快送往有关部门。

（3）为 VIP 客人办理入住登记

VIP 客人的入住接待通常由大堂副理负责，前台接待员负责配合，入住登记过程通常在客房内进行。

贵宾客房准备好后，前台在 VIP 客人抵店前提前准备好住宿登记文件夹，里面包括根据已知信息填写打印好的住宿登记表和贵宾客房钥匙。住宿登记表及房卡钥匙套上的离店日期通常是空白的，由 VIP 客人亲自填写。前台接待员在准备好住宿登记表、客房钥匙后，将其放入贵宾住宿登记文件夹，交给大堂副理，同时还要关注是否有转交给 VIP 客人的信件或者其他早到物品，以便及时转交。

VIP 客人抵店后，由大堂副理引领至为其准备的贵宾客房。大堂副理对酒店及客房进行简单介绍，告知 VIP 客人大堂副理的服务电话，表达诚挚的欢迎和热情为其服务的意愿。在与客人核对住宿登记表上的信息后，请 VIP 客人登记签字，然后大堂副理核对证件，确认其离店日期。

VIP 客人在酒店入住期间享受多种优待，如免交押金、房费免费或入住期间所有费用免费等，具体优待以销售部或管理层批准的贵宾申请单上列明的待遇为准。例如，表 4-3 展示了为贵宾布置客房时，前厅员工应根据客人的 VIP 等级申请相应的客房布置。

表 4-3　贵宾客房赠品申请单

Rm No.	Name	Arr. Date/Time	Fruit	VVIP	VIP1	VIP2	VIP3	Remarks
Set up reason is to be given								
Remarks								
Requested by:		Approved by:			Date/Time Distributed:			
Received by （Room SERV）:				Date/Time Received:				
Received by （HSKP）:				Date/Time Received:				

4）确定付款方式

酒店为了防止不良客人的逃账行为或损坏酒店的设施设备，同时为了给客人提供消费便利，使其在离店时将在酒店入住期间的消费一次性结清，通常会要求客人在办理入住登记时支付一定数额的押金（房费、杂费），所付押金由前台收银处保管，并向客人出具收据。

前台接待员从住宿登记表的“付款方式”一栏得知客人选择的付款方式，当然，若是客人临时更改其付款方式，前台接待员也应当及时在住宿登记表和 PMS 中更新。常见的付款方式有现金、信用卡、旅行支票、转账等。

（1）现金

若客人使用现金结账，则酒店会在客人办理入住登记时收取一定数额的预付金。预付金的额度应超过客人在酒店逗留期间的房费总额，具体超过多少由酒店自行决定，通常等级越高的酒店，超出额度越多。前台接待在收取客人的预付金后，应填写预收款收据（表 4-4），并按照单据上的要求，在客人、前台接待处或收银处各保留一份。

表 4-4　预收款收据

Date/ 日期 ____________				Receipt No.0000001
Received From/ 兹收到 ____________	Room No./ 房号 ____________			
Currency/ 货币：	□ RMB/ 人民币	□ USD/ 美元	□ JPY/ 日元	□ HKD/ 港币
	□ EUR/ 欧元	□ Other/ 其他 ____________		
The Sum of/ 金额小写 ____________				
大写 ____________				
Remarks/ 备注 ____________				
□ By Cash/ 现金支付 ____________				
□ By Check No./ 以支票支付，支票号为： ____________				
On Bank/ 签发银行 ____________				
□ Credit Card/ 信用卡（种类）____________				
Receptionist's Signature		Guest's Signature		
接待员签名 ____________		宾客签名 ____________		

（2）信用卡

若客人使用信用卡结账，则前台接待员应当首先确认客人使用的信用卡是否可在本酒店使用，银行卡是否完好且在有效期内。常见的信用卡种类包括维萨卡（Visa）、万事达卡（MasterCard）、银联卡（Union Pay）、JCB 卡、美国运通卡（American Express）等。同样，前台接待员在客人信用卡中冻结一定数额的押金后，也要将银行卡单据出具给客人，并将商户存根联保留在前台接待处。

（3）转账

若客人以转账方式结账，通常在进行预订时就会向酒店提出，由酒店相关负责人批准后方可操作，此信息也会显示在预订单上。如客人在办理入住时提出以转账方式结账，前台接待处通常无法受理。

另外，酒店对于一些常客、VIP 客人、公司客等，为了表示友好和信任，通常会提供免交预付款的方便。这个名单一般由酒店管理层决定，并会在客人的预订单中注明，前台接待员没有权力免收客人的预付款。

5）交付客房钥匙

当完成入住登记手续后，前台接待员应将填好房号的欢迎卡套和客房钥匙双手递给客人（图 4-1），并告知客人客房钥匙的用途，提醒客人阅读欢迎卡套上的宾客须知。

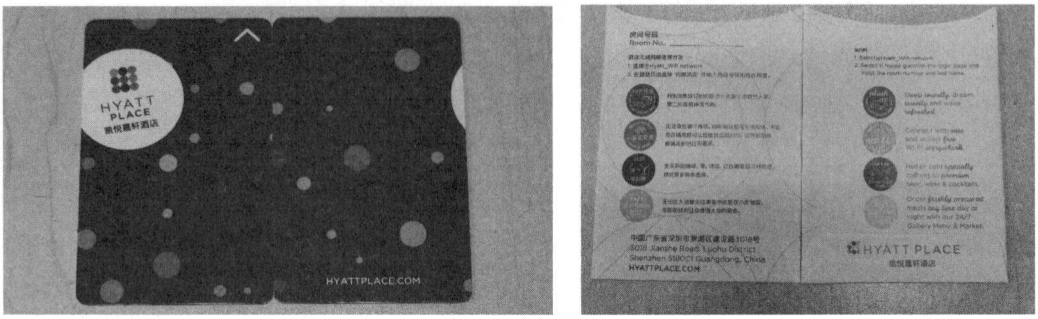

图 4-1　客房钥匙及欢迎卡套

欢迎卡和客房钥匙也称作“酒店护照”（Hotel Passport），具有以下五个作用：

①向客人表示欢迎。酒店的欢迎卡套上一般都会印有酒店的标志、来自酒店总经理的致辞等。

②是客人身份的证明。欢迎卡套上写有客人的房号、称谓和姓氏。当客人在酒店餐厅、健身中心等场所消费后需要签单时，欢迎卡和客房钥匙便是这些部门员工识别客人身份的依据。

③具有一定的导向作用。绝大多数酒店的欢迎卡套、客房钥匙或房卡上都印有酒店的品牌标志、名字、地址等信息，客人外出时可以此作为向导卡使用。例如，客人外出观光游览或进行商务活动，在结束活动后准备乘坐出租车返回酒店，可以直接出示酒店的欢迎卡套或客房钥匙，即便是外宾也可以依据这些信息顺利回到酒店。

将欢迎卡套和客房钥匙递交给客人是个很简单的任务，但是这里面包含了客房钥匙的安全与维护。一旦前台接待员确定了客人的房间号，客人也同意房价之后，客房钥匙就会由前台接待员移交给客人。在此之前，前台接待员必须检查住宿登记表、PMS、欢迎卡套上的客房号码是否一致，当前台接待员忙于为客人办理入住登记或者办理离店结账时，搞错房号数字的情况就很容易发生。另外，为了保护客人的信息安全，前台接待员在移交客房钥匙时一定要小心谨慎。例如，前台接待员应该说：“您的房间在 5 层，房卡套上后两位是您的房号”或者“您的房号写在了欢迎房卡套上”，而不是说“这是您 522 房间的钥匙”。若酒店的客房钥匙或房卡在使用时有些特殊要求，前台接待员也应当向客人说明，如芯片朝上或磁条朝左等。

6）完善系统信息

当客人办理好入住登记手续并前往客房后，前台接待员应及时将住宿登记表上的有关内容输入 PMS，包括客人姓名、抵离店日期、房号、客房类型、房价等。

当客人在 PMS 中入住后，其客房账户会自动生成，但是对于以转账方式结账的客人，通常将客房账单分为两部分：一份（默认账单）记录客人需要自付的款项；另一份（转账单位账单）记录由签约单位支付的款项，如房费、餐费等。团队客人也需要两份账单：一份团队主账单，记录由组团单位或接待单位支付的费用，如房费、餐费、其他费用等，通常酒店会另外建立一个团队假房，并将此假房账户作为团队离店时一次性结账的依据；另一份则是客人自付的分账单，即客人实际入住的客房账单，记录需由客人个人支付的款项。

7）其他

（1）询问客人是否有贵重物品需要寄存

前台接待员在为客人办理入住时，应当提醒客人酒店前厅部免费为住店客人在入住期间提供贵重物品保管服务，若客人有需要，前台接待员应当按照相关规定和程序为客人办理贵重物品寄存。

（2）指引客房方向或引领客人进房

前台接待员应当安排行李员引领客人前往客房，若无行李员，则前台接待员应在告知客人房号后指明酒店客梯的位置，并祝客人入住愉快。

部分酒店在处于空闲时期时，也要求前台接待员在为客人办理好入住手续，并确保前台接待处人手充足的情况下，亲自引领客人进房。有些酒店为了表示对客人的感谢和重视，会在客人进房 20 分钟后，致电房间询问客人对客房及酒店服务的意见。

（3）通知其他相关服务部门

在客人办理完入住登记手续离开柜台后，前台接待员应及时将客人的入住信息通知酒店其他相关服务部门，如餐饮部、客房部，以便这些部门的服务人员做好接待准备，及时提供服务。例如，客人预订单备注“生日客”，前台接待员为其办理入住登记至 266 客房，在客人离开柜台去往客房后，前台接待员应立即通知餐饮部将生日蛋糕送至 266 房间。

知识补充

1. 有效证件的种类

（1）国内旅客持用的有效证件

- 中华人民共和国居民身份证
- 临时身份证
- 中国护照
- 军官证
- 警官证
- 士兵证
- 文职干部证

（2）境外旅客持用的有效证件

- 中华人民共和国旅行证
- 中华人民共和国出入境通行证
- 外国人持有的证件——护照

2. 护照知识

（1）护照的概念

护照是一个主权国家发给本国公民出入国境和在国外旅行、居留时使用的合法身份证件和国籍证明。目前，有些具有国际法主体资格的国际组织和国际机构也有权颁发类似护照的证件，如联合国，国际上承认它具有执行其职务及达成其宗旨所必须的法律行为能力，具有国际法主体资格，因而有权颁发具有护照作用的证件，如“联合国通行证”。

（2）护照的签发机关

护照一般由各国政府授权的主管机关按照该国的有关法律颁发。多数国家授权外交部门、移民部门或内务部门颁发。我国颁发护照的机关是外交部、外交部授权的地方外事部门；公安部和公安部授权的地方公安机关；外交部授权和公安部委托签发护照的我国驻外国的使、领馆。

（3）护照的种类

- 外交护照。发给驻国外的外交代表、领事官员和出国进行国事活动的国家元首、政府首脑、国会议员、政府代表团成员及其配偶和未成年子女。持有外交护照的人享有外交特权和豁免，除非本人声明放弃外交特权和豁免。
- 公务护照（官员护照）。发给出国从事各种公务活动的人员，如政府的一般官员、驻外使领馆行政技术人员以及派往国外执行文化、经济等任务的人员等。护照上标有“SERVICE”或“OFFICIAL”字样。
- 普通护照。发给因私事前往国外或旅居国外的本国公民。普通护照是目前世界上颁发数量最多、使用最为广泛的一种护照。

（4）我国不承认的几种护照

- 世界服务组织发的护照
- 议会护照
- 英国属土公民护照和英国公民（海外）护照
- 英国旅游护照
- 中国公民持用的“受汤加保护者”“汤加国民护照”
- 把我国的部分领土作为一个国家发的护照
- 中国公民非法持有的其他外国护照

3. 签证知识

（1）签证的概念

签证是一国政府允许外国人入出本国国境的许可证明。签证一般注在外国公民所持护照或代替护照的证件上。

（2）签证机关

我国的签证机关在国外是驻外使领馆，在国内是公安部及其授权的地方公安机关和外交部及其授权的地方政府外事办公室。

（3）我国向境外旅客签发的签证种类

- 外交签证。一般发给持外交护照的外交官、领事、政府高级官员及其随行家属和外交部领事司通知发给外交签证的人员。
- 礼遇签证。发给卸任的外国元首、政府首脑、国会议长、最高法院院长、外交部长、前驻华大使和其他高级官员、知名人士及其随行家属，签证机关认为应发给礼遇签证者。持礼遇签证者入出境时享受与持外交签证者相同的待遇。
- 公务签证。一般发给持公务护照的外国驻华使领馆工作人员，联合国系统组织驻华机构中持蓝皮通行证的人员及其随行家属，因公临时来华或过境持公务护照、官员护照、特别护照或联合国蓝皮通行证的人员及其随行家属，应邀访华的外国党、政代表团中未持外交护照的人员。
- 普通签证，一般发给持普通护照的外国人，根据外国人申请来华事由分为十二类，分别标有相应的汉语拼音字母。
- C字签证，发给执行乘务、航空、航运任务的国际列车乘务员、国际航空器机组人员、国际航行船舶的船员及船员随行家属和从事国际道路运输的汽车驾驶员。
- D字签证，发给入境永久居留的人员。
- F字签证，发给入境从事交流、访问、考察等活动的人员。
- J1字签证，发给外国常驻中国新闻机构的外国常驻记者；J2字签证，发给入境进行短期采访报道的外国记者。
- L字签证，发给入境旅游的人员。以团体形式入境旅游的，可以签发团体L字签证。
- M字签证，发给入境进行商业贸易活动的人员。
- Q1字签证，发给因家庭团聚申请入境居留的中国公民的家庭成员和具有中国永久居留资格的外国人的家庭成员，以及因寄养等原因申请入境居留的人员；Q2字签证，发给申请入境短期探亲的居住在中国境内的中国公民的亲属和具有中国永久居留资格的外国人的亲属。
- R字签证，发给国家需要的外国高层次人才和急需紧缺专门人才。
- S1字签证，发给申请入境长期探亲的因工作、学习等事由在中国境内居留的外国人的配偶、父母、未满18周岁的子女、配偶的父母，以及因其他私人事务需要在中国境内居留的人员；S2字签证，发给申请入境短期探亲的因工作、学习等事由在中国境内停留居留的外国人的家庭成员，以及因其他私人事务需要在中国境内停留的人员。
- X1字签证，发给申请在中国境内长期学习的人员；X2字签证，发给申请在中国境内短期学习的人员。
- Z字签证，发给申请在中国境内工作的人员。

4.1.2 基于存量的客房分配

客房分配是前台接待员为客人办理入住手续的其中一个步骤，然而若是这个步骤没有处理好，很可能会对前台接待员和客人都产生不利影响。

1）客房选择

前台接待员为客人选择的客房要满足客人的订房需要，若客人被分配到一间不满意的客房，很大可能性会要求换房。在进行客房选择时，前台接待员可以参考以下因素：

（1）顾客需求

通常包括对床的要求、房间楼层和位置的要求、房间朝向的要求、房间内设施设备的要求、服务效率和客房价格的要求等。若客人在预订时已经明确对某一客房的要求，则该房间应当在客人抵店前被锁定，以免误排给其他客人。

（2）特殊要求

当客人有特殊住宿要求时，这些特殊要求则是前台接待员为客人选择房间的首要考虑因素。如酒店客房一般设计为房内含有一张特大床、大床或两张单人床，且客房类型较多，以满足单身旅客、商务旅客、家庭旅客等不同客人的各种需求。若酒店只有一种客房类型，如只放置一张大床或两张单人床，那么会影响前台接待处对客房的分配，从而影响酒店的客房收入。

酒店通常会设置不同床型与价格的选择方案，以最大限度促进客房销售。这一部分的内容会在下一章进行详细讲解。

（3）客房位置

客人通常对客房的位置有要求，如位于低/高楼层、远离电梯、不要处于拐角处、远离会议室等。也可能对视野有要求，如面对海洋、海湾、湖泊、园林、城市中心等。

（4）房间布局与装饰

客人也许会对客房内的整体设计和装修有一定要求。如商务客人可能需要房间内有一块会客区域，与就寝区隔离；在外长期出差的客人可能要求带有厨房的房间；有些客人可能要求房间有阳台等。

（5）设施设备

有些客人可能对附属的设施及便利设施有要求。现如今，高速网络已成为酒店必不可少的配套设施之一，保险箱、大屏幕电视、小型吧台等也可能是客人决定是否留在酒店的考虑因素。另外，吸烟房与非吸烟房也是客人经常提及的要求。

酒店已经意识到那些外出工作但是因身体原因提出一些特殊要求的客人数量正在不断增长，因此为了满足这些客人的特殊需要，装有辅助听力设备、特别设计的洗手间、轮椅坡道的客房也很常见。

2）房态控制

酒店客房存量系统依赖于客房状态，客房状态表示了酒店客房是否处于可用状态。不断更新的客房状态是前台接待员分配客房的依据，因此在为客人办理入住时，应当查看以确保房态没有问题。酒店 PMS 内常见的客房状态如表 4-5 所示。

表 4-5　酒店常见房态

房态	英文	中文	备注
OC	Occupied & Clean	已清洁住客房	
OD	Occupied & Dirty	未清洁住客房	
VC	Vacant & Clean	已清洁空房	已清洁，但尚未检查
VD	Vacant & Dirty	未清洁空房	
VI	Vacant & Inspected	已检查空房	已清洁，并经过督导人员检查，处于可出售状态的客房
OOO	Out of Order	维修房	需要进行大修或者正在进行大修的房间
OOS	Out of Service	停用房	因各种原因，暂时停止使用的房间
BL	Blocked Room	保留房	为团体客人、预订客人、重要客人等预留的房间
SK	Skip	走单房	前厅房态为占用房，客房部房态为空房的差异房态
SL	Sleep	睡眠房	前厅房态为空房，客房部房态为占用房的差异房态
S/O	Sleep Out	外宿房	住店客人外宿未归
LL	Occupied with Light Luggage	轻行李住客房	
NB	No Baggage	无行李房	
DND	Do Not Disturb	请勿打扰房	客房“请勿打扰”等常亮，或门把手上挂有“请勿打扰”牌
DL	Double Locked	双锁房	酒店（或客人）出于安全等某种目的将房门双锁

房态控制对于酒店提高客房出租率以及对客服务质量具有至关重要的作用。随着计算机技术的发展，几乎所有现代酒店都采用计算机系统进行房态管理。使用率较高的房态控制工具包括以下几种：

（1）房间预测图（Room Plan）

房间预测图可以显示以任一时间为开始的一段时间内酒店每间客房的房态情况，通过不同颜色来体现。图 4-2 展示了未来一段时间酒店的房态情况，前台接待员以此能够进行排房，避免排房冲突。

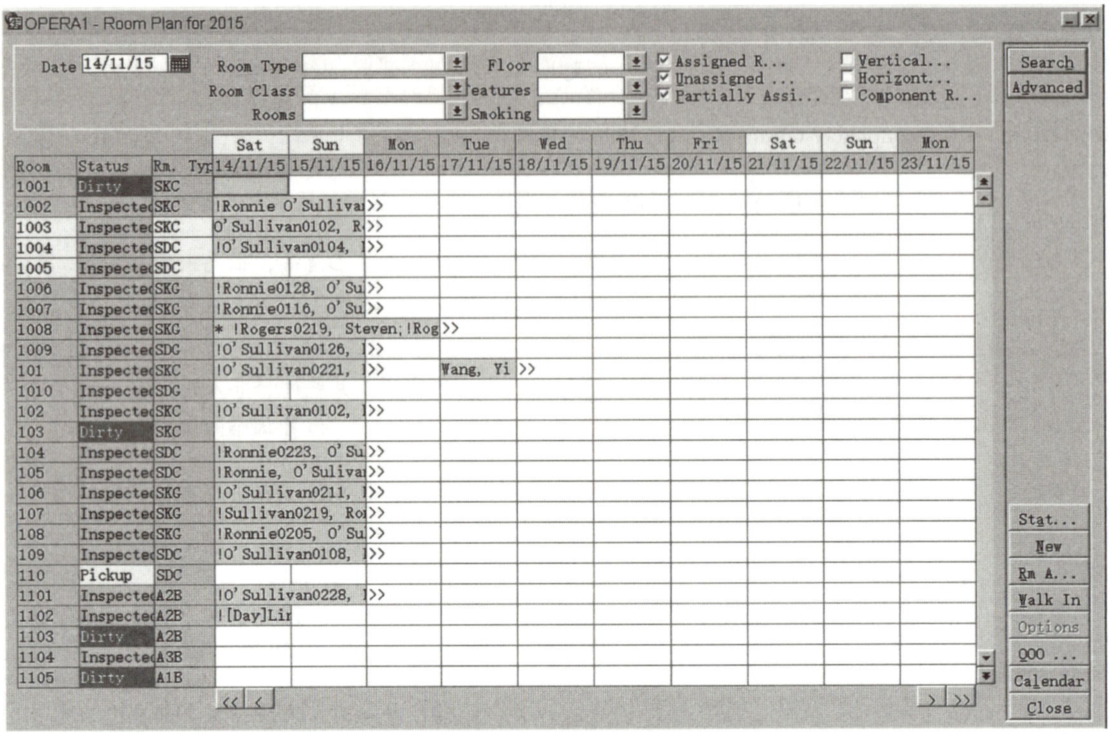

图 4-2　房间预测图

（2）房类预测表（Room Type Availability Grid）

房类预测表根据酒店在住客人和预订情况不断更新。图 4-3 展示了酒店在未来一段时间内的客房使用情况，包括各类型房间的客房占用数、可预订数、酒店客房出租率等概要信息。通常，房类预测表是酒店判断未来是否能够接受预订的重要依据之一。

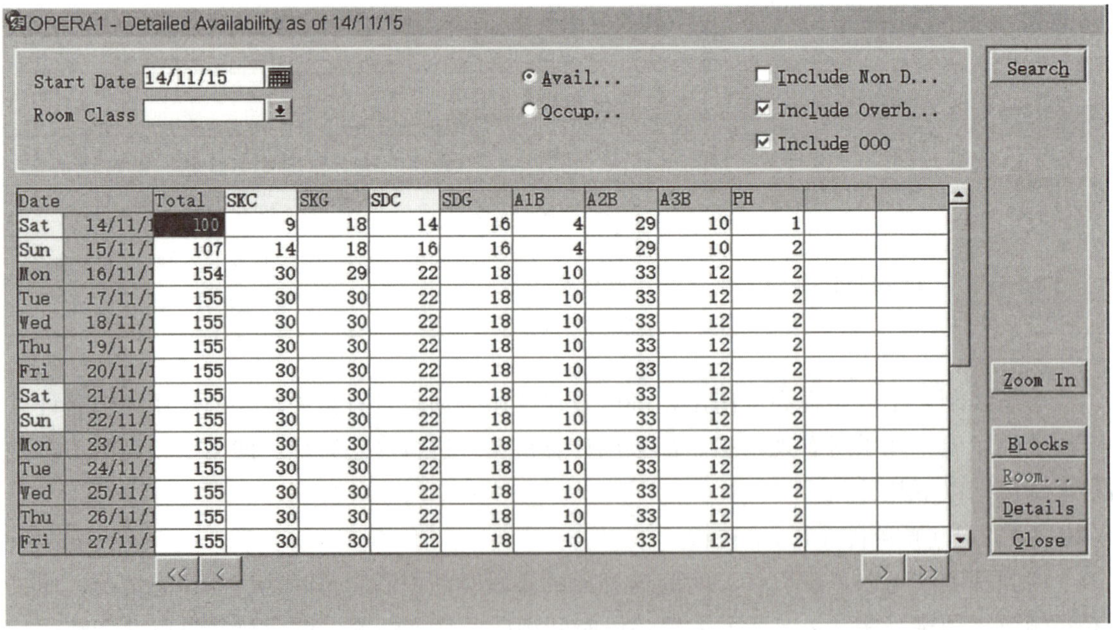

图 4-3　房类预测表

（3）楼层平面图（Floor Plan）

展示酒店建筑平面布局设计的楼层平面图，标注了每间客房的具体信息，如房型、房号、面积，还显示预计抵店客人和在住客人的姓名。通过不同颜色表示不同房态，并标注了客房朝向，这些信息都有利于以楼层为单位进行客房管理（图 4-4）。

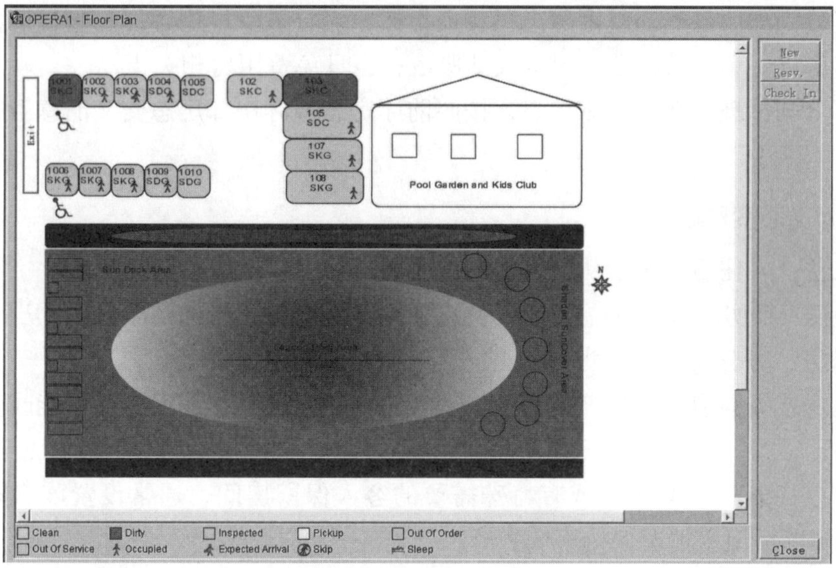

图 4-4　楼层平面图

（4）当日客情状况（House Status）

酒店当日客情状况反映了酒店客房、在住客人、客房营业指标、客房管家房态四个部分的实时信息（图 4-5）。

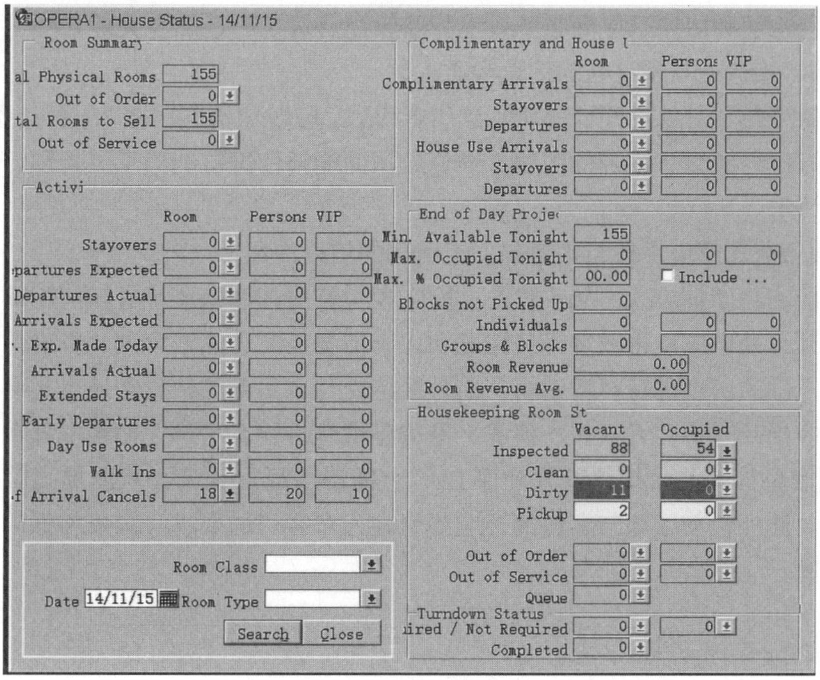

图 4-5　当日客情

该图左上部分为酒店总体客房状况，包括酒店总房数、维修客房数、可用客房数、暂停使用客房数。

左下部分为在住客人统计，包括在住客房数、实际离店客房数、实际抵店客房数、当日续住客房数、提前离店客房数、日租房数、前台散客数以及与之对应的客人数量。

右上部分为酒店预测当日客房出租相关指标：当日最少可用客房、当日最多客房预订数、最大客房出租率、散客数、团队及锁房数；当日免费用房相关指标。

右下部分则体现了客房管家房态，按照前厅房态与客房部房态交叉汇总后的客房清洁情报。

3）引起房态变动的情况

客人入住：入住后房态会从空房转变为占用房，卫生情况一般不变。

客人换房：换房后房态由占用房变为空房；若卫生情况之前为洁净房，换房后变为脏房。

客人退房：房态由占用房变为空房；卫生情况最终变为脏房。

延期退房或提前退房：延期退房仅改变客房占用状况；提前退房还可能改变客房卫生情况。

特殊留房：若为 VIP 客人或有特殊需要的客人保留房间，通常设置该房间为停用房（OOS），解除后卫生情况保持不变。

关闭房间或关闭楼层：通常酒店进行定期维修或保养时，会停止客房或楼层的售卖，使相应客房处于维修状态（OOO）。

4）房态信息沟通

前厅部内部以及与其他部门的信息沟通的内容包括房态变更、转换控制，关于客房状态的有效信息沟通和协作是提高服务效率和酒店经营效益的基础与关键。

（1）前台接待处与预订处的信息沟通

前台接待处与预订处之间要就实际到店客房数、临时取消客房数、未抵店预订客房数、换房数等信息进行及时、正确的沟通，预订处从而能够依据这些信息更新预订资料并处理之后的预订请求。

（2）酒店前厅部应保持与销售部、客房部的信息沟通

销售部应当将团体客人、VIP 客人、长住客人等预订信息及时通知前厅部预订处，前台接待处、预订处也应当将散客订房情况和住店情况及时告知销售部，以确保销售部和预订处能基于正确的房态进行客房销售。前台接待处与客房部的信息沟通也是必不可少的，前台接待处应当及时将客人入住、换房、退房等信息告知客房部，而客房部也应当及时将房态的准确信息告知前台接待处并确保 PMS 上的房态显示正确，从而提高服务效率，避免出现失误。此外，前厅部与客房部还应当就客人对客房的要求、维修与保养客房计划进行讨论和磋商。

4.1.3 行政楼层接待管理

行政楼层（Executive Floor）是高星级酒店为了接待高档商务客人等高消费客人，为其

提供特殊优质服务而专门设立的楼层。行政楼层提供区别于其他普通楼层的贵宾式服务，被誉为“店中之店”，通常隶属于酒店前厅部。

入住行政楼层的客人，不需要在前台接待处办理入住登记手续，客人的入住、离店等手续都可以直接在行政楼层由专人负责办理，以避免客人长时间排队等候。另外，行政楼层还设置有客人休息室、会议室、报刊资料室、商务中心等。行政楼层集前台接待、餐饮、客房服务、商务中心于一身，为商务客人提供更为温馨的环境和各种便利。

由于酒店为行政楼层的客人提供了多种免费服务，如免费洗衣服务，免费早餐、下午茶、晚间鸡尾酒，全天免费的咖啡、茶、其他软饮，每次（天）入住两小时免费使用会议室等，因此行政楼层的客房价格通常比普通客房要高。

1）行政楼层日常工作流程

①6:00 行政楼层接待员至前厅签到，拿取行政楼层接待处钥匙，并到信箱拿取有关邮件；与夜班交接。

② 6:00—6:30 打印出房间状况报表，包括当日到店客人名单、在店客人名单。在客人名单上将当日预计离店客人用彩笔标出，以便对当日离店客人做好相应服务。用另一颜色彩笔标出享受行政楼层优待的客人，以便在早餐服务时对客人进行辨别。行政楼层当班人员按职责分工完成以下工作：

- A 组负责接待、收银、商务中心等工作；
- B 组负责早餐、送鲜花、送水果工作。

③准备鲜花、水果。检查前一天夜班准备的总经理欢迎卡、行政楼层欢迎卡，根据当日到店客人名单逐一核对。鲜花、水果及两个欢迎卡要在客人到店之前送入预分好的房间内（此项工作由专人负责）。

④早餐服务时间为每日 6:30 至 10:30。早餐后开当日例会，由主管传达酒店信息和酒店近期重要活动。

⑤为到店客人办理入住登记手续和呈送欢迎茶，为离店客人办理结账退房并与客人道别。

⑥检查客人是否需要洗衣、商务秘书、确认机票等服务，随时为客人提供主动帮助，并告知客人哪些服务是免费的。A 组和 B 组的员工要根据当时情况相互帮助，互相配合。

⑦ 10:00—14:30 进行查房，并将准备好的鲜花、水果、欢迎卡送入每个预计到店的客人房间。

⑧中班在 14:30 报到，打印报表（内容同早班），检查房间卫生及维修工作。15:30 与早班完成交接班。B 组服务员负责服务下午茶和晚间鸡尾酒。中班还需要做第二天的准备工作，如打印第二天的欢迎卡、申领水果和酒水等。

⑨夜班时，前厅、客房将代理行政楼层服务工作。

2）行政楼层接待服务程序

①客人在行李员或宾客关系助理的陪同下来到行政楼层接待台后，行政楼层接待员应

面带微笑站立迎客，自我介绍，请客人在接待台前入座。

②将准备好的入住登记表拿出，与客人确认预订信息，同时检查客人身份证件，无误后请客人签字确认。随后，将已经准备好的欢迎信及印有客人姓名的私人信封呈交给客人。

③在客人办理入住登记的过程中呈送欢迎茶、热毛巾。注意称呼客人的姓名，若客人是回头客，应当对其再次光临表示欢迎。办理入住登记手续的时间应当控制在5分钟内。

④主动介绍行政楼层设施与服务，包括早餐时间、下午茶时间、晚间鸡尾酒时间、会议服务、商务中心服务、免费洗衣服务、委托代办服务等。

⑤在客人左前方或右前方引领客人前往客房，与客人交谈，提供酒店餐饮、娱乐信息和当地旅游信息等。示范客人如何使用客房钥匙，连同欢迎卡一同交给客人。进入房间后介绍房间设施，并祝客人入住愉快。

⑥通知行李员根据行李卡号和房号在10分钟内将行李送至客人房间。

4.2 礼宾接待管理

4.2.1 礼宾部岗位设置及工作职责

礼宾部是酒店档次和服务水准的另一体现，通常高档酒店都设有礼宾部，下设门童（迎宾员）、行李员、委托代办员、酒店代表等岗位。礼宾部接待工作内容包括迎送宾客、行李服务、委托代办服务等。礼宾部是最先接触和最后接触住店客人的接待群体，对酒店的第一印象与最后印象具有重要作用。

1）门童（迎宾员）

门童（Doorman）的工作岗位在酒店入口处，负责客人的迎送工作。他们通常身穿具有醒目标志的特定制服，精神抖擞，热情周到。为了展现良好的酒店形象，酒店通常选择形象高大、魁梧的人担任门童，他们还需要具备较强的记忆力，以便记住客人的相貌、行李件数以及出租车牌号等；还需要目光敏锐、接待经验丰富、知识面广，从而能够灵活、机智地处理突发事件，回答客人关于酒店、城市的相关历史、交通、旅游景点等信息。要成为一个合格的门童并不容易，酒店甚至可能需要花费十年的时间去培养一个出色的门童。

酒店门童的接待工作包括：

（1）迎接客人

首先，门童站立在酒店入口处代表酒店欢迎客人。站立时要身姿挺直，双眼平视前方，面带微笑，双手背后或在两侧自然下垂，两脚分开约与肩同宽。

其次，细心观察视野中即将通过酒店门厅的客人。当步行来到酒店的客人距离手拉门1.5米内时，门童应迅速用标准规范的动作为客人开门，在客人经过门童面前时面带微笑示意，并用得体的语言问候客人，如“早上好，欢迎光临××酒店。”若客人是住店客人或者曾经入住过酒店，则可以说："欢迎回来，很高兴再见到您。"若客人乘坐小汽车，门童应引导司机在适当位置停车，在车辆停稳15秒内迅速为客人开启车门，并为客人护顶，同时提醒客人"小心碰头"。客人出车门后，门童应适度关上车门，同时检查车内是否有物品遗留。

最后，门童应协助行李员提供行李服务。门童在客人下车时应礼貌询问客人有无行李，在有行李时以手势提示行李员，并协助行李员将行李卸下装上行李车，提醒行李员与客人核对行李件数。若一时找不到行李员，门童应协助客人卸下行李，并引领客人至前台接待处办理入住。

（2）指挥酒店入口交通

门童要根据酒店入口处的车流路线，切实做好酒店入口处交通、车辆出入以及停车场管理。上客区和下客区避免交通拥堵，大型车辆则应停放在指定位置以免阻碍门口。

（3）保证酒店入口处的安全

门童因其特殊的工作位置，应当配合安全部做好酒店入口处的安全保卫工作。注意门前来往的行人、车辆，照看好客人的行李物品，确保酒店和客人的安全。对于可疑人员，门童有权阻止其进入酒店。

（4）提供问询服务

门童经常会遇到客人询问酒店内外的情况，如酒店相关设施设备、酒店内举办的活动、有关会议、宴会、展览，以及周边旅游景点、市内交通、商业区情况等。门童应当知晓相关信息，以便及时给予客人正确的答复。

（5）送别客人

对于结账离店的客人，门童应为其打开手拉门，为客人叫车并指示司机开至指定位置，当车辆到达后协助行李装车。请客人核实行李件数并确认装车完毕后，为客人打开车门，祝客人旅途顺利并感谢客人的光临。门童还应当示意驾驶员准备完毕，即可出发，车辆启动后，门童应当目送客人离开视线，以防客人有其他需求，门童能够及时发现和跟进。一般客人是结账离店还是临时外出，门童可通过客人的行李、手持物品、神态等判断出来，有些门童在为客人开门时，通过与客人寒暄来辨别是哪种情况。

2）行李员

行李员（Bellboy、Bellman、Porter）的工作岗位位于酒店大堂一侧的礼宾部行李服务处，然而通常行李员的工作范围遍及酒店各个角落。行李员是酒店与客人之间的桥梁，也是客人能够真切感受到酒店热情好客的关键所在，优秀的行李员是酒店的宝贵资产。

为了确保行李服务工作的质量，酒店通常要求行李员能吃苦耐劳，眼、腿、手、嘴都要勤快，态度也要和蔼可亲；性格活泼开朗，思维敏捷；熟悉本部门工作程序和操作规范；掌握酒店客房、餐饮、娱乐场所的服务内容、营业时间、位置、特点等相关信息；知识面广，了解当地名胜古迹、旅游景点、购物店、大型活动等信息，以便在客人询问时给出正确的答复。

行李员的主要工作内容包括以下几点：

（1）行李服务

当发现客人携带行李抵达酒店时，行李员应迅速上前，微笑问候客人并接过客人手中的行李；若客人乘车抵达，行李员则应当帮客人从车上卸下行李，与客人共同确认行李是否有破损以及行李件数。为这些行李挂上相应的行李牌，以防拿错；接下来将行李装上行李车，提醒客人随身携带易碎物品和贵重物品。引导客人至前台接待处办理入住。

行李员在酒店大堂注意到客人携带行李从客梯中出来时，应主动上前提供行李服务。若客人将乘坐汽车离店，则行李员应当帮客人将行李装车，并与客人核实行李数量。

客人可能在办理入住登记时（由于没有空房）和办理结账离店后提出行李寄存要求，行李员此时应当与客人确认行李件数，填写行李牌上的相关信息（客人姓名、行李件数、联系方式等），将行李牌上的标记贴纸贴在客人的每一件行李上，再将客人存根交给客人作为返回酒店领取寄存行李的凭证。在这过程中，行李员应当提示客人将贵重物品随身携带或寄存在前厅部贵重物品保管处。若客人在办理结账退房时要求寄存行李，行李员还应询问客人行李寄存的时间。通常，客人的行李寄存时间在 24 小时内时，行李员会使用行李寄存牌进行标记；当客人的行李寄存时间超过 24 小时（一般不超过 3 个月）时，行李员还会让客人签署《长期行李寄存委托书》，上面列明酒店长期行李寄存的各项声明。

（2）引领服务

客人办理完入住登记手续后，行李员应主动上前接过客房钥匙，记住房间号。接着护送客人和行李乘坐客梯到达客房。先按门铃再敲门，报“行李员”，重复两遍后，若客房内无人反应，则使用客房钥匙开启房门。进入房间后插卡取电，打开客房的灯，确认客房情况无误后请客人进房；若客房未整理或发现客房内有行李，则立即退出客房，请客人稍等，马上联系前台接待处为客人换房。进入客房后，请客人确认行李件数，按客人要求放在指定位置。行李员还应当为客人介绍客房设施、应急物品等，介绍完后询问客人是否有其他吩咐，然后退出客房，同时祝客人入住愉快，轻轻锁上房门。

（3）行李丢失处理

若客人在店外丢失行李，行李员应先询问客人遗失行李的信息（乘坐航班号、车次、出租车时间，行李外观、品牌、颜色等），然后及时报告给礼宾部领班。接着致电询问机场、火车站、出租车管理处等地的问讯处，由礼宾部领班负责向客人报告相关信息。

若行李在店内丢失，行李员在获得行李相关信息后仍然应当立即向礼宾部领班汇报。接下来应迅速查看行李运送记录，落实行李是否已送、延误或送错客房；查看行李是否在运送途中；查对行李是否混在进店或者离店的其他客人的行李中；查对行李是否仍在运输车辆中未取出。若行李未找到，应当立即查看监控，同时建议客人报警。发生此类事件后，礼宾部领班应当向酒店书面报告事情经过。

4.2.2 金钥匙服务

金钥匙是一种委托代办服务，建立在一般服务基础上，是一种主动服务，即在客人没有提出要求之前，就设身处地地考虑客人会有什么服务上的需求。在满足客人一般需求的基础上，通过提供个性化服务，使服务超过客人的期待值。

1）金钥匙的基本概念

“国际金钥匙组织”（UICH）是一个国际性酒店服务专业性组织，于 1929 年在法国成立，距今已有 90 多年的历史。1951 年在瑞士召开了第一届“国际金钥匙组织年会”，在过去 70 年中，年会得到了承办地政府、旅游管理部门、社会各界的大力支持。年会既能展示所在国旅游质量，也促进了当地旅游事业及旅游宣传。此外，参会者都是旅游服务能手，对当地旅游业技术交流起到了积极作用。

1999 年 2 月中国国家旅游局正式批准成立中国酒店金钥匙组织，划归中国旅游饭店业协会管辖。这是国际金钥匙组织第 31 个成员国团体会员，也是中国旅游饭店业协会的一个专业委员会。

金钥匙（Les Clefs d’ Or）出自单词 Concierge，原指古代城堡的守门人，后来演变成酒店的守门人，负责迎来送往和保管酒店的钥匙。但随着酒店业的蓬勃发展，其工作范围不断扩大。在现在酒店业中，Concierge 已经成为为客人提供全方位“一条龙”服务的岗位，只要不违反道德和法律，任何事情 Concierge 都尽力做到，以满足客人的需求。金钥匙们见多识广、经验丰富、谦虚热情、彬彬有礼、善解人意，通常身穿燕尾服或者酒店特殊制服，上面别着两把交叉的金钥匙，这是国际金钥匙组织会员的标志，象征 Concierge 如同万能的“金钥匙”，可以为客人解决一切难题。金钥匙是一项无穷尽的事业，在社会加速发展中，人们越来越重视人对人的服务、人对人的关系、人对人的亲切，而金钥匙将这一切融入日常工作中，渐渐形成酒店的氛围、创造酒店的文化、助力酒店吸引力和竞争力。

“尽管不是无所不能，但一定要做到竭尽所能”是金钥匙的服务哲学。

2）金钥匙的成员的素质要求

（1）思想素质要求

- 热爱祖国，遵守国家法律、法规，遵守酒店的规章制度，有高度的组织纪律性。
- 敬业乐业，有耐性，热爱本职工作，有高度的工作责任心。
- 有很强的顾客意识、服务意识，有热心的品质，乐于助人。
- 对客人忠诚，对酒店忠诚，真诚待人，不弄虚作假，有良好的职业操守。
- 有协作精神和奉献精神，个人利益服从国家利益和集体利益。
- 谦虚、宽容、积极、进取。

（2）能力要求

- 较强的交际能力。彬彬有礼，善解人意，乐于和善于与人沟通。
- 良好的语言表达能力。表达清晰、准确。
- 健康的体魄和心理。能适应长时间的站立工作与户外工作。
- 较强的随机应变能力。
- 一定的协调和组织能力。能够建立广泛的社会关系和协作网络，能正确处理好与相关部门的协作关系。

（3）业务知识和技能要求

● 熟练掌握本职工作的操作流程。

● 会说普通话和至少一门外语。金钥匙服务基本上只出现在高档酒店，高档酒店的客人来自世界各地，对服务的要求也很高，因此对金钥匙的语言技能也有一定的要求。大多数酒店的金钥匙都通晓多种语言，而中国饭店金钥匙组织会员的入会考核标准规定，申请者必须会说普通话和掌握至少一门外语。

● 掌握中英文打字、电脑文字处理等技能。

● 掌握所在酒店的详细信息资料，包括酒店历史、服务设施、服务时间、服务价格等。

● 熟悉本地区三星级及以上酒店的基本情况，包括地点、主要服务设施、特色和价格水平。

● 熟悉本市主要旅游景点信息，包括地理位置、特色、开放时间、价格、联络人等。

● 掌握本市各档次餐厅各5个，娱乐场所、酒吧各5个的信息资料，包括地理位置、特色、营业时间、价格水平、联系人等。

● 能帮助客人购买各种交通票据，了解售票处服务时间、业务范围和联系人。

● 能够帮助客人安排市内及周边旅游，掌握线路、花费时间、价格、联系人。

● 能够帮助客人修补物品，包括手表、眼镜、小电器、行李箱、鞋等，掌握这些维修处的地址和服务时间。

● 能帮助客人邮寄国内外信件、包裹、快件，懂得邮寄事项的相关要求和手续。

● 熟悉本市交通情况，掌握从本酒店到各交通枢纽（车站、机场、码头）和主要商业街的路线、路程和大致出租车价格。

● 能帮助外籍客人解决办理签证延期等事宜，掌握有关单位的地点、工作时间、联系电话和相关手续要求。

● 能帮助客人查找航班托运行李的去向，掌握相关部门的联系电话和行李领取的手续。

小知识

《中国饭店金钥匙组织会员的资格要求》

● 在饭店大堂柜台前工作的前台部或礼宾部高级职员才能被考虑接纳为金钥匙组织的会员。

● 21岁以上，人品优良，相貌端庄。

● 从事饭店业5年以上，其中3年必须在饭店大堂工作，为饭店客人提供服务。

● 有两位中国饭店金钥匙组织正式会员的推荐信。

● 一封申请人所在饭店总经理的推荐信。

● 过去和现在从事饭店前台服务工作的证明文件。

- 掌握一门以上的外语。
- 参加过由中国饭店金钥匙组织组织的服务培训。

3）金钥匙岗位职责

酒店金钥匙为客人提供热情周到的服务，满足客人提出的合理要求。其服务对象主要是酒店重要和熟悉的客人、常住的各公司的客人、每日抵店的贵宾客人。工作内容包括但不限于以下几点：

（1）迎送宾客

客人抵店时，金钥匙代表酒店在门口迎接客人。向客人问好，以示欢迎，同时指挥行李员为客人搬卸行李，门童为客人提供开拉车门和车辆调度等服务。接着金钥匙引导客人至前台接待处办理入住登记手续。

客人离店时，金钥匙应主动询问客人的意见，询问其行李要求，并派行李员为客人提供收拾或搬运行李的服务。在客人离店前应当尽量满足客人的需求，以弥补服务中可能存在的不足，避免客人带着遗憾和不满离开酒店。金钥匙还应当热情地与客人道别，欢迎客人的下次光临。

（2）店内外日常委托代办

全方位满足住店客人提出的特殊要求，如安排钟点医务、康体服务，托婴服务，代修物品、导购、推荐特色餐馆并代为订座等。金钥匙还要处理票务邮件代办，包括帮助客人代购火车票、机票、汽车票、轮船票等，帮助客人办理国内外信件、包裹、快件、传真等，尤其确保商务客人的此类需要。金钥匙还负责旅游与娱乐项目的代办，包括帮助客人设计旅游路线、安排沿途景点、交通、外出就餐地点，为客人预订健身房、桑拿、台球厅等娱乐休闲设施，为客人预订当地比赛、大型活动的门票等。

此外，有些高档商务客人常有特殊商务活动，而金钥匙服务主要存在于四星级、五星级等高档商务酒店中，因此金钥匙应当充分利用各类关系网络和酒店的优势背景，满足客人的需要。即使在最终落实上有困难，也应当将联系结果告知客人。

（3）特殊性多环节服务工作

为了满足客人的特殊需要，有时需要多个组织、多个部门相互合作，金钥匙成员之间也应当相互支持、相互配合来完成。

（4）其他日常工作

金钥匙的工作位置主要是酒店大厅及正门入口处，在日常工作中要检查大厅及其他公共活动区域，协同安全部对行为不轨的客人进行调查；控制酒店门前车辆的活动，保证交通的顺畅。

关注礼宾部的日常工作情况，对行李员的工作活动进行管理和控制，做好相关记录；将上级命令、所有重要事件或事情记录在交接班本上，在每日晨午间会议进行信息分享；确保行李房和酒店前厅的卫生清洁；保证大门外、门内、大厅三个岗位有人值班；保证行李服务设备运转正常，随时检查行李车、秤、行李存放架、轮椅是否正常；对受前厅部经理委派至礼宾部进行培训的人员进行指导和训练。

案例分享

2009年6月，《××日报》总编辑将下榻山东某酒店。金钥匙得知客人预计中午11时左右抵店，由于时间紧迫，他紧急启动金钥匙服务网络，立即着手制订方案，开始各项准备工作。酒店首席金钥匙从网络上搜集了一些与总编相关的各类信息，并联系此次活动的订房人——《××日报》山东分社的主任，共同查看此次接待活动将使用的客房、会议室的准备情况。随后，在报社主任的帮助下，酒店金钥匙从总编的秘书处获得了关于客人在饮食起居方面的特点和喜好，金钥匙迅速将这些信息传递给酒店其他相关服务部门。

客人到达房间后，发现了金钥匙准备的两张他不同风采的照片，以及由粉色康乃馨花瓣和绿色万年青叶子制作的清新花饰造型。此外，金钥匙向客人介绍，为了方便其工作，房间里配备了××日报，并已将房间电脑首页设置成××日报的官方网站以便其浏览。客人感到非常惊喜和高兴。

晚餐时间后，金钥匙听说同行的一位女士吐酒了，便想到此时客人一定觉得不太舒服，于是，金钥匙根据客人同行人数制作了7杯蜂蜜水，准备送到客人房间，以解酒养胃。当敲开总编的房门时，7位客人恰巧都在总编房内聊天，见金钥匙前来，总编非常高兴地说："我们正在谈论酒店的服务呢，你就来了！"然后看见金钥匙和服务员手中托盘上的杯子问道："这又是什么啊？"金钥匙介绍道："总编，听说各位晚宴进行得很愉快，喝了几杯酒，这是我们酒店特意为您和几位客人们制作的醒酒养胃的蜂蜜水。"总编听了很高兴，端起一杯一饮而尽，而后幽默地对房里其他客人咂嘴道："味道好极了！"客人们都笑呵呵地端起杯子来。

根据行程安排，总编一行次日要到泰山和曲阜调研，然后直接返回北京。金钥匙便从网上下载了两地介绍以及相关历史典故，并将泰安和曲阜的天气预报一并放入客人房间，预祝客人游览愉快。

结账离店后，客人反馈这是他最愉快的一次入住体验，金钥匙的服务做得非常用心，酒店接待服务水平一流。

案例来源：金钥匙服务案例［EB/OL］. 豆丁网，2012-2-7.

4.3 总机与商务中心接待管理

4.3.1 总机接待管理

互联网技术飞速发展的今天，电话仍然是人们进行信息沟通交流的重要工具，也是酒店客人使用频率最高的通信设施。总机是酒店内外信息沟通联络的枢纽，总机通过提供话务服务，几乎能够解决客人的所有需求，话务服务的质量直接影响客人对酒店的印象，也直接影响到酒店的整体运作。

1）总机接待要求

由于总机员工在工作时间通常是“只闻其声，不见其人”，酒店要求总机员工口齿清晰，音色甜美，耳、喉部没有慢性疾病；听写迅速，反应能力较快；记忆力较强；熟悉电脑操作及打字；沟通能力较强；具有一定的学习能力，掌握城市旅游景点及娱乐等方面的知识与信息，掌握酒店提供的服务信息；具备相当程度的外语听说能力。

提供话务服务时，对总机员工的基本礼仪标准要求包括以下几点：

①总机员工应当按照酒店规定标准着装。

②总机员工应当在铃响三声之内应答电话。

③总机员工应答电话时首先自报家门，自然亲切地使用问候语。通话时应保持礼貌、友善、愉快，并且面带微笑，声音清晰、亲切、自然、甜美，音调适中，语速正常。

④若遇到无法解答的问题，应当将电话转交给领班、主管处理。

⑤总机员工应能够辨别酒店主要管理人员的声音，给予恰当的尊称。

2）总机工作内容

酒店总机的接待对象既有酒店客人，也有其他部门员工等，主要工作内容包括电话转接及留言服务、回答问询及查询服务、“免打扰”服务、电话叫醒服务、火警电话处理等。

（1）电话转接及留言

总机员工要认真聆听客人的讲话再进行转接，并提示客人：“请稍等，现在为您转接××部门。”若致电者要求转接酒店某房间或某住店客人，总机员工应当核实住店客人信息、致电者信息，在住店客人同意的情况下为客人转接电话。致电者要求转接酒店某管理人员，总机员工则应该问清致电者姓名、公司名，在管理人员的秘书的同意下，将电话转接给秘书。

转接之后，如果对方无人接听，总机员工应在响铃五声后向致电客人说明情况，并询问是否需要留言。若客人需要留言服务，总机员工则应清楚记录客人的留言，通过其他方式尽快将相关信息送达有关人员。

为了使电话转接服务迅速、高效地进行，总机员工应当熟悉本酒店的组织机构、各部门职责范围及联系方式，掌握最新的、正确的客人信息。

（2）回答问询及查询

当客人查询住店客人房号时，总机员工可通过PMS为客人查询，但是要注意保护住店客人的隐私，不能随意告知来电者住店客人的房号。总机员工可以在住店客人的许可下，接通致电者与住店客人，由双方直接通话。

对于一些常用电话号码，总机员工应当熟记以便快速对答，从而体现工作效率。对于一些不常用的电话号码，总机员工必须请客人稍等，保留线路，以最快速度查询号码，确认号码无误后再及时通知客人；若号码较难查找，总机员工应当向客人致歉，并记录客人的联系方式，待查清后主动联系客人，告知所查号码。

（3）“免打扰”

当客人提出“免打扰”要求时，总机员工应在交接班本上记录提出要求的客人姓名、房号、设置时间，并注明接到通知的时间。根据客人要求锁上客人房间的通话，并将此消息备注在 PMS 中，同时及时准确地将信息通知给所有当班人员。

在客人设置的“免打扰”时间内，若有人来电要求与客人进行通话，总机员工应当将客人不愿意被打扰的信息礼貌告知来电者，询问是否需要为其转交留言或者建议稍后再来电联系住客。

客人取消“免打扰”服务后，接到通知的总机员工应当立即解锁客人房间的电话，并将此信息及时通知当班人员。

（4）电话叫醒

总机员工应当认真对待叫醒服务，避免因为叫醒失误给客人和酒店带来的损失。通常，出现叫醒失误的原因有：总机员工漏叫；总机员工做了书面记录但忘了输入计算机系统；总机员工记录的房号信息太潦草、笔误或者误听，导致输入计算机时信息错误；电脑出现故障；客人报错房号；客房内听筒没放好，无法振铃；客人睡得太沉，没听见电话铃响。

为了确保电话叫醒服务的完成，总机员工需要做到：

- 与客人口头确认叫醒日期、叫醒时间、房号，并将这些信息与总机员工姓名、接到叫醒申请时间一同清楚记录在记录本上。随后将这些信息及时录入计算机系统，检查是否正确。
- 夜班总机员工将叫醒记录按照时间顺序整理记录在交接班本上，注明相关信息并签字；当班的总机员工务必在当日最早叫醒时间之前检查叫醒系统是否工作正常，若发现问题，及时通知相关部门进行处理。
- 总机员工务必在客人要求的时间准时叫醒客人。电话接通后先向客人亲切问好，然后提醒客人叫醒时间已到。
- 总机员工在叫醒时若发现异常情况，应当及时通知有关部门，并将叫醒结果记录在交接班本上。

（5）火警电话处理

总机员工接到火警电话时，要了解清楚火情以及火灾发生的具体地点。然后依次通知下列人员：

- 通知总经理以及主管经理，并说明火灾有关情况。
- 通知工程部、安全部等有关部门及酒店消防控制中心前往火灾发生区域，通知时一定要说明具体地点和火情。
- 通知火灾区域部门领导前往火灾发生区域，说明火灾相关情况。

4.3.2 商务中心接待管理

为了满足客人的需要，现代酒店大多都设有商务中心（Business Center），为客人提供打印、复印、翻译、传真收发、上网、会议记录、会议室出租、代办邮件等服务。商务中心通常设在酒店大堂附近公共区域，或者位于酒店会议室楼层，既能方便店内外客人，也有利于与相关部门联系。商务中心应提供安静、舒适、幽雅、干净的环境，以避免影响客人的商务活动。

商务中心员工要熟悉本部门的工作业务和工作程序，掌握工作技巧和服务技能；工作认真、细致、有耐心；性格外向，灵活机智，有良好的沟通能力；熟练使用电脑；知识面广，掌握旅游景点及娱乐场所等方面的信息，熟悉酒店设施和服务项目；还应当与各航空公司和火车站等交通部门保持良好的关系，熟知各类型票价和收费标准，熟知国内外邮政须知及收费标准。

1）商务中心工作内容

（1）秘书服务

商务中心在办公时间，为客人提供的秘书服务通常包括翻译、打字、复印等。提供打印/复印服务时，首先需要了解客人的要求，包括排版要求、稿纸规格、打/复印数量等，然后迅速阅读原稿，礼貌地向客人确认不清楚或不明白的地方。接下来告知客人最快的交件时间和收费标准，若无法在短时间内完成，则应记录客人的姓名、房号、联系电话以便及时与客人联系。将稿件装订后交给客人，按规定价格计算费用，办理结账手续。注意，原稿应在征求客人意见后从电脑中删除，作废的稿件应放入碎纸机。

酒店商务中心还充当当地翻译公司与客人之间的桥梁，当客人需要笔译或口译服务时，商务中心将核实客人的翻译要求（翻译稿件、口译时间、口译地点等），介绍收费标准，在客人同意后联系当地翻译公司进行确认。翻译工作完成后，商务中心与客人办理结账手续。

商务中心还提供临时租用全职秘书服务，但需要提前通知酒店预订。

（2）会议室租用

对于需要格外私密的会谈，商务中心配有先进视听设施的会议室可供租用。商务中心员工为客人办理会议室租用时，要了解租用的相关信息，如使用时间、使用人数、设备要求等，然后相应地为客人介绍收费标准。客人决定租用后，应在会议开始前半小时按照客人要求准备好会议室，如安排坐席、文具用品、茶水、点心等。会议开始后，商务中心员工要主动引领客人到会议室，并为客人提供相应的商务服务。会议结束后，与客人办理结账手续，在客人离开后清扫会议室，整理会议室物品，恢复室内原样。

（3）办公设备租用

商务中心通常提供手提电脑、投影仪等办公设备的出租服务，按小时或按日使用计费。当客人提出租用申请时，商务中心员工应向客人获取有关租用资料，包括需要什么设备、使用时间、使用地点等，若能提供，则介绍收费标准。若客人决定租用，在交付设备前，商务中心员工要检查一次设备，确保其无任何故障，可以正常使用。客人使用完毕交还设备时，商务中心员工应当面与客人验收、检查，无误后为客人办理结账手续。

（4）传真、快递、邮寄

收到发入酒店的图文传真时，商务中心员工要在记录本上记录下接受的时间、发入传真号码、接受者姓名、房号、总页数。与酒店 PMS 系统内的客人信息确认无误后，致电客人，通知其领取图文传真；若客人不在房内，则可将收到传真的留言条放入客人房间。待客人来取时，核对信息和收费标准后，请客人在记录本和酒店收费凭条上签字。

若收到的传真只有客人姓名而没有房间号码，商务中心员工应在 PMS 内查询是否客人还未到店。找到客人的预订信息后，在 PMS 中备注“收到图文传真”。接下来，将图文传真装入信封，注明接受者姓名、收到日期，放入相应的文件夹中，以便查找。如果没有找到客人的预订信息，商务中心员工应留下留言条给前台接待处和总机，并每日与其核对是否有符合条件的客人入住，连续七天没有记录之后，可将图文传真存档，并取消留言。

当客人要求发出图文传真时，商务中心员工应先获取其所要发送的地区、名称、图文传真号码、文件页数等，介绍收费标准，并请客人在收费凭证上签字确认，将费用挂入房账前，务必要确认客人为住店客人且押金足够。发出传真后，将原件与传真机打印的传真报告附在一起，交给客人。

（5）商务参考图书馆

商务中心内还展示有国内外贸易期刊、时尚期刊、报纸杂志等，以便客人在旅途中也能与世界同步。

2）商务中心职能的发展趋势

随着信息技术的飞速发展，越来越多客人都携带自己的手提电脑出行，在客房内就可以通过互联网直接订票，发送、接收电子邮件，一些高档酒店的客房中还配备有打印机、扫描仪和传真机，因此客人对商务中心的依赖程度渐渐减小。为了更好地生存下去，商务中心经营的重心应当适时进行转变：

（1）从以商务服务为主转向以出租商务设施为主

基本上所有酒店都在客房内提供电话、互联网接口等设施设备，但是并不会也没必要在所有客房内提供所有商务设备。因此，为了方便商务客人在房内办公，酒店可以根据客人的需要，向客人提供如打印机、扫描仪、传真机等商务设备出租服务，甚至可以为家庭出行客人提供便携式相片打印机出租服务。

（2）从以提供商务服务场所为主转向以提供商务活动的技术支持和帮助为主

即便越来越多客人携带自己的笔记本电脑在客房办公，但是并非所有客人都是电脑专家。酒店可以从为客人解决笔记本电脑遇到的麻烦或其他电子技术问题的角度，设置专门为商务客人提供电脑技术服务的“技术侍从”岗位，在客人遇到麻烦时，随叫随到，立即为客人排除“故障”，保证客人能够顺利工作。

（3）从传统商务性服务转向适应新形势的服务方式多样化

酒店商务中心要从以打电话等电询服务为主，向以大批量复制、印制名片、激光打印、文本高级装订、电脑技术服务等为主的方向发展。

另外，商务中心应当告别过去被动地在商务中心为客人提供服务的现象，主动为各类会议提供支持和帮助，热情、全面地为酒店中举办的各类会议提供技术服务和其他各种劳务支持，做好会议主办单位的“秘书”。

本章小结

▶ 对前台接待员工最基本的要求是热情、礼貌、高效、准确，为客人提供热情、礼貌、高效、准确的服务。要做到这点，前台员工要比其他部门员工具备更高的素质，如良好的外形、较高的语言表达能力、细致的工作态度、流利的外语水平等，还要做好与其他部门，如客房部、餐饮部、销售部、预订处的沟通交流，保证酒店信息流的畅通。

▶ 随着经济发展和商务活动的日趋频繁，行政楼层成为满足商务客人特殊需求的重要场所，也是酒店提升对商务客人服务质量的重要体现。行政楼层一般隶属于前厅部，负责对商务客人等高消费客人的接待工作。

▶ 门童是酒店正门入口的迎宾员，一般只有高档酒店才设有这一专职岗位，中档酒店可能由行李员兼任。门童的主要职责是指挥酒店正门入口处的交通、迎宾、回答客人问询等。

▶ 行李员是酒店的一个重要岗位，负责帮客人搬运行李、与客人交流、适时向客人推荐酒店的服务项目等。行李员要有健康的体魄，还要有细致的工作态度，要热情、礼貌，有良好的沟通交流能力。

▶ 金钥匙是高档酒店为客人提供“无所不能”委托代办服务的岗位和人员，是酒店全心全意为客人服务理念的体现。要成为酒店的金钥匙，必须具备很高的思想素质、个人能力、业务知识和技能，如丰富的知识、良好的人际沟通能力、较高的外语水平、助人为乐的品格等。

▶ 总机是酒店内外信息沟通联络的枢纽，服务质量直接影响客人对酒店的印象，也直接影响到酒店的整体运作。总机的工作内容包括电话转接及留言服务、回答问询及查询服务、“免打扰”服务、电话叫醒服务、火警电话处理等。总机员工应当热情、口齿清晰、声音甜美、有较强的应变能力。

▶ 商务中心是酒店正在“退化”的一个部门，许多传统的服务项目逐渐被手机和电脑所取代，因此，商务中心应当顺应发展趋势，不断调整接待内容。

复习思考题

1. 思考题

（1）什么是金钥匙？成为金钥匙应具备哪些素质？

（2）行李服务应当注意哪些事项？

（3）总机接待要求有哪些？

（4）解释以下概念：“OOS”房、行政楼层。

（5）请列举酒店常见客房状态。

（6）前台接待员为客人选择客房时应当考虑哪些因素？

2. 实践题

（1）赵红是一家五星级酒店的总机员工。某天凌晨，到了1513房客人凌晨5点的叫醒时间，赵红于是拨打房间电话，可是客房电话没有人接听。赵红紧接着又拨打了一次，这次还是没有人接听。是不是客人睡得太沉，没有听见电话响呢？赵红于是将此事通知楼层服务员，请其前往1513门口实施人工叫醒。楼层服务员去往1513房，在第三次敲响房门时，房内传来客人的声音："知道了。"楼层服务员将得到客人回应这件事反馈给赵红。赵红想起刚刚在PMS中看到礼宾部备注的信息显示客人预订了早上6点的车辆去机场，为确保客人已经醒了，赵红再次拨打1513房间电话。这一次电话接通了，客人感谢总机员工的叫醒服务。然而，行李员与司机7:00在酒店大厅并没有等到1513的客人，拨打客人房间电话也无人应答。等了10分钟，司机着急地催促："最多再20分钟，不然客人就要误机了！"行李员立即将此时告知大堂副理。大堂副理与行李员一同前往客人房间，发现客人仍在睡梦中。两人合力将客人叫醒并说明了情况，然后协助客人迅速收拾收拾行李，在7:25时客人坐上了去机场的汽车。但是由于交通堵塞，客人最终并没有赶上飞机，只能重新购买了另一航班的机票。客人打电话回酒店，责怪酒店没有提供叫早服务，并且明明知道他有预订去机场的汽车，却这么晚才叫醒他，要求酒店对此负责，并赔偿他的损失。

你觉得酒店是否应当对此事负责？为什么？

（2）某日上午9:00，阳光旅行社一个将近百人的旅游团到达酒店。该团领队向前台接待员提出要增加10个房间，前台接待员查看当日客房控制情况后发现不但没有空房可以出租，且该旅行团的房间并未打扫好，前台接待员查看旅行团预订单发现该团预计抵达时间是下午2:00。前台接待员于是向该团领队解释说房间还未打扫好，且不能增加客房。领队表示不能接受，双方僵持不下。在这个过程中，该团所有旅客陆续进入酒店大堂，要求领取客房钥匙，整个大堂顿时混乱不堪。

你觉得此事的问题在哪？应当如何解决？

（3）模拟为散客提供入住登记服务。

第5章 客账与房价管理

■ 内容导读

前厅账务处理涉及客人预订、入住、在店、离店各个期间，为酒店客人、团体建立账户、收取押金、日常消费记账、收款、结账。前厅客账管理直接影响酒店的经济效益，反映酒店的经营业务活动状况。前厅客账管理具有很强的时间性和业务性，是酒店服务效率和经营管理效率的体现。

价格作为酒店营销组合中一个重要因素，其合理性对酒店产品和服务的销售以及在市场的竞争地位、对酒店的营销形象以及营业收入和利润都会产生重要的影响。结合前厅客账管理，有利于酒店制定正确的价格决策，促进酒店经营。

通过本章的学习，要求达到以下目标：

- 了解前台结账退房程序。
- 了解前台夜核业务。
- 了解客房价格构成。
- 掌握客房商品的定价目标。
- 了解客房定价的影响因素。
- 掌握客房定价的方法与策略。
- 熟悉客房价格体系。

5.1 客账管理

前台收银处每日负责核算和整理酒店各业务部门收银员送至前台的客人消费账单，为客人办理结账离店手续。客人退房是对顾客与前厅收银员双方耐心的考验，收银员要做到礼貌、热情，为客人提供良好、快速的服务和临别问候，还应征求客人对酒店的意见。

5.1.1 结账业务管理

结账业务（Check-out）由前台收银处负责，是客人离开酒店前必须办理的一项手续。为了不耽误客人的行程，也为了给客人留下良好的最后印象，前台收银处应当迅速、正确地为客人办理结账，一般要求在3~5分钟内完成。

1）会计分类账与过账

客户分类账是酒店目前客人的对账单的集合，记录了客人对酒店的支付情况。表5-1列举了一位顾客从开始预订到结账离开可能发生的费用支付活动，从而影响客户分类账。客户往来账（表5-2）是还没有在酒店登记入住，但是与酒店有账目来往的顾客。这些客人可能为将来购买的酒店产品或服务，预先支付了一部分费用，如宴会、酒店客房等。有些未在酒店登记入住的客人，也可能为其客户的一些消费项目开设另外的账户。

表5-1 客户分类账

顾客的活动	交易类型
预订	● 为将来的预订提前支付部分费用 ● 取消预订后退回的定金
入住登记	● 押金
在店期间	● 房费和税款 ● 餐饮、娱乐服务费用 ● 精品店购物费用 ● 停车费 ● 洗衣费 ● 电话通信费 ● 客房影视费用 ● 提取款
结账离店	● 支付未结费用 ● 返还多支付的款项 ● 与其他账户之间的账目转移 ● 过账错误的修正

表 5-2　客户往来账

未登记顾客的活动	交易类型
餐饮	● 提前支付的费用 ● 取消预订返还的定金 ● 餐饮服务费用 ● 支付的餐饮服务费用
商务 / 娱乐	● 商务 / 娱乐费用 ● 支付的商务 / 娱乐费用
办公室和零售租金	● 租金费用 ● 支付的租金费用
停车费	● 停车费用 ● 支付的停车费用

酒店各业务部门收银员处理客户费用和支付的过程称为过账（Posting），这一操作增加或减少了客人个人账户中的费用或支付的金额。随着计算机技术的发展，酒店使用 PMS 处理过账极大提高了其准确性。PMS 的电子对账单中列出了每个过账模块的选项，还能够在客人购买酒店产品和服务时随时更新。但是，前台接待员接到来自这些业务部门收银员处的客人消费账单后，应当及时与 PMS 中的信息核对，这对保持准确的财务记录十分重要，因为客人有可能在一天的任何时间结账离店，随时都要求准确的交易记录。

（1）酒店各业务终端

酒店中各业务部门的顾客消费账单与前台终端电脑相连接，如精品店、餐厅、娱乐部门、客房部、总机等。通过与酒店各收银点的对接，客人账户内可以完成实时过账。

（2）房费和税款

酒店一般通过激活 PMS 里的房费选项自动为客人的电子对账单过账，此时员工可以自由地处理其他事务。税款选项通常与房费选项一同执行，因为国家和当地法律要求向客人收取一定比例的增值税。在对房费进行过账时，税款选项会自动计算出准确的税金。

（3）电话通信费用

酒店通常会将 PMS 内的电话（自动）计费系统接口打开，对本地和长途电话的收费进行自动过账。国际通话通常由总机进行转播，通话结束后由总机手动将这些电话费用过账到客人的个人电子对账单中。

（4）杂项费用

PMS 中的杂项费用选项允许收银员录入一些非主营业务的收费，也可以在客户往来账中使用。例如，并未在酒店入住登记的客人要支付停车场费用，但停车场出口并不需要设置收费处，就可以使用这个选项。

（5）转移和调整

前台接待员可以按照要求调整客人对账单上的错误。这类错误有时需要将过账到客人电子对账单的费用转移到另一份对账单，或者调整到其他的账户。例如，某客人指出酒店餐厅的消费是他与另一客人共同承担，此时，前台接待员应从一个客户的对账单中调整（转移）相应的款项至另一客户的对账单中。另一位客人在结账时指出，自己的房费和餐费应当由当地的某公司支付，但是现在这些费用却绑定在自己的信用卡上，收银员核实后必须将客人对账单中的这些费用转移到企业客户往来账中。

此外，客人有时会质疑电子账单中的某一项目，比如客房拨打电话的费用、电视费用、其他服务费用等，前台接待员应当根据授权的财务调整政策，立即调整账单。例如，某一位客人可能拒绝支付房间的早餐费用，因为这份早餐是同住的另一位客人享用的。若酒店政策规定不允许员工私自调整电子对账单，则前厅当班主管或大堂副理必须处理。及时修正账务错误有利于给客人留下良好的印象，灵活调整财务错误的授权政策则有利于提高酒店的服务质量。

2）结账退房流程

若收银处已经核对客人的过账，并及时完成了调整或转移，那么客人退房时便可以毫无阻碍。反之，若收银处需与其他业务部门联系，如餐厅、精品店、总机等，才能确定收费细节，就会导致退房时间的延误或者纠纷。

结账退房主要包括以下步骤：

（1）接受退房要求

通常，准备结束入住的客人会行至前台或电话通知前厅部，并提出结账离店的要求。

（2）询问酒店产品与服务的质量

客人结账时，应询问客人对酒店住宿、餐饮以及酒店提供的各种服务的满意度。对客人提出的意见，如房间温度太低、水压太低、管道漏水、家具损坏等，要尤其留心，并将这些信息转达给相应的部门。有时客人不会直接出口抱怨或者赞美，酒店应当提供宾客意见卡，使其成为一种普遍可选的沟通渠道。

（3）收回客房钥匙

客人结账时，要注意收回客房钥匙。一方面是因为酒店要投入大量资金来维持客房钥匙供应；另一方面也是保护顾客安全。

使用 PMS 或者电子钥匙系统的酒店，可以很容易地改变再次进入客房时所使用的客房钥匙电子密码。这种系统在初期投入较大，但安全性较高。

（4）通知查房

通知楼层服务员迅速检查客房，以免有客人的遗留物品或客房物品有丢失、损坏。在某些酒店使用的电脑管理系统中，前台接待员输入房号结账，房务中心即接到信号，然后通知楼层服务员查房，当出现特殊情况时，在系统中及时输入查房情况或拨打前台电话。

（5）检索电子对账单并核对其完整性

在 PMS 内通过输入客人姓名或房间号检索出电子对账单，然后打印一份展示给客人，客人与前台接待员双方都应当对对账单进行核实。前台接待员要核实一些明显的收费，如按照酒店住宿天数所收取的房费及税款、由客人而非企业支付的其他支出（电话费、电影租赁费等）。前台接待员还应当委婉询问客人是否有其他临时消费，以免漏账给酒店造成损失。

客人也会对酒店出示的对账单进行确认。当对收费产生怀疑时，如未拨打电话、没有就餐、没有购物、未送洗衣物等，前台接待员可以根据授权程序将收费调整到一定金额。费用控制程序能够使每位员工的调整有规可循，有利于保持类似调整的一致性。但是当调整的金额较大时，应当告知大堂副理或前厅经理解决。

（6）客人决定付款方式并付款

在办理入住登记时，客人会表明他打算使用哪种方式付款，可能的方式包括信用卡、汇总结算、现金或者支票。退房时，客人会确认支付方式。

若客人使用信用卡结账，前台接待员应注意做好“验卡”工作。首先，检查客人信用卡的安全性，包括辨别信用卡真伪、检查信用卡有效日期及适用范围、检查信用卡号码是否在被取消名单内。其次，检查客人的消费总额是否超过该信用卡的最高限额，如果超过规定限额，应当请客人向银行申请授权或更换支付方式。

若客人使用支票结算，前台接待员应当检查支票的真伪、支票是否过期、支票上的印鉴是否清楚完整，并请客人在支票背面留下联系电话和地址，请客人签名。若对支票有怀疑，收银员应及时与出票单位联系核实，如有必要，请当班主管人员帮忙解决。

若客人使用现金结算，前台接待员要注意与客人当面核实金额、辨别货币真伪，从客人的现金押金中扣除已消费的金额，再将剩余的钱双手交到客人手上。收银员必须请客人在退款单和客房账单上签字，确认剩余押金已经退还，并收回客人的押金条。

（7）归档

将有客人签名的对账单以及相关文件归档，以便财务部门进行核查，注意此时提供有关收费以及支付方式的一切原始收据。

（8）团队结账注意事项

团队结账过程中，如果出现账目争议，前台接待员应及时向主管人员或大堂副理寻求帮助。前台接待员应当确保在任何情况下，不向客人泄露团队房价；当客人要求自付房费，则要按照当日门市价收取。一般情况下，不允许团队延时离店，客人可联系销售经理提出要求，否则按照当日房价收取房费。前台接待员在结账时要注意辨别旅行社是否可以挂账，对于不允许挂账的旅行社，团队费用要在前台现付；也不能在未经旅行社允许的情况下，同意团队陪同将账目转为由旅行社支付的要求。

小知识

快速结账

对急于离开酒店的客人（主要针对以信用卡支付押金的客人），一些酒店采取更加灵活的“快速结账”退房方式。客人在酒店前台会发现“快速结账”卡，填写卡上的相关信息，如客人姓名、房号、退房时间、账单寄送方式、是否邮寄发票及发票抬头信息等，将其投入前台的快速结账卡收集箱后，客人便可离开酒店。前台接待员随后会从客人已授权的信用卡押金中扣除房费等客人在酒店的消费项目，将客账单、发票通过 Email、快递、传真等方式寄送给客人，从而实现“快速结账”。快速结账建立在双方互信的基础上，因此酒店只有加强日常的客账管理，尤其是押金管理，才能更好地在实施快速结账时避免给酒店造成经济损失。

5.1.2 特殊情况及处理

1）客人欠款不断增加

有些客人在住店期间消费过多，以至于预付款项（押金）已经用完；有些客人则是不断延长自己的离店日期，以至于在酒店的欠款不断增加。酒店为了防止客人逃账，或引起其他麻烦，通常在客人的预付款项即将用完前，如不足以支付当晚房费或不足以支付用餐费用时，通知客人前往前台付款。

催促客人付款时要注意语言的艺术，一般会使用电话通知客人；电话不通时，前台会用印备的通知书，将客人房号、姓名、金额、日期等基本信息填好后，装入信封，送入客人房间。若酒店 PMS 连接电视的端口已打开，前台通常会通过 PMS 编辑给客人的留言，当客人回房打开电视时，留言信息将会显示在电视屏幕上。通常，客人在收到通知后，会主动前来付款，如果遇到特殊情况，客人拒不支付，酒店应当及时处理。

2）代付账款

若干人一同入住酒店，由其中一人付款的情况下，客人 A 的账单由客人 B 支付，前台接待员应在接受预订或办理入住时得到客人的书面授权（表 5-3），并在 PMS 中备注好相关信息，如“所有费用由 1516 房客人 B 支付”，这样在结账时就不会因忘记而发生漏收款项，以至于给酒店带来损失。在结账离店时，将客人 A 的账目全部转入客人 B 的账单，使客人 A 的账单变为零。若客人 A 在离店时提出，所有费用由客人 B 支付，前台接待员必须通知客人 B，并且在随后客人 B 退房时，将包括客人 A 账目在内的对账单交由客人 B 签字，以免出现不必要的纠纷。

3）超时仍未办理结账离店

酒店的退房时间通常是中午 12:00，超时仍未结账离店的客人，酒店应催促客人。酒店可以按照规定，向客人收取延时退房的费用，一般在下午 6 点之前退房，酒店会加收 50% 的房费；下午 6 点之后退房，酒店会加收全天房费。为了避免不必要的纠纷，前台接待员应在为客人办理入住登记手续时提醒客人酒店关于延时退房的收费政策。

另外，对于一些常客、会员或者客人公司为酒店提供了大量间夜的，客人若提出延迟退房 1 至 2 小时，且酒店不处于旅游旺季，通常酒店会同意免费延迟客人的退房时间。

4）退款处理

有时客人享有某些折扣优惠，要在结账离店之前从客人的对账单中扣除相应费用；或者在结账时收银员发现对账单中的某些项目是由于输入错误造成的，此时前台接待员应当调整客人对账单，扣减相应的费用。此时收银员应填写退款通知单，写清楚退款原因，由前厅经理签字确认，然后在 PMS 中将差额做退账。

表 5-3　付款承诺书

<table>
<tr><td colspan="6">THIRD PARTY PAYMENT AUTHORIZATION
担保付款承诺书
I ____________ hereby authorize （Hotel Name） to charge the following into my account:
我 ____________ 特此授权（酒店名）将以下费用记入本人账内：</td></tr>
<tr><td colspan="2">Arrival Date</td><td colspan="2">Reserve Name</td><td colspan="2">Account No./Room No.</td></tr>
<tr><td>抵店日期</td><td>____年____月____日
____年____月____日
____年____月____日</td><td>预订姓名</td><td>____________
____
____________</td><td>确认号 / 房号</td><td>____________
____
____________</td></tr>
<tr><td colspan="2">☐ All Expenses
☐ Room Only
☐ Breakfast Only
☐ Laundry/Dry Cleaning
☐ Telephone Expenses
☐ Other Expenses</td><td colspan="4">所有费用
仅房费
仅早餐费用
仅洗衣 / 干洗费用
仅电话费
其他费用____________________________________
____________________________________</td></tr>
<tr><td colspan="3">Guest Signature</td><td colspan="3">Telephone No.</td></tr>
<tr><td>客人签名</td><td colspan="2">____________________</td><td>客人联系方式</td><td colspan="2">____________________</td></tr>
<tr><td colspan="3">Done By</td><td colspan="3">Date</td></tr>
<tr><td>经办人签名</td><td colspan="2">____________________</td><td>日期</td><td colspan="2">____________________</td></tr>
<tr><td colspan="6">Remarks
备注：____________________________________
Copy of Guest’s ID/Passport 客人证件复印：</td></tr>
</table>

案例分享

1606 房的赵先生是酒店的常客，预计在今日退房，前台接待处注意到客人今日有一个新的 1 日预订单，所有费用由客人自理。前台接待处核对后发现，赵先生的预付款刚刚好够支付一晚的房费，但是前台接待员注意到赵先生预订了今晚的中餐厅包厢，还有明日酒店商务车送机服务。于是前台向客人发送了书面通知。

然而，前台发送了书面通知后，发现赵先生多次进出酒店都没有来前台清算账。因为是老客户，且赵先生此前一直非常配合，所以前台也只是例行公事地再发了一封催款信，并礼貌地发送了一封短信提醒客人，可是客人仍然没有任何回应。

晚上，赵先生在餐厅用餐后要求将费用挂房账。餐厅经理考虑到赵先生是老客户，且加上餐饮费用后还未超过客人此时的预付款金额，便同意了客人的挂账要求，但是餐厅经理将此事告知了酒店前台。

赵先生送走一同用餐的客户后，前往房间发现客房钥匙无法开门，来到前台更新客房钥匙电子密码。前台接待员看到 PMS 中的备注信息显示赵先生达到了消费限额，预付款不足以支付当晚房费，便委婉地说道："赵先生，你往常都是确认账单无误后就先行离店了，由我们从您的信用卡押金里直接扣款，您每月末开发票。我看到您预订了明早的车去机场，届时将会是酒店退房高峰期，建议您先预支足够的押金放在收银处，这样不会耽误您的退房时间。您看如何？"赵先生是聪明人，知道自己这次的做法不符合酒店规定，于是顺着前台接待员的话额外支付了押金。前台也对赵先生礼貌有加，诚恳地询问客人此次对酒店的服务有什么意见和建议，并热情地希望他以后再次光临，给了赵先生足够的面子。

5.2 夜间稽核与客房经营统计分析

5.2.1 夜间稽核

夜间稽核又称夜审（Night Audit），是酒店在一个营业日结束后，对所有发生的交易进行审核、调整、对账、计算并过账房租，统计汇总，编制夜审报表，备份数据，结转营业日期的一个过程。

夜审是维持、平衡客人账户的财务活动控制过程。夜审不仅可以汇总酒店的收入和费用，也可以供管理人员在未来某个时间对账目活动进行回顾。夜审涉及酒店一天内发生的所有财务活动，酒店总经理通过夜审可以检查营销计划及经营活动是否完成既定的盈利目标，推动酒店的计划和经营。基于目前和积累的夜审数据，有利于酒店总经理做出最好的财务决策。

1）夜审工作程序

夜审工作也是夜审数据的来源，主要包括以下几个程序：

（1）打印夜审前报表

在 PMS 的报表系统中打印夜审前需要拷贝和核对的报表。通常包括当前房态差异表、过租前的房间客账表等。

（2）解除房态差异

核对前厅部房态与客房部实查的房态，可能出现“SKIP 走单房”或者“SLEEP 睡眠房”的情况，应当手工核对处理，并解除相应的房态差异。

（3）检查应离未离

检查当日预计离店客人名单，逐个核查客人是否已经离店但未在 PMS 中办理退房手续，或者客人是否要求续住，是否有另外的续住预订。若客人已经离店，则补办结账退房手续。若客人需要续住，在客人押金足够的情况下，可自动续住一天。

（4）设置未到预订

对于应到未到的预订，安排好房号，夜审时 PMS 自动将其转为“未到预订 No Show”。

（5）房态转换

在住房的房态将由干净房转为脏房，即夜审时由 OC 房自动转为 OD 房，以提醒客房部第二天需要打扫房间；到期的维修房（OOO 房）和停用房（OOS 房）若仍需进行维修或停用，可设置自动续期或自动转为空脏房（VD 房）。

（6）调整房价

若客人入住酒店期间跨越不同的房价时段，如工作日和周末、淡季和旺季等，在新房价开始的前一晚需要对在住的客房进行房价调整。一些先进的酒店管理软件可以自动完成这一过程。

在调整房价之前应注意，已经确认的预订单价格不变，以与客人确认的约定价格为准。

（7）过夜租

过夜租是夜审工作最重要的工作内容之一。开始过夜租前，告知各相关业务部门退出 PMS，系统会自动在住店客人的账户中记入当晚的房租及税费。

在此之前，通常会将当日还未抵店的客人名单打印出来，由于之前预先安排了客房，名单上会显示预先安排的房号。若客人在过夜租时办理入住，可依据该名单为客人办理入住登记手续，待过夜租完成后，再在 PMS 中完成入住登记办理并补录入当晚房费及税费。

（8）统计每日营业指标

包括汇总当日各项营业收入、出租客房数、客人数量等指标。

（9）计算会员积分

会员积分是酒店为了提高竞争力，更好地吸引回头客所常用的促销手段之一。根据客人入住的房晚数、客房消费、餐饮消费、娱乐消费和其他消费情况，计算客人可获得的积分，并对达到不同积分标准的客人提供不同的促销项目，如提供免费的房晚数、房间升级、赠送餐饮，或者与航空公司合作将客人在酒店入住获得的积分转换成航空里程。一些先进的酒店管理软件与酒店的会员系统相连，可以自动完成积分计算和累积。

（10）打印夜审后报表

完成上述夜审步骤后，就可以打印夜审后的统计报表了。一般包括房租日报表、各种收银统计报表、夜审统计报表等。

（11）结转酒店营业日期

从会计角度上看，酒店的营业日期是上一个夜审结束时间开始，到本次夜审结束时间为止。对于超过夜晚 12 时而在夜审发生之前的账目，仍然归于上一个营业日中。结转营业日期的目的在于将酒店的营业日期推进至下一天。

（12）结束夜审

通知各营业部门夜审结束，可以恢复正常的操作。

2）夜审报告

夜审报告反馈了酒店每日经营的财务状况，是酒店管理效率最大化的关键因素之一，酒店管理层应当利用这些信息，努力改善酒店的经营情况。通过每日查看报告中的有关数据，管理人员在实现计划中的财务目标时将会变得更为灵活。

各个酒店总经理对夜审报告的详细程度可能有不同的要求，表 5-4 是某日夜审报告的样本，要关注表中的“预算”和“完成率”这两列。“预算”指的是当日计划的销售额，而“完成率”则反映了预算的实现情况，及实际销售额在预算中所占的比例。若预算远远没有实现，可能意味着某些部门的经营情况没有预想的好或者有些部门并未有效地工作。有些酒店总经理需要每天积累的数据的报告，从而对每天已经达到的财务目标有一个更为全面的了解。

表 5-4　夜审报告

			Date:
NIGHT AUDIT REPORT			
	Actual（¥）	Budget（¥）	Goal（%）
ROOM	3 600.00	4 000.00	90.00%
TAX	216.00	240.00	90.00%
RESTAURANT 1	750.00	825.00	90.91%
RESTAURANT 2	1 200.00	1 500.00	80.00%
RESTAURANT 3	2 000.00	1 500.00	133.33%
TOTAL RES SALES	3 950.00	3 825.00	103.27%
SALES TAX	592.50	573.75	103.27%
TIP-RES 1	150.00	165.00	90.91%
TIP-RES 2	240.00	300.00	80.00%
TIP-RES 3	400.00	300.00	133.33%
TOTAL RES TIP	790.00	765.00	103.27%
ROOM SERV 1	125.00	350.00	35.71%
ROOM SERV 2	150.00	300.00	50.00%
ROOM SERV 3	300.00	250.00	120.00%
TOTAL ROOM SERV	575.00	900.00	63.89%

续表

TIP-ROOM SERV 1	25.00	70.00	35.71%
TIP-ROOM SERV 2	30.00	60.00	50.00%
TIP-ROOM SERV 3	60.00	50.00	120.00%
TOTAL ROOM SERV TIP	115.00	180.00	63.89%
BANQ BKFST	100.00	200.00	50.00%
BANQ LUNCH	200.00	500.00	40.00%
BANQ DINNER	4 500.00	6 500.00	69.23%
TOTAL BANQ	4 800.00	7 200.00	66.67%
TIP-BANQ BKFST	18.00	36.00	50.00%
TIP-BANQ LUNCH	36.00	90.00	40.00%
TIP-BANQ DINNER	810.00	1 170.00	69.23%
TOTAL BANQ TIP	864.00	1 296.00	66.67%
BAR LUNCH	150.00	200.00	75.00%
BAR DINNER	600.00	750.00	80.00%
TOTAL BAR	750.00	950.00	78.95%
ROOM RENTAL	600.00	630.00	95.24%
LOUNGE 1	800.00	950.00	84.21%
LOUNGE 2	100.00	75.00	133.33%
TOTAL LOUNGE SALES	900.00	1 025.00	87.80%
TIP-LOUNGE 1	120.00	142.50	84.21%
TIP-LOUNGE 2	150.00	151.00	99.34%
TOTAL LOUNGE TIP	270.00	293.50	91.99%
LAUNDRY	360.00	280.00	128.57%
TELE LOCAL	100.00	120.00	83.33%
TELE LONG DIST	300.00	310.00	96.77%
TOTAL PHONE	400.00	430.00	93.02%
KIOSK	700.00	650.00	107.69%
KIOSK SALES TAX	35.00	32.50	107.69%
SPA	500.00	500.00	100.00%
PARKING	430.00	300.00	143.33%
TOTAL REVENUE	20 447.50	24 070.75	84.95%
Less Paid-outs			
Laundry	100.00		
Tip	0.00		

续表

TOTAL PAID-OUTS	100.00		
Less Discounts			
Rooms	0.00		
Restaurants	30.00		
TOTAL DISCOUNTS	30.00		
Less Write-offs			
Rooms	100.00		
Restaurants	25.00		
TOTAL WRITE-OFFS	125.00		
TOTAL PAID OUT AND NONCOLLECTED SALES	255.00		
TOTAL CASH SALES	5 200.00		
TODAY' S OUTSTD A/R	15 502.50		
TOTAL REVENUE	20 702.50		
YESTERDAY' S OUTSTD A/R	73 250.50		
TOTAL OUTSTD A/R	88 753.00		
CREDIT CARD REC' D A/R	37 500.00		
CASH REC' D A/R	5 790.00		
TOTAL REC' D A/R	43 290.00		
BAL A/R	45 463.00	65 000.00	69.94%
ANALYSIS OF A/R			
City Ledger	6 500.00		
Direct Bill	3 600.00		
Visa	15 680.00		
MasterCard	12 700.00		
AMEX	11 900.00		
Total A/R	50 380.00		
BANK DEPOSIT	ANALYSIS BANK DEPOSIT		
CASH	10 990.00	TOTAL CASH SALES	5 200.00
VISA	15 000.00	CREDIT CARD REC' D A/R	37 500.00
MASTERCARD	11 700.00	CASH REC'D A/R	5 790.00
AMEX	10 800.00	TOTAL	48 490.00

续表

TOTAL BANK DEPOSIT	48490.00		
CASHIER'S REPORT			
	Actual（¥）	Machine Total（¥）	Difference（¥）
SHIFT 1			
Cash	3 000.00	3 000.01	−0.01
Credit Card	12 800.00	12 800	0.00
Total 1	15 800.00	15 800.01	−0.01
SHIFT 2			
Cash	1 060.00	1 059.98	0.02
Credit Card	20 000.00	20 000.02	−0.02
Total 2	21 060.00	21 060.00	0.00
SHIFT 3			
Cash	6 930.00	6 929.95	0.05
Credit Card	4 700.00	4 699.98	0.02
Total 3	11 630.00	11 629.93	0.07
TOTALS	48 490.00	48 489.94	0.06
ANALYSIS CASH REPORT			
CASH SALES	5 200.00		
CREDIT CARD REC'D A/R	37 500.00		
CASH REC'D A/R	5 790.00		
TOTAL	48 490.00		
HOTEL STATISTICS			
	Actual	Machine Total	Difference
AVAILABLE ROOMS	100	100	0
OCCUPIED ROOMS	80	90	−10
VACANT ROOMS	15	7	8
OUT OF ORDER	5	3	2
COMP. ROOMS	0	0	0
OCC %	80.00%	90.00%	−10.00%
DBL OCC %	20.00%	40.00%	−20.00%
ROOM REVENUE	¥31 200.00	¥36 900.00	−¥5 700.00
NUMBER OF GUESTS	96	126	−30
AVG RATE/ROOM	¥390.00	¥410.00	−¥20.00
NO-SHOWS	4	0	4

夜审报告是为酒店总经理提供每日经营财务数据的工具，其主要部分的重要性可能超过总体的重要性，下面对一些主要项目部分进行介绍。

（1）部门汇总

酒店每个部门都向前厅提供当日销售报告，酒店总经理将这些数据与预算相比，从而判断哪些是收益聚集部门，并依此做出合理决策。

（2）客房收入和税款（Room and Tax）

客房收入表示每日酒店所有客房的费用，由于客房收入的很大一部分被认为是利润，所以酒店管理者应密切关注这个数据。客房收入数据应当与客房部的报告相匹配，以防前厅员工因种种原因搞乱数字，造成客房价格的错误，导致客房销售总额的错误。房价中的税款则是税收报告的必要组成部分。

（3）餐厅收入和税款（Restaurant Sales and Tax）

餐厅营业收入包括餐厅和餐饮部的全部营业额。餐厅1可能表示早餐，餐厅2表示午餐，餐厅3表示晚餐；或者餐厅1表示酒店餐厅A，餐厅2表示餐厅B，餐厅3表示酒店餐厅C。这些数据应与酒店各餐饮销售点的每日销售报告相匹配，每日销售报告依据酒店中各餐饮零售终端柜员机打印的每日销售账单。餐饮活动的销售税也可以从中获得。

（3）客房送餐收入（Room Service）

一些酒店将客房送餐的收入单独计算。若酒店通过一系列营销活动鼓励客房送餐，或者认为这一部分市场具有很大的潜力或很高的利润率，那么单独列出这一部分是很有必要的。客房送餐1可能表示早餐，客房送餐2表示午餐，客房送餐3表示晚餐。

（4）宴会收入（Banquet Sales）

在宴会活动较多的酒店、拥有大型宴会部门的酒店，应将宴会收入独立于餐厅收入，该费用是所有宾客宴会费用的总额。夜审员也应检查每日运营报告，以确保所有宴会活动的收费都已入账。酒店总经理可以从宴会收入数据中发现餐饮部经理在宴会部分控制开支的成效如何，也反映出市场销售总监在开拓业务方面的效率。汇总时也应当按照早餐宴会、午餐宴会、晚餐宴会进行分类汇总，从而获得有效的市场信息，比如哪一类宴会做得比较成功，哪一类宴会可以做得更好。

宴会收入同客房收入为酒店提供了有关现金流量的宝贵信息。若酒店计划在周末将有20万元的客房收入和15万元的宴会收入，那么这些就可以满足酒店星期一必要的财务款项支出需要，酒店管理者因此很关注客房和宴会的收入情况。

（5）吧台收入（Bar and Lounge Sales）

该部分收入来自酒店零售终端柜员机。提供酒精类饮品的每个营业点，在每天每个班次结束后，都要将该班次的营业数据交给前台。这类收入被单独划分为一个类目，有利于餐饮部经理了解成本控制的成效，也有利于销售总结了解某些营销活动的效果。

（6）房间租赁费用（Room Rental）

这里的房间租赁指的是酒店会议室或者多功能室，将在客人的对账单中以特殊房间租金出现。夜审员每日应根据会议记录报告进行反复核对，确保宴会经理将房间租金记入正确的对账单。

对于那些只租用场地而不要求提供食品和饮料的客人，如租用宴会厅召开研讨会、发布会、商品展示会、演出活动等，应将这些租金收入分开填报。这有利于酒店总经理了解市场销售部在扩大场地出租方面的工作成效。

（7）所有收入和所有销账（Total Revenue and Total Write-offs）

所有收入和所有销账数据汇总了之前所有报告的数据，是酒店当天现金和费用的交易情况。通过比较实际和预算数据，酒店总经理可以了解到财务目标的完成情况。

在酒店的一个经营日中，销账包括前厅经理授权的现金支取（洗衣服务、供应商等）、提供的折扣（餐饮折扣、房费折扣等）、调整费用（房费、电话费、餐厅费用等）。总经理通常会严格控制这类数据，夜审员在审核这类数据时应确保授权和转账凭证的完整性和有效性。

（8）现金收入和应收账款（Cash Sales and Accounts Receivable）

总收入等于现金收入和应收账款。每日现金收入都可以从各部门的报告中得到，单独进行汇总。

应收账款是等待客人支付的金额，所有现金支取、折扣、销账调整会从这一数据中被扣除。今日应收账款加上昨日应收账款，即是应收账款总额。

（9）应收账款分析（Analysis of Accounts Receivable）

前厅部经理要查看每笔应收账款的来源，如客户往来账、过期应付账户、其他信用卡账户等，以分析应收账款。财务总监将利用这些信息了解应收账款的历史状况，从而制订相应的催收计划。

（10）收银员报告（Cashier's Report）

酒店前厅收银员要负责收集各个部门的每日报告，并将相应的现金和信用卡收据归入每个收银员的每班报表中。收银员报告中还包括已经收回的应收账款的现金和信用卡收据。每班收银员在核对报表时，可以使用部门日报、现金和信用卡收据、归还应收账款的现金和信用卡收据。

收银员报告也记录了当日实际数额与 PMS 中统计数额的差异。一般来说，酒店会根据情况给前台接待和收银员设置一定的权限。例如，若实际数额比 PMS 统计数额少了不到 1 元钱，则可以免除前台接待员或收银员的责任，他们不需要为这些差额负责。前厅经理应该调查远远大于 1 元钱差额产生的原因，并留意这种情况是否经常发生。若实际数额多于收银员报告中的数额，多余的钱将被留作酒店基金，用以弥补那些未收回的款项。为了保证客户分类账的准确，大额的差异都应当进行深入调查。

（11）经营指标（Operating Statistics）

夜审员要为酒店总经理和部门经理提供当日酒店经营情况统计报告，这是当日营业活动的总结，也展示了酒店财务预算目标的实现情况。对于酒店总经理而言，这些指标反映了酒店的经营状况，有助于他们决定是否需要调整现行经营程序，以及如何制定未来的经营预算。

5.2.2 客房经营统计分析

前厅部是酒店的经营活动中心和信息中心，其工作的重要内容之一就是利用所获得的信息资料对客房经营状况进行分析研究并制定相关对策。酒店管理者及前厅部人员应当掌握的客房经营分析主要指标包括以下几个：

1）客房出租率

客房出租率（Occupancy Rate，OCC）指已出租的客房数占酒店可供出租的客房数的比例，是衡量酒店经营状况的一项重要指标。客房出租率越高，表示实际出租客房数与可供出租客房数之间的差距越小，这说明酒店客源市场充足，在一定程度上反映了客房经营管理的成功。

$$客房出租率=\frac{已出租客房数}{可供出租客房总数}\times 100\%$$

由于酒店行业的特殊性，客房作为酒店经济和收入的主要来源，因此客房出租率直接关系到酒店的盈亏状况，盈亏平衡点也以客房出租率来表示，称作保本出租率。

$$保本出租率=\frac{保本营业额\div 平均房价}{可供出租客房总间夜}\times 100\%$$

其中：

$$保本营业额=\frac{固定成本总额}{1-变动成本率-税率}$$

例如，某酒店拥有300间客房，年固定成本是3 000万元，变动成本率13%，增值税率6%，当年每间客房的平均房价是600元，则：

$$保本营业额=\frac{3\ 000}{1-13\%-6\%}=3\ 703.70（万元）$$

$$保本出租率=\frac{37\ 037\ 000\div 600}{300\times 365}\times 100\%=56.37\%$$

计算结果表明，这家酒店的保本出租率是56.37%。当客房出租率低于56.37%时，酒店经营处于亏损状态；反之，高于56.37%，酒店就处于盈利性经营。保本出租率对酒店的经营指导作用还体现在，若酒店的保本出租率高于竞争对手，酒店应考虑如何降低经营成本；若酒店的保本出租率低于竞争对手，酒店可以考虑利用价格优势来争夺客源市场。

很显然，扩大客房销售，提高客房出租率，有助于酒店获得更多的盈利。但是，客房出租率并不是越高越好。出于质量控制的要求，酒店一方面要为客房维修和全面质量控制创造机会，避免设施设备的超负荷使用和功能失灵，定期进行保养维修，关注建筑物的使用寿命；另一方面，酒店应为客房服务员的培训教育留出一定的时间，避免将其牢牢固定在工作岗位，导致工作疲劳和服务质量的下降，这对管理工作极为不利。另外，酒店还需要考虑具体的经营安排，如用于交际往来使用的免费房、为临时光临酒店客人预留的保留房、用作紧急情况下调剂使用的客房等。一些专家根据经验提出了较为理想的年平均客房出租率在 80%~85%。

2）双开率

双开率指两位客人同住一间客房的房间数量占所有可出租客房总数的比例。双开率反映了客房的利用情况，是酒店用以增加收入的一种常用经营手段。实施双开房的前提是同一种客房，要有两种价格（单人间除外）。如一个标准间住一位客人时，房价为 300 元，住两位客人时，每人只收 200 元。这样每位客人节省了 100 元的房费开销，而酒店增加了 100 元的房费收入，且此时劳动成本的增加较少。

$$双开率=\frac{客人总数-已出租客房数}{已出租客房数}\times 100\%$$

例如，某酒店当日下榻客人数为 400 人，当日出租客房数为 320 间，则客房双开率为：

$$双开率=\frac{400-320}{320}\times 100\%=25\%$$

双开率还可以以客房为单位，表示每间已出租客房内的入住客人数量：

$$双开率=\frac{客人总数}{已出租客房数}\times 100\%$$

带入上例中的数据，得到此时双开率为 125%，即平均每个已出租客房内住了 1.25 人。

双开率应结合客房出租率进行考虑，在客人有限的情况下，前台接待员应先考虑多销售客房，提高客房出租率，而不是有意提升双开率。

3）实际平均房价

实际平均房价（Average Daily Rate，ADR）指客房总收入与实际出租客房数的比值，是衡量酒店经营活动的另一重要指标。实际平均房价的高低直接影响酒店的经济效益，优惠、折扣、免费住宿等情况都会影响实际出租房价低于酒店门市价，只有在旅游旺季时，酒店实际出租房价才会接近甚至高于门市价。

$$实际平均房价=\frac{客房总收入}{已出租客房数}$$

例如，某酒店某日客房总收入为 15 万元，当日出租的客房数量为 250 间，则实际平均房价为：

$$实际平均房价=\frac{150\,000}{250}=600（元）$$

实际平均房价与客房出租率密切相关。通常，降低实际平均房价可以提高客房出租率；反之，保持较高的实际平均房价，客房出租率则会降低。因此，确保合理的实际平均房价和较高的客房出租率，才能使客房收益最大化，片面地追求其中一方都是不正确的。

另外，实际平均房价也受酒店所销售的客房类型结构的影响。目前，大多数酒店都有 4 个或者 5 个不同等级的客房，房间等级不同，其售价也不同。一般来说，酒店大多数客房都是标准房型，所以这些客房的实际售价基本上趋于实际平均房价，是前厅部、销售部的主要推销产品。但是，在其他条件不变的情况下，高档客房的销售量增加，会提高酒店的实际平均房价，因此前台接待员应掌握相应的销售技巧，多推销高档客房。

4）平均客房收益

平均客房收益（Revenue Per Available Rate，RevPAR）指平均每间可供出租客房收入，是衡量酒店客房经营水平和投资回报的一项重要指标，酒店投资业主、酒店经营者、与旅游和酒店相关的资讯公司都将 RevPAR 视作非常重要的指标。

$$\text{RevPAR}=\frac{\text{客房总收入}}{\text{可供出租客房数}}=\text{客房出租率}\times\text{实际平均房价}$$

如前所说，客房出租率和实际平均房价是酒店经营活动分析中两个重要的指标，但是若单独使用客房出租率或实际平均房价来分析和考核酒店客房的经营结果，则是片面的，单独用这两者中的一个进行分析，得出的结论甚至可能是相反的。从 RevPAR 的计算公式可以看到，该指标结合了客房出租率与实际平均房价，能够合理地反映客房经营质量。

例如，某酒店有 300 间可供出租客房，在过去 3 个月，酒店的客房经营状况见表 5-5。

表 5-5　客房经营状况

时间	平均每天售出客房数	客房出租率	平均房价（元）	客房收入（万元）	RevPAR（元）
2020.3	280	93.33%	500	14	467
2020.4	260	86.67%	600	15.6	520
2020.5	240	80%	650	15.6	520

从表 5-5 可以看出，4 月和 5 月的客房经营效益明显高于 3 月。若仅用客房出租率来分析，4 月和 5 月的客房出租率比 3 月分别低了 6.66% 和 13.33%，与 RevPAR 的评价结果相反。同样，若仅用平均房价来分析，可以看到 5 月的平均房价高于 4 月，但是客房出租率受到房价调高的影响而下降，最终 4 月和 5 月的客房收入相等，酒店可能造成了部分客房闲置。但是从另一个角度来看，5 月平均房价的提高对客房出租率造成影响，但并未影响最终的客房收入，这时酒店可以考虑进行客房保养或清洁。

5）理想平均房价

理想平均房价指酒店各类型客房以现行门市价按照不同的客人结构出租时可以达到的理想的平均客房售价，它是一定时间内，从最低价出租客房和从最高价出租客房价格得出的平均值。计算理想平均房价时要结合客房出租率、双开率和客房价格。

例如，某酒店共有客房 300 间，预计未来一个月酒店客房出租率可达到 80%，双开率 20%，酒店客房类型及客房价格见表 5-6。

表 5-6　酒店客房类型及价格

客房类型	数量（间）	客房价格（元）	
		1 人入住	2 人入住
单人间	30	250	—
标准间	230	300	400
行政房	30	450	600
套间	10	650	900

理想平均房价的计算过程如下：

酒店平均每日客房出租数量 =300×80%=240（间）

（1）计算从低档到高档销售客房的平均房价

为客人排房时先从最低档的单人房开始，依次向高一档的客房类型递进，直至将客人全部安排完为止。

$$客房日收入 =30\times250+（210\times300+48\times100）=75\ 300（元）$$

$$平均客房价格 = \frac{75\ 300}{240} =313.75（元）$$

（2）计算从高档到低档客房销售客房的平均房价

为客人排房时先从最高档的套间开始，依次向低一档的客房类型递进，直至将客人全部安排完为止。

$$客房日收入 =（10\times650+2\times250）+（30\times450+6\times150）+（200\times300+40\times100）$$
$$=85\ 400（元）$$

$$平均客房价格 = \frac{85\ 400}{240} =355.83（元）$$

（3）计算理想平均房价

将低价出租客房的平均房价与高价出租客房的平均房价加以简单平均。

$$理想平均客房价格 = \frac{313.75+355.83}{2} =334.79（元）$$

理想平均房价为 334.79 元，这表示酒店在未来一个月内的平均客房标准收益为 334.79 元。酒店管理者将实际平均房价与理想平均房价相比较，若实际平均房价高于理想平均房价，说明客房经济效益较好，酒店可以获得较为理想的客房收益。然而，若实际平均房价与理想平均房价相差较远（过高或过低），则说明酒店客房定价可能过高或过低，不符合市场需要，需要进行调整。

6）收益率

收益率是衡量酒店客房经营的重要指标之一，从客房出租情况和客房价格成交情况两个方面评估酒店的客房经营情况。

$$收益率 = \frac{出租客房数 \times 平均每日房价}{可供出租客房数 \times 门市价} \times 100\%$$

5.3 房价管理

合理的定价是酒店提高客房收入的重要手段之一，从收益管理的角度来看，以市场为依据的定价比以成本加利润的定价更为合理，有利于实现客房收益最大化。酒店在了解客人不同需求并将其划分为不同的细分市场后，应有针对性地制定不同的房费标准，并且防止客人从一种消费标准降低到另一种消费标准。

5.3.1 影响客房定价的因素

酒店客房价格包括客房成本和利润两部分。客房成本由建筑投资、客房资产、物料资产、客房人员工资福利、保险费、财务费用、修缮费、经营管理费、土地使用费、税费等构成；利润则包括所得税和客房利润。

酒店在制定客房价格时，会受到诸多因素的影响。将这些因素可分为两大类：内部影响因素和外部影响因素。

1）内部影响因素

（1）定价目标

定价目标是影响酒店客房定价的首要因素，客房定价围绕酒店定价目标进行，通常酒店的定价目标包括以下四种类型：

第一，追求利润最大化。这是客房定价最基本的定价目标，但是酒店管理者应当以长期利润最大化为追求目标，而不应只局限于短期利润最大化。此外，在追求这一目标时，应注意高房价并不是利润最大化的保证，而低房价也不一定等于客房利润的减少。表 5-4 展示了高房价导致客房需求量的减少；降低房价虽然降低了单位客房实现的利润率，但使客人对客房需求量的增加。因此，客房定价不应过高，也不能过低，只有“适当的”价格才能实现客房利润最大化。然而要确定这一“适当的”价格需要确定需求函数和成本函数，且需要做大量的市场调研，依据酒店在不同历史时期的客房价格变化对客房需求量产生的影响，分析和研究价格弹性与市场需求规律。

第二，提高市场占有率。不同于追求利润最大化，以提高市场占有率为定价目标，酒店旨在提高客房销售量，尽可能多地出租酒店客房，提高市场竞争力。然而，从之前提到的房价与客房出租率的关系可以发现，市场占有率的提高意味着酒店要采取低价策略。因此，采取低价策略时，酒店应当注意：

- 降低客房价格并不一定能提高客房销售量和提高市场占有率。因此酒店应当在客房出租率不高，且客房商品需求弹性较大的情况下实施降价，此时旅游者对客房价格较敏感，低价会刺激顾客的购买行为。
- 客房价格过低有损酒店品牌形象，影响服务质量。因此酒店只有在确保降价不会严重损害酒店形象时，使用降价策略来追求实现提高市场占有率的目标。

- 酒店降低客房价格可能引起市场价格战，导致两败俱伤，酒店提高市场占有率的目的也就此落空。若酒店有雄厚的实力能够应付可能出现的来自市场上其他竞争对手的报复行为，则可以考虑通过低价争取客源。

第三，应对或防止竞争。有竞争力的价格包括与竞争者保持相同的客房价格、高于竞争者的客房价格和低于竞争者的客房价格。若酒店所处的市场上存在一些档次相同的竞争对手，酒店的客房产品与对方相比并没有鲜明的区别，市场格局较稳定，市场上的客人也较成熟，此时酒店可以跟随行业带头人，采取与领头羊相同的客房产品价格；若酒店在硬件设施和软件服务方面明显优于其他竞争对手，则可以制定相应较高的房价，通过价格体现优质的客房商品；此外，如前所述，若酒店希望提高市场占有率，阻挡竞争者进入自己占据已久的市场，或进入自己未曾涉及的新市场时，酒店可以采用低价策略。

（2）经营成本及建筑成本回收

成本是影响客房商品定价的基本要素之一，尤其对于酒店而言其固定资产投入非常大，因此酒店投资者也很关心建筑成本的投资回收。一般来说，客房价格要确定在其成本之上，否则将导致亏损，长此以往，酒店经营将难以为继。

（3）酒店地理位置

酒店地理位置也是影响客房定价的重要因素之一。通常，位于市中心、交通枢纽、观光景点附近的酒店，以及交通便利的酒店，客房价格可以相对制定得较高；而位于郊区或其他地理位置不好的酒店则可以适当降低房价，以提高市场竞争力。

（4）酒店服务质量

进行客房定价时，除了考虑酒店的硬件设施设备，也应考虑酒店的服务质量，如员工的礼貌礼节、服务态度、服务技巧、服务效率和服务项目等。

2）外部影响因素

（1）季节性影响

旅游业的季节性特点直接影响酒店经营的季节性，因此酒店要制定淡季和旺季不同的客房价格，通过价格的杠杆作用刺激客人的需求，平衡市场供求关系。

（2）供求关系

市场上的供求关系是不断变化的，不平衡是常态，而平衡是暂时的。因此客房价格应当随着供求关系的变化而不断调整。当市场上供不应求时，酒店可以考虑提高客房价格；当市场上供过于求时，酒店应考虑降低房价；而当市场上供求平衡时，当前的客房价格就是合理的定价。

（3）竞争对手的价格

酒店在制定客房价格时，通常将竞争对手的价格视作重要参考依据。酒店在了解了竞争对手的客房价格后，一般会制定略低于同档次其他酒店的客房价格，以提高竞争力。然而，如前所述，低价竞争不应成为酒店的制胜手段。首先，部分客人将客房价格视为身份和地位的象征，价格过低可能会使酒店失去这部分客人。其次，低价将会影响酒店的形象，客人可能怀疑酒店的服务质量；而长期保持低价后，一旦调高价格，很大可能会引起客人的不满，反而使酒店失去市场竞争力。最后，低房价可能会使酒店员工产生“低房价对应低档服务”的错误认识，从而自觉或不自觉地降低服务质量标准，如卫生情况变差、服务态度变差等。

（4）有关部门和行业组织的价格约束

政府主管部门及行业协会等组织和机构在客房定价过程中也起到制约作用。例如，在某些大型政府会议或行业组织会议期间，对当地酒店的最高房价作了限制，以保障与会者、旅游者的利益。

（5）客人的消费心理

对于不同细分市场的客人，其消费水平不同，可接受的“价格门槛”上下限也不同。对于生活在某一消费水平基础上的客人，在客房价格过高时不会有购买意愿，而在客房价格过低时也不会购买，因为他们认为产品存在质量问题。

5.3.2 房价的种类

如前所述，酒店在不同的时间接待不同的对象时，会提供不同的客房价格。这些价格是酒店管理者同销售部、前厅部、客房部等有关部门和人员认真研究之后制定的相对合理的价格。因此，客房价格显示了酒店及住店客人的特征，建立合适的客房价格体系有助于酒店经营管理和提高酒店盈利。

1）标准房价（Rack Rate）

标准房价又称为“客房牌价”“门市价”“散客价”，是在价目表上明码公布的各类客房的现行价格。标准房价中不包括税金（Tax）和服务费（Service Charge）或折扣等因素。大部分酒店一年中的标准房价是不变的，但是受旅游季节性影响较大的酒店会在淡季和旺季实行不同的两种标准价。

2）商务合同价（Corporate Rate）

酒店与有关公司或机构签订房价合同，并按照合同规定向来自的签约单位的客人提供优惠价格，以谋求双方的长期合作。该价格的优惠程度视签约单位能够提供的客源数量及客人在酒店的消费水平而定。

3）团队价（Group Rate）

团队价是酒店提供给团体客人的优惠价，包括旅行社团队、会议团队、航空公司机组人员等。其目的在于确保酒店长期、稳定的客源，保持较高的客房出租率，提高客房利用率。团队价依据旅行社等团体的重要性、组织客源的数量以及淡、旺季酒店客房利用率的不同而定。为了吸引团队客人，通常酒店会给予其低于标准房价 50% 的优惠价格。

4）旺季价格（High Season Rate）

旺季价格是酒店在营业旺季时执行的客房价格。通常是在标准房价的基础上，上浮一定的比例，从而最大限度地提高经济效益。但是，要注意不能违反当地政府和行业协会等组织和机构有关价格调整的规定。

5）淡季价格（Low Season Rate）

淡季价格与旺季价格相反，是酒店在经营淡季时执行的客房价格。通常在标准房价的基础上，下调一定的比例。有时为了刺激需求，提高客房出租率，酒店客房价格下调的比例较大。

6）折扣价（Discount Rate）

酒店通常向长住客、常客、贵宾或其他有特殊身份的客人提供优惠房价。

7）小包价（Package Rate）

小包价是酒店提供的一揽子报价，除了房费之外，还可能包括餐费、交通费、游览费等其他费用，以方便客人的出行和游览。

8）白天租用价（Day Use Rate）

当出现以下情况时，有些酒店会按照白天租用价向客人收取房费：客人凌晨抵店入住；客人的离店时间超过酒店规定的时间；办理入住与结账离店发生在同一天。大部分酒店会按照半天向客人收取房费，有些酒店也按照小时向客人收取。

9）免费房（Complimentary）

酒店为了更好地促进客房销售，建立良好的公共关系，还会为某些特殊客人提供免费房，这些客人包括但不仅限于：社会知名人士、酒店同行、旅行代理商、会议主办人员、酒店集团管理层等。按照惯例，酒店还需对满 15 名付费成员的团队，免费提供双人间客房的一张床位，即所谓的“十六免一”。酒店提供免费房要严格控制，通常只有酒店总经理才有权批准使用免费房。

10）其他房价

（1）保留房价（Hold Room Charge）

客人因短期外出旅行或公干，但继续保留在酒店的住房；或者由于特殊情况客人未能及时抵店，如航班延误、交通事故等，请酒店为其预订进行保留。酒店针对上述情况，通常需要客人支付为其保留客房的费用，即保留房价，一般不加收额外的服务费。

（2）加床费（Extra Bed Charge）

酒店对需要在客房内临时加床的客人收取的额外费用。加床费通常不包括额外的早餐费用。

（3）房间差价

客人因对客房面积、设施设备、房间楼层、朝向、景观等有特殊要求，从低档客房换至高档客房需要支付的额外费用，即两种客房之间的房间差价。

5.3.3 客房定价方法与价格策略

1）客房定价方法

有些酒店采用单一房价，对所有非团体及非协议单位的顾客实行单一房价，这种单一房价可以根据季节和一周中的不同时间进行调整。这种类型的定价方式便于管理，也容易使客人理解，并且不需要复杂的收益管理系统跟进；然而，这种定价方式过于简单，无法根据市场需求的变化做出相应的反应，也无法根据顾客的消费能力和购买意愿进行调整。

大多数酒店根据客房的不同类型和标准进行定价。客人能感受到客房标准的不同，因此对这种定价方式也比较容易理解和接受。酒店仍然可以在一天内、一周内实行不同的房价，以获得更多客房收入。但是，这种定价方式不适用于只有一种类型客房的酒店，也不适用于消费水平较高的客人。另外，采用这样的定价方式将增加酒店销售人员、预订人员、前台接待人员和收银员的工作难度。

目前，大多数酒店也同时使用差异定价的方式，根据客人不同的需求和价格弹性向客人执行不同的价格标准。酒店根据合理的原则和限制条件制定不同的房价划分标准，客人依据自己的消费需求、消费方式和意愿选择合适的客房。这种定价方式既使对价格较为敏感的顾客享受低价，也让愿意支付高价的客人可以挑选自己满意的客房。

具体到每一间客房的定价，酒店可以使用的定价方法包括以下几种：

（1）成本导向定价法

以成本为中心的定价法，是酒店以经营成本为基础制定的客房产品价格。客房成本加上客房利润就是产品的价格。这在酒店财务管理上是很有必要的，若酒店经营无法收回成本，那么酒店的经营活动将无法维持。

- 千分之一法

千分之一法是以酒店总建造成本为基础进行客房价格计算的一种方法，具体方法是将客房价格定为酒店总建造成本的千分之一。酒店建造总成本包括建筑材料费用、各种设施设备费用、内装修及各种用具费用、所需的各种技术费用、人员培训费用、建造中的资金利息费用等。

$$平均房价=\frac{酒店建造总成本}{酒店客房总数}\times 1‰$$

例如，某酒店建造总成本为 8 亿元，客房总数为 800 间，则平均房价用千分之一法计算可得：

$$平均房价=\frac{8\text{ 亿元}}{800\text{ 间}}\times 1‰=1\ 000（元）$$

千分之一法的合理性受到两个条件的制约：酒店客房类型、面积、设施设备的豪华程度等基本相同；酒店客房、餐饮及娱乐设施等规模和投资比例适当，即酒店的餐饮和娱乐设施主要用于满足住店客人的需求。且千分之一法是在假定酒店平均客房出租率为 70% 的条件下制定的，其实际经济含义是酒店通过 3 年左右的经营，可以通过客房销售额收回建造总成本。

由于千分之一法只考虑酒店的客房成本因素，而没有将市场供求关系及市场竞争状况纳入考虑范围，因此，用千分之一法计算得到的平均房价只能做参考。酒店管理者应在这一价格的基础上，结合当时市场上的供求关系及竞争状况对客房价格加以调整，制定出具有合理性和竞争性的客房价格。

● 盈亏平衡定价法

盈亏平衡定价法是酒店在既定的固定成本、变动成本和产品估计销量这三个条件下，为了实现酒店销售收入等于总成本这一目标而制定客房价格的方法，这一客房价格能够使酒店经营不赚不赔。

$$\text{平均房价}=\frac{\text{每间客房日成本总额}}{1-\text{税率}}$$

其中，每间客房日成本总额包括客房固定成本分摊额和变动成本两部分。固定成本总额可以依据不同类型客房的使用面积进行分摊，变动成本总额则可以按照客房间数进行分摊。

$$\text{每平方米使用面积固定成本}=\frac{\text{全年客房固定成本总额}}{\text{客房总使用面积}\times\text{年日历天数客房}\times\text{出租率}}$$

$$\text{每间客房日固定成本}=\text{客房使用面积}\times\text{每平方米使用面积固定成本}$$

$$\text{每间客房日变动成本}=\frac{\text{全年客房变动成本总额}}{\text{客房总数}\times\text{年日历天数客房}\times\text{出租率}}$$

$$\text{每间客房日成本总额}=\text{每间客房日固定成本}\times\text{每间客房日变动成本}$$

● 成本加成定价法

成本加成定价法也称作“成本基数法”，是酒店按照客房产品的成本加上若干比例的加成额进行客房定价。酒店经营的实质就是在经营过程中以资金获取利润，因此成本加成法制定出的客房价格是在保证酒店客房取得合理利润的前提下执行的基本价格。

$$\text{客房价格}=\frac{\text{每间客房总成本}\times(1+\text{加成率})}{1-\text{税率}}$$

● 目标收益定价法

目标收益定价法是根据总成本和估计的总销售量，确定一个目标收益率，作为核算定价的标准。它是另一种以成本为中心的定价法。

$$\text{客房价格}=\frac{\text{固定成本}+\text{单位变动成本}\times\text{产品数量}+\text{目标利润}}{\text{产品数量}}$$

可以看到，目标收益定价法易于使用，但是这种方法并没有考虑市场需求的程度和客人的消费心理，因此不能适应不同细分市场的需求。所以在实际生活中，只能将其作为制定价格的出发点和参照。

20 世纪 50 年代美国旅馆和汽车协会主席罗伊·赫伯特主持发明了一种类似于目标收益定价法的客房定价法，称作赫伯特公式，以目标投资回报率这个经济指标作为定价的出发点，预测酒店经营的各项收入和费用，测算出计划平均房价。

$$客房价格 = \frac{需达到的客房销售收入}{可供出租客房数 \times 计划期天数 \times 预测出租率}$$

其中，需达到的客房销售收入＝酒店总投资 × 目标投资回收率＋酒店管理、营业费用－其他部门经营利润＋客房部经营费用

例如，某酒店有300间客房，成本和预算见表5-7，若酒店要求获得15%的投资回收率，如何用赫伯特公式在测算平均客房价格？

表5-7　酒店成本与预算

项目	金额（元）
总投资额	60 000 000
目标净利润	12 000 000
折旧	6 500 000
建筑物	3 500 000
家具、设备用具	3 000 000
税金和保险	2 100 000
税金	1 800 000
保险	300 000
行政管理和推销广告费用	12 800 000
维修与保养	2 000 000
热源、光源和动力	3 000 000
广告推销	2 000 000
行政管理	4 000 000
其他费用	1 800 000
减：餐饮部门利润	350 000
加：电话部门亏损	680 000
客房部经营费用	11 500 000
客房部要求达到的收入	42 230 000
可供出租客房数	300 间
计划期天数	365 天
预计客房出租率	80%

需达到的客房销售收入＝60 000 000 × 15%+6 500 000+2 100 000+12 800 000−350 000+680 000+11 500 000=42 230 000（元）

$$客房价格 = \frac{42\ 230\ 000}{300 \times 365 \times 80\%} =482（元）$$

目标收益定价法与赫伯特定价法都是从酒店未来期望收益值为出发点，甚少考虑市场

竞争的因素；且这两种计算方法都以预计的营业额来确定客房价格，但忽略了价格是影响营业额的一个重要因素。

（2）需求导向定价法

需求导向定价法不再以成本为基础，而是以市场导向观念为指导，以客人对酒店产品价值的理解和认识程度为依据来制定价格的方法。

● 理解价值定价法

理解价值定价法即根据客人理解的产品价值，也就是客人的价值观念来制定客房价格的方法。要求酒店运用经营组合中的非价格因素影响客人，使其对酒店客房产品价值形成印象，并根据这种价值概念制定相应的价格。

运用理解价值定价法的关键在于经营管理人员必须善于识别和创造本酒店所能基于客人的区别于竞争对手的独特利益，找到与竞争对手的产品相比，自身产品比较准确的理解价值，并将其恰当地宣传给客人。经营管理人员还必须善于了解客人的需求，了解客人对本酒店的评价，使酒店产品的价格尽可能地靠拢客人的认知价值。

例如，客人在路边的商店喝一杯果汁要 2 元钱，在一个小酒店就要 5 元钱，而在大酒店要付 20 元钱，如果到酒店的私人海滩酒吧则需要 35 元钱。价格一层比一层高并不是由果汁的成本决定的，而是附加在果汁上的环境、服务、气氛等增加了客人对产品的满意程度，从而为产品增加了价值。

● 需求差异定价法

需求差异定价法是根据酒店不同细分市场的不同需求制定不同客房价格的方法。酒店在使用需求差异定价法时，要注意区别对待不同的顾客、区别不同的产品形式、区分不同的地点和不同的时间。实行需求差异定价法有以下几点条件：

第一，客源市场能够细分，且不同的细分市场应表现出不同的需求强度。

第二，低价市场的客人不能有机会向高价市场的客人转售酒店产品。

第三，高价竞争几乎无法通过压低价格来进行竞争销售。

第四，分割市场和控制市场价格需要的成本不能超过采用区分需求定价所可能增加的营业收入。

第五，差别定价不应引起客人的反感，以免导致销售量和营业收入的减少。

（3）竞争导向定价法

竞争导向定价法指定价时以竞争对手的价格为考虑因素，若竞争者价格不变，即使本酒店成本或需求发生变化，客房价格也不变；反之亦然。

● 率先定价法

酒店根据市场竞争环境，制定出符合市场实际要求的客房价格，以吸引客人而争取主动的定价方法。这种定价方法具有一定的风险性，但若使用恰当，将会对酒店产品的销售起到一定促进作用。

● 随行就市定价法

随行就市定价法是酒店根据同行业的平均价格或其直接对手的平均价格决定自己价格的定价方法，酒店对本身的成本和市场需求考虑较少。酒店管理者认为市价在一定程度上反映了行业集体的指挥，随行就市定价能使本酒店获得较为稳妥的收益率，减少定价的风险。

2）价格策略

为了在激烈的市场竞争中处于有利地位，酒店常用的价格策略包括以下几种：

（1）高市价，高折扣

高市价体现了与酒店等级和规格相符的高档次市场形象，有利于酒店形象的塑造和维护。而高折扣有利于提高酒店的市场竞争力。因此这种策略能在不损害酒店形象的前提下，提高酒店客房利用率和竞争力。

（2）中低档市价

酒店始终保持自己的客房价格处于同档次酒店中的中、低价水平，不提供折扣或提供力度很小的折扣，从而塑造稳定、实惠的酒店形象，并以此来吸引客人，取得竞争优势。

（3）随行就市

大部分酒店的客房价格根据淡旺季、时间段、客房预订情况、客房出租率等而变化，充分利用价格的杠杆作用调节市场上的供求关系，最大限度地提高酒店客房利用率和客房收益。但是，酒店应明白过于频繁的价格调整调整会影响酒店在客人心目中的形象。

（4）保持相对稳定的房价

与随行就市相反，一些酒店为了保持在客人心中的信誉和良好形象，在一段时间内会保持相对稳定的客房价格，即便客房出现供不应求也不会随意调高价格。这种价格策略的缺点在于可能使酒店在短期内丧失较多潜在收益和市场机会。有些酒店甚至在供大于求的市场情况也不会随意调低价格，目的也是为了在激烈的市场竞争中维护酒店高档次的形象。

酒店管理者和定价人员应明确，酒店保持“相对稳定”并不是表示酒店客房价格是绝对不变的，决定因素是不平衡的供求关系和激烈的市场竞争持续的时间。若持续时间较长，酒店保持稳定的房价这一策略便是不合理的，将会使酒店长期蒙受损失或者失去市场竞争力。

5.4 促进客房销售

随着市场环境的变化，前厅部的作用、性质和重要性也发生了改变，从一个处理预订的部门变为产生预订或者销售的部门，从一个被动的预订接受者转变为一个主动的预订生产者。而在没有独立设置市场营销部门的酒店，前厅部更需要承担起酒店全部的销售任务。

5.4.1 前台销售要求

前台接待人员必须具备良好的职业素质，掌握相应的知识和信息，才能成功地推销酒店客房和其他产品。要成功地完成前台销售，一般有几个要求：

1）良好的职业素质

客人初到一家酒店，对酒店可能不甚了解，他对酒店和产品质量的判断都是从前台员工的仪容仪表和言谈举止开始的。因此，前台接待员要面带微笑，保持正确的站姿、热情的态度、礼貌的语言，快捷规范地接待每一位客人。还要保持前台工作环境的秩序，服务台区域干净整齐、不凌乱。前台接待处是酒店产品的有形展示，也是推销成功的基础。这就要求前台接待员具有良好的职业道德，爱岗敬业，热情好客，业务娴熟，且具备良好的精神风貌和高品位的职业素养。

2）熟悉和掌握酒店的基本情况

前台接待员要熟悉酒店各种类型的客房及其服务质量，以便向潜在客人介绍，内容包括各类客房的面积、色调、朝向、功能、楼层、价格特点、设施设备等。还要熟悉酒店所有餐厅、酒吧、娱乐场所等各营业场所及公共区域的营业时间与所在位置、相关的销售推广政策和规定等。只有充分了解以上内容，前台接待员才能向客人进行详细介绍，从而推动进一步的销售。

3）了解和掌握竞争对手酒店的产品情况

前台接待员在详细了解和掌握本酒店产品情况的基础上，还应熟悉竞争对手的相关产品情况，从而与本酒店在产品质量、内容、特点、功能、价格、便捷度等方面进行比较，扬长避短，找出本酒店产品的优势和特点，加以着重宣传。

4）熟悉本地区的旅游项目与服务设施

通过对本地区城市功能、相关举办活动内容等的宣传，使客人产生对本地区的兴趣，从而可能增加在本地区的逗留时间及机会；也能加深酒店在客人心中的印象，提高客人再次入住的可能性和酒店的服务收入。

5.4.2　前台销售内容

1）酒店的地理位置

酒店所处的地理位置是影响客人选择的重要因素之一。通常，商业圈、交通枢纽、旅游景点等都是客人考虑较多的方面。比如，商务客人偏好交通方便的酒店，休闲度假客人则注重环境、离旅游景点或者购物中心的距离。前台接待员可以利用这些方面进行积极进行推销。

2）酒店的硬件水平

酒店的硬件主要指设施设备，属于有形产品，标志着酒店的档次和星级，也是销售酒店产品的重要条件。前台接待员应掌握酒店的设施设备情况，并了解其中的特色。

3）酒店的形象

酒店形象的内容包括知名度、美誉度、经营风格、气氛氛围等诸多方面，是生动的活广告，也是酒店特色的体现。前台接待员应自觉维护酒店形象，并善于宣传。

4）酒店的服务

酒店的对客服务是无形商品，也是酒店产品中最为重要的部分，酒店应努力提高前厅部员工的对客服务意识、知识和技能。

5.4.3 客房销售技巧

为了最大限度地提高客房出租率，增加综合销售收入，前台接待员在推销客房时要讲究技巧，主要的技巧包括以下几个方面：

1）掌握客人的心理及需求

销售客房是个看似简单的过程，但其中包含的艺术性和技巧性却很强。它来源于对客人衣着打扮、言谈举止的细心观察和判断客人的特点，取决于对客人消费心理和需求的正确把握，如年龄、性别、国籍、旅游动机、随行人数、消费能力、消费习惯等。只有掌握这些特点，才能与客人进行顺利和有成效的沟通、交流，最终有针对性地推销客房及酒店其他产品。

例如，商务客人出差通常要求客房足够安静、光线明亮、办公设施齐全、服务效率高等，预算较多，对价格不敏感；休闲度假客人偏好景观好、卫生干净的客房，对价格比较敏感，若随行有老人或儿童，还可能要求客房比较安静且靠近电梯和餐厅；知名人士、高薪阶层等客人则偏好套房。

2）突出客房产品的价值

前台接待员在介绍客房时，应生动详尽地描述客房产品的优点，强调客房产品的价值，而不是只谈房价不介绍客房的特点。因为客人购买的是酒店产品的价值，而不是价格。因此，客人应突出客房能够满足客人需要的特点，对客房做适当的描述，以减弱价格的分量，只有客人感到物有所值时，才可能成交。员工还可以使用酒店宣传册、广告宣传资料、图片等展示客房产品，必要时，可以在房态允许的情况下带客人参观客房。

通常来说，景观越好、质量越好、等级越高的客房，其房价也越高。在与客人洽谈的过程中，前台接待员应根据客人的特点和需要对客房的使用价值加以详细描述，如“客房面朝大海，还有宽阔的开放式阳台”，“是本酒店新装修的会议套间，这两个相邻的套间中间有一个私密的小型会议室”，“是本酒店唯一的跃层套间，两层高的落地玻璃外是本市的地标景观”等。当然，对客房产品的描述应客观和准确，避免过分夸张、错误的介绍。

3）提供可比较的不同选项，并从高到低报价

若客人没有明确的客房偏好，前台接待员可以向客人介绍两种或两种以上不同类型、不同价格的客房，方便客人比较和选择，从而增加成功推销客房的可能性。比如，前台接待员应询问客人：“您喜欢园景房还是城市景观房？或者比较喜欢套间？”

在报价时，则从价格最高的客房类型开始依次报价。前台接待员应首先根据客人的特点，确定一个客人可以接受的价格范围（依据客人的身份、来访目的等特点），在这个范围内，从高到低报价。若客人觉得价格太贵，可以降低一个档次，向客人推荐价格较低一些的客房。这种方式可以将客人能接受的最高房价的客房销售给客人，从而提高酒店的客房收益。

4）选择适当的报价方法

在实际销售工作中，针对性报价是做好销售工作的其中一环，只有适时地采取不同的报价方法，才能达到销售的最佳效果。常用的报价方法有以下几种：

（1）“冲击式”报价

“冲击式”报价是先报出客房价格，再介绍客房的设施设备及其他服务项目等。这种报价方法适合推荐价格较低的客房，主要针对消费水平较低的客人，以低价打动客人。

（2）“鱼尾式”报价

“鱼尾式”报价是先介绍客房设施设备、服务项目、客房特点等，最后再报出客房价格，目的在于突出客房产品质量，减弱价格对客人的影响。这种报价方式适合推荐中档客房。

（3）“夹心式”报价

“夹心式”报价也称“三明治”报价，是将价格置于所提供的服务项目中，从而减弱直观价格的分量，增加客人购买的可能性。使用这种报价方式时，前台接待员要强调所提供的服务项目是符合客人利益的，如“这间客房宽敞、舒适，窗外就是绝佳的海景，一晚只要 2 600 元，房间还包括两份早餐、入住期间一次双人午餐或者晚餐”。在推销中、高档客房给消费水平较高的客人时，这是前台接待员经常使用的报价方式。

（4）交叉排列报价

交叉排列报价是将酒店所有现行价格按照一定排列顺序提供给客人，先报最低价格，再报最高价格，最后报中间价格。客人可以全面了解价格，有选择适中价格的机会。

5）坚持正面介绍引导客人

前台接待员在介绍不同的客房类型供客人比较选择时，应当关注在客房的特点、优势以及符合客人利益的方面，指出各自的不同，但不应对各类型客房的缺点进行比较。此外，在介绍客房时应当注意用词。

例如，当市场上出现需求量较大时，通常酒店能提供给散客进行选择的客房类型较少，不是价格较高的客房（套房、行政房等）就是条件不太好的客房（没有景观、楼层低等）。未经过培训或者培训不足的接待员可能使用这样的表达：“今晚我们只剩下这样的客房。”然而这种表达方式会使客人觉得房间价格过高或者客房标准未达到要求。酒店应培训接待员这样传达信息：“正巧我们还有一些客房可供您选择。”若酒店只剩一间客房，前台接待员可以这样向客人介绍：“您很幸运，我们正好还有一间不错的客房。”

6）利益引诱法

利益引诱法指向上销售客房（Upsell）给事先预订的客人。有些客人已经有预订，但其预订的客房类型档次较低，或价格较低廉，当这类客人抵店时，前台接待员有机会对其进行二次销售。通常，前台接待员通过向客人介绍，他只需要在原价格的基础上稍微提高一些，便可以得到更多的好处或优惠。比如，多付 150 元钱，就可以享受包价优惠，除了客房类型升级至更高一档，还包括两份自助早餐。客人若接受前台接待员的建议，不仅能增加酒店的收入，客人自己也享受到了更多的优惠和在酒店更愉快的经历。

7）对不同客人进行有针对性的推销

（1）向查询、问价的客人进行推销

很多客人初次抵店，或者因为不满意其他酒店的客房和服务，而到本酒店查询客房产品相关信息，如客房类型、房价、服务项目等。前台接待员应热情接待这类客人，根据客人的特点和需求，有针对性地推销某类客房或者某些服务项目，并且注意选择合适的报价方式。在推销过程中要做到耐心、周到，设法让客人对酒店的客房和服务介绍产生兴趣，进而选择留在酒店。

（2）对犹豫不决的客人进行推销

有些客人即使在听了前台接待员的介绍后，仍然不清楚自己需要什么样的客房，或者并不完全相信前台接待员的介绍。在这种情况下，前台接待员应认真观察客人的表情，设法理解客人的真正意图，了解客人的特点和喜好，分析客人的心理活动，尽量消除客人的疑虑，有针对性地为客人提意见。任何忽视、冷漠、不耐烦的表现，都会导致销售的失败。

（3）对消费能力有限的客人进行推销

并非所有客人都是高消费者，很多客人的消费能力及选择范围是有限的，对于这部分客人，前台接待人员不应有任何怠慢和歧视。在对这类客人进行推销时，也不应只介绍低价客房或者只片面强调折扣及优惠，也应提供不同类型、不同价位的客房供客人选择。即便此次选择有限，客人也能了解酒店的客房类型及服务项目等更多信息，有助于客人下次入住选择客房时作参考。

8）重视酒店其他设施和服务的推销

前台接待员应明白，其职责不仅限于销售客房产品，也包括不失时机地销售酒店其他服务项目，如餐饮、娱乐等。比如，客人若在中午或者傍晚抵店，前台接待员在为客人办理入住接待手续时，可以向客人介绍酒店的餐厅和营业时间、酒店娱乐服务项目和营业时间；若客人深夜抵店，则可以向其介绍酒店的24小时客房送餐服务；若客人经历长途旅行，在清晨抵店，可能会需要洗衣服务，前台接待员可以向客人介绍酒店的洗衣服务。

本章小结

▶ 收银是酒店前台的主要工作之一，其复杂而细致的工作性质要求前台接待员具有高度负责的精神和细致的工作态度。前台接待员除了要掌握财务知识和技能，也要具备接待员的素质和修养；不仅业务要熟练，更要有良好的服务态度和服务意识，能够提供高效、优质的服务。

▶ 夜间稽核是出于保护酒店利益的目的，在一个营业日结束后，对当日所发生的交易进行审核、调整、对账、计算并过如房租，统计汇总，编制夜审报表，备份数据，结转营业日期的过程。负责夜审的人员必须熟练掌握会计学基础，并具有平衡财务账目的能力，还要有前台接待员的工作经验。

▶ 客房价格的制定直接影响酒店的客房出租率和经营效益，前厅管理人员应根据当地酒店业市场竞争状况和酒店客房经营成本，制定有竞争力的客房价格。

▶ 酒店定价的目的包括：追求利润最大化，提高市场占有率，应付或防止竞争等。房价的制定应依据酒店的额定价目标，并采取一定的价格策略配合进行。

▶ 为提高酒店的收益和市场竞争力，酒店应针对不同客人和客户群，确定自身的价格体系和价格政策，通常包括商务合同价、团队价、折扣价、小包价、淡旺季价等。

▶ 客房销售也是前台接待员的主要工作任务之一，其目标主要有两个：提高客房利用率；满足客人的需要。因此，前台接待员必须掌握必要的销售技巧，避免试图将最高价客房“推销”给客人的做法。

复习思考题

1. 思考题

（1）办理结账退房时，有哪些注意事项？

（2）什么是夜审？

（3）产品报价方式有哪几种？分别是什么内容？

（4）前台接待员工应该掌握哪些销售艺术与技巧？

2. 实践题

（1）某酒店共有客房 400 间，预计未来一段时间酒店客房出租率为 85%，双开率 30%，酒店客房类型及客房价格见下表。试求酒店的理想平均房价。

客房类型	数量（间）	客房价格（元）	
		1 人入住	2 人入住
单人间	30	400	—
标准间	300	600	800
行政房	55	750	1 000
套间	15	1 000	1 700

（2）某酒店共有客房 300 间，其中有 2 间客房从月初起就在更换地毯，此工程预计在本月底结束。过去三天酒店的经营状况如下表。试求每日的：客房出租率、平均房价、平均可出租客房收入、收益率，并比较这 4 日的经营情况。

日期	客房出售数量（间）	总营业额（元）	门市价（元）
Day 1	284	113 600	500
Day 2	270	113 400	
Day 3	250	117 500	
Day 4	265	116 600	

（3）模拟客房推销场景。有哪些注意事项？你选择的销售技巧是什么？

3. 案例分析

（1）某日，一位客人手持去年的现金押金单（3 000元）、退房账单和发票（2 400元）到酒店前台要求退款。收银员查看PMS后发现，该客房在去年已经作退款退房处理，并且发票也在客人手上，因此收银员坚持，她无法为客人办理退款。客人此时要求找大堂副理来解决此事。若你是大堂副理，有哪些信息是你需要的？你会如何处理这件事？

（2）市场营销部总监艾瑞克接到来自A公司活动负责人的电话，该公司每年在酒店的订房数量很大，还有各种会议、活动，由艾瑞克直接负责对接，前两天他们集团的管理层刚从酒店退房，活动负责人向他提供了有关服务的反馈信息。负责人说退房的20人中，有8个人表示，由于前台员工不断要求主管说明如何操作PMS，导致退房结账耽误了很长时间。艾瑞克向负责人表示歉意，并感谢对方的反馈意见，随后他将这份服务反馈报告交给了前厅部经理曼远。曼远对这份服务反馈报告感到十分忧心，她保证会纠正这一问题。

当天晚些时候，曼远打电话叫前厅接待艾利到她的办公室，她让艾利详细写出客人退房时的步骤，特别要注意PMS的使用。你觉得艾利的客人退房流程中会包括哪些步骤？若要提高退房接待效率，你会给曼远提出哪些意见？

第6章 前厅部的沟通协调

■ 内容导读

前厅前台是酒店的神经中枢，也是酒店的信息中心，集信息收集、加工、处理为一体，信息管理的结果直接影响对客服务质量和各部门的经营管理效率。前厅部还要建立、发展和改善与住店客人及来访客人的关系，努力给每一位客人留下对酒店的良好印象，使每一次入住都是满意的入住。

通过本章的学习，要求达到以下目标：

- 熟悉前厅部常用经营管理表格。
- 了解前厅部与其他部门信息沟通的重要性和沟通内容。
- 认识客史档案的内容和管理方法。
- 掌握客人投诉的内容、处理程序和技巧。

6.1 前厅部信息沟通管理

6.1.1 前厅部常用报表

酒店各部门每天都要制作反映其日常经营管理情况的各类报表，这些报表是酒店管理者进行决策的重要依据，也是各部门之间有效的信息沟通形式。前厅部的报表大多由夜班人员完成，例如第 5 章的夜审报表，计算机技术的普及和发展使得现在很多报表可以直接从 PMS 导出，既节省时间也提高了效率。

前厅经理要从组织机构、职责范围出发，评价报表是否符合酒店经营管理思想和管理制度，是否体现管理特色，是否能与其他部门的表格衔接和配套。一般，前厅部管理人员应每年至少进行一次审查，广泛征求一线使用者的意见，对报表进行相应的修订。

前厅部常用报表包括以下几种：

1）客房经营报告（Hotel Statistics）

客房经营报告（表 6-1）是当日最重要的报表。反映了酒店的客房利用情况、客房收入情况、客房预订情况等，也反映了酒店在当日、当月、上年同月的经营统计数字，以便管理者能够判断目标完成情况，并进行历史比较。客房经营报告的主要指标包括：当日客房数、当日抵店数、当日离店数、当日占用客房数、坏房数、当日自用房数、当日客房出租数、散客用房数、团队用房数、当日客房收入、平均房价、预订取消数、应到未到预订数、散客数等。

表 6-1 客房经营报告

			Date:
Room Statistics			
	Today	MTD	YTD
Total Rooms			
Out of Inventory			
Rentable Rooms			
Out of Order			
Available Rooms			
Occupied Rooms			
Day Rental/Re-Rents			
Group Rooms			
House Use Rooms			
COMP Rooms			
Hotel OCC% + OOO			
Hotel OCC% - OOO			

续表

Hotel OCC% - HU			
Hotel OCC% - HU - COMP			
Average Rate/Room			
Average Revenue/Room			
Guest Statistics			
	Today	MTD	YTD
Number of Adults			
Number of Children			
Number of Guests			
AVG Adult/Room			
AVG Rate/Adult			
AVG Revenue/Adult			
Account Counts			
	Today	MTD	YTD
Reservations			
Walk-Ins			
No-Shows			
Departure			
Cancellation			
Revenue			
	Today	MTD	YTD
Room Revenue			
Other Revenue			
Total Revenue			

2）当日取消预订报表（Cancellation List）

当日取消预订报表用以统计当天取消预订的客人情况，预订员据此可以修订预订控制记录，并为掌握超额预订比例提供重要依据。具体内容见表 6-2，该表通常一式三份，分别送至前厅部经理、前台接待处、预定处。

表 6-2　当日取消预订报表

				Date:	
Name	Dep. Date	Room Type	Rate	Account No.	Reason
Total	Rooms:			PAX:	

3）当日未到店客人报表（No-Show List）

当日未到店客人报表与上一个报表的不同在于，客人没有正式取消预订，但是在预订入住日当日并未抵达酒店。当日未到店客人报表也是掌握超额预订比例的依据之一，具体内容见表 6-3。该表同样一式三份，分别送至前厅部经理、前台接待处、预定处。

表 6-3　当日未到店客人报表

				Date:	
Name	Dep. Date	Room Type	Rate	Account No.	Remarks
Total	Rooms:			PAX:	

4）提前退房报表（Early Departure）

客人出于种种原因要求提前退房，前厅部此时应制作提前退房报表（表 6-4），以便预定处及时修改预订控制记录，提高客房出租率。注意保留客人提前退房的相关资料，该报表也是酒店确定超额预订数的重要依据。

表 6-4　提前退房报表

				Date:	
Room No.	Name	Expect Dep. Date	PAX	Account No.	Remarks
Total	Rooms:			PAX:	

5）延期退房报表（Stayover List）

如表 6-5 所示，延期退房报表反映了客人推迟离店日期的情况。当客人要求延迟离店日期时，应首先查看房态是否可以满足客人的需求。若酒店客房已经订满，无法满足客人延期退房的要求，应妥善向客人解释，取得客人的谅解；若可以满足客人的延住要求，则应记录在延期退房报表中，并通知预定处修改预订记录。该报表也是酒店确定超额预订数的重要依据。

表 6-5 延期退房报表

					Date:	
Room No.	Name	Room Type	Rate	Dep. Date	Account No.	Remarks
Total	Rooms:			PAX:		

6）延迟退房报表（Late Check-out Report）

与延期退房报表不同，延迟退房报表（表 6-6）记录的是超过离店时间但仍在预计离店日办理了结账退房手续后离店的客人。通常，在旺季时，酒店会严格执行退房时间，延迟退房报表上的房间数应较少，从而避免影响预订客人的入住时间；在淡季时，酒店对于延迟退房的管控可以适当放松，有助于提高顾客满意度。

表 6-6 延迟退房报表

				Date:	
Room No.	Name	Room Type	Rate	Dep. Time	Reason
Total	Rooms:			PAX:	

7）维修房报表（Out of Order List）

维修房报表反映了客房无法被出租的原因，以及预计可再出租的时间。如表 6-7 所示，该报表有利于前厅部、客房部、工程部等有关部门之间的沟通。

表 6-7　维修房报表

				Date:
Room No.	Room Type	Start Date	End Date	Reason
Total	Rooms:		PAX:	

8）房租折扣及免费房报表（Discount & Complimentary List）

制作房租折扣及免费房报表时，要注意在备注栏注明优惠或免费的原因（表 6-8）。如前所述，免费房通常只有酒店总经理有权限批准。酒店管理层会控制房租折扣金额和免费房数量，以免严重损害酒店客房利润。

表 6-8　房租折扣及免费房报表

								Date:
Room No.	Name	Room Type	Rate	Actual	Arr. Date	Dep. Date	Account No.	Remarks
Total		Rooms:				PAX:		

9）次日离店客人报表（Departure List）

次日离店客人报表（表 6-9）有助于有效控制房态，做好退房结账准备工作，防止客人逃账现象的发生。

表 6-9　次日离店客人报表

					Date:
Room No.	Name	Arr. Date	PAX	Account No.	Remarks
Total	Rooms:			PAX:	

10）VIP 报表（VIP Report）

VIP 报表（表 6-10）反映了酒店贵宾的抵店日期、离店日期、入住客房号、姓名、VIP 等级等相关信息，通常分为三个部分：今日抵店 VIP、今日在住 VIP、今日离店 VIP。酒店各有关部门应当做到心中有数，以便做好接待工作。

表 6-10　VIP 报表

					Date:
VIP Arrival Today					
Name	Category	Company/Position	Room No.	ETA	Dep. Date
VIP In-House Today					
Name	Category	Company/Position	Room No.	Arr. Date	Dep. Date
VIP Departure Today					
Name	Category	Company/Position	Room No.	ETD	Arr. Date

11）客情预测表（Occupancy Report）

客情预测表反映未来一段时间内预订基本信息，如表 6-11 所示，包括预计抵店客房数、预计离店客房数、预计入住客房、预订客房出租率、预测客房出租率等信息。

表 6-11　客情预测表

						Date:
Today’s Forecast						
Saleable Rooms						
Out of Order Rooms						
Expected Arrivals						
Expected Executive Floor Arrivals						
Expected Departures						
Expected Occupied Rooms						
Occupancy Rate						
Forecasted Occupancy						
	Day 1	Day 2	Day 3	Day 4	Day 5	Day 6
Stayovers						
Arrivals						
Departures						
Occupied Rooms						
Occupancy Rate						
Forecasted Occupancy						

6.1.2 前厅部与其他部门的信息沟通

前厅部是酒店的神经中枢，是酒店信息的集散地。前厅员工也与酒店所有部门相互作用，包括客房部、市场营销部、餐饮部、宴会部、财务部、工程部、安全部、人力资源部等，客人最有可能通过前厅员工与其他部门的员工取得联系。图 6-1 展示了酒店中与前厅部相互作用的各个部门，前厅部位于图形的中心，多条沟通路径连接着酒店各个部门，这些沟通路径则是基于每个部门提供的服务方向，如客房打扫、正确操作设备、提供安全的酒店环境、丰富的餐饮、精确的客人消费账目等。

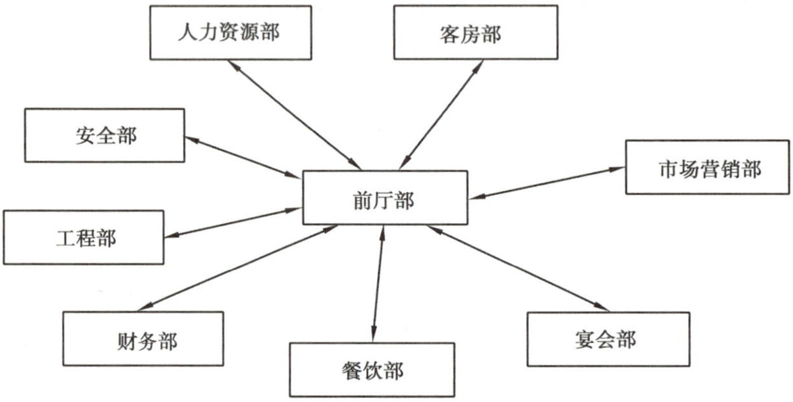

图 6-1　前厅部与其他部门的信息沟通

前厅部在与酒店其他部门进行信息沟通时，要明确沟通的目的，实事求是，顾全大局，及时采取行动，共同努力配合以完成任务。根据信息的重要性和特点，员工大多数采用书面形式进行沟通，如报表、报告、备忘录、工作日志、记事簿、通知书、有关文件或批示等。

为了保障沟通质量和沟通效率，前厅部经理应设置沟通协调的程序，规范前厅员工与酒店其他部门的信息沟通：首先明确沟通的目的；其次选择沟通的对象、时间、地点、沟通内容；再次选择正确的沟通途径；最后总结沟通协调后的效果。

1）前厅部与市场营销部

前厅部与市场营销部都负责酒店产品和服务项目的销售工作，前厅部主要针对零星散客出售客房产品，而市场营销部则负责酒店长期、整体的销售，尤其是团队和会议客人的客房销售。两个部门之间的联系是紧密的，通过协同合作，有助于提高酒店客房出租率和增加客房收入。

就市场营销部而言，其工作依赖于前厅部提供的客史档案或者每个客人入住的有关细节，可以利用客人的登记信息相应地调整营销和促销活动、邮寄促销信函、选择适当的广告媒体。

对前厅部来说，提供专业的、热情的服务是对市场营销部工作的支持。客人第一次联系市场营销部通常是通过酒店总机，一个有能力的、专业的、高素质的话务员，会给客人留下良好的第一印象，同时向潜在客户展示酒店的实力和服务质量。

①前厅部与市场销售部就来年客房销售预测前的磋商，前厅部要参与客房销售策略的制定。

②加强关于预订信息的沟通，避免在旺季发生过度超订。

③团队客人抵店前，将用房情况表书面通知市场营销部。若团队客人抵店后用房情况有变更，前厅部应将变更后的用房情况表书面通知市场营销部。

④当市场营销部接到国内外客户的订房要求时，应与前厅部和预订部联系，了解是否能够按照客户要求安排客房。

⑤市场营销部将已获得酒店总经理批准的各种预订合同副本交到前厅部和预订部。

⑥前台应向市场营销部提供客情预测表、次日抵店客人报表、VIP 客人报表、团体和会议一览表等。

⑦前厅部还应向市场营销部了解团体、会议客人的活动日程安排情况，以便解答询问和提供所需的服务。

⑧在接待 VIP 客人时，前厅部、市场营销部、公关部等应相互合作，共同做好接待工作。

2）前厅部与客房部

在酒店当中，与前厅部联系最为密切的当属客房部，很多酒店将这两个部门合为房务部（Rooms Division），设房务总监进行管理。因此这两个部门之间的信息沟通最频繁，沟通内容也最多。

一方面，前厅部就客房状态、客房利用情况、客房安全、住店客人资料、客人对客房设备和用品的需求等，与客房部进行信息沟通，这些信息要求准确、及时，以免影响接待效率和质量。另一方面，客房部依据酒店客房销售预测，来合理、科学地安排和处理员工的请假、休假事宜。

①应注意与客房部核对客房状况信息，确保客房状况信息的准确性，尤其是 PMS 里客房状态信息的及时更新，以便前台接待处提高排房工作的效率和准确性。

②团体客人抵店前，前厅部要向客房部递交团队用房分配表，以预留好客房准备时间。

③前厅部使用客房特殊要求通知单、客房变更单等书面形式，将客人的特殊要求以及客房变动情况通知客房部，如 VIP 布置、蜜月布置、生日布置等。

④前厅部应注意及时将客人入住及退房情况告知客房部，客房部则应将客房消费和损失情况及时反馈给前厅部，如房内迷你吧的消费、布草破损、地毯污染等。

⑤客房部应及时将退房遗留物品情况通知前台。

⑥住店客人要求提供叫醒服务，前台接待或总机在指定时间提供该项服务，却发现响铃多次无人接听或者电话被搁置时，应及时通知客房部，由客房部员工前往查看。

⑦客房部应基于从前厅部获得的客房预订情况、客情预测、客房出租情况等，与前厅部共同制定合理的客房、大厅、前厅办公区域等清洁工作计划，尤其要相互配合监督酒店大堂的清洁卫生质量。

⑧住店客人有时拨打总机或接待前台电话，要求增加或提供客用品（如被子、牙刷、洗浴用品、拖鞋等），前厅人员应迅速将这一信息转达给客房部；客房部也应及时将完成情况反馈给前厅部，以便前厅部完成信息记录。

⑨前厅部依靠客房部员工汇报可能会危害客人安全的异常状况。

案例分享

某日下午3点，大堂副理在大厅巡视，随身的工作电话响了，他接通电话后发现电话另一头是5楼的楼层服务员。她有些惊慌："大副，你快上来吧，1523房间里有一只小狗。"酒店是不允许携带宠物入住的，这写在预订确认单上，而且在酒店正门入口、电梯厢、出入口上都有"禁止携带宠物"的标志。大堂副理于是立即赶往楼层，客房服务员也在1523门口等他。看见他后，客房服务员向他解释了事情的经过：1523是住客房，客房服务员按照工作标准要对这间住客房进行每日例行的打扫，她按照流程敲了门、按了门铃，没有听到回应，于是用自己的万能卡打开了客房门，没想到这时一个黄色的小身影突然向她蹿了过来！她吓了一跳，好在门没有开得很大，她只有半个身子进入了房内。当她看清楚是一只小狗时，小狗已经快蹿到门口了。她担心小狗会跑到走廊上，于是立即将房门关了起来，然后给大堂副理和客房部主管打了电话。

大堂副理在确定客房服务员没有受伤后，立即联系了1523的客人，向对方说明了酒店不允许携带宠物入住的政策，并告知客人距离酒店最近的宠物医院的位置、营业时间、收费方式，客人表示理解，并承诺会尽快将宠物带走。大堂副理将此时告知安全部和礼宾部，请各部门在工作中多关注此类事件。

3）前厅部与餐饮部

餐饮部与前厅部之间的沟通也是必不可少的，作为酒店主要营业收入的两个主要来源，前厅部与餐饮部的信息沟通有助于提高宾客满意度和酒店营业收入。一方面，餐饮部要向前厅部获取客人的相关信息，以确定客人是否可以签单挂账；依据住店客人信息，餐饮部能够合理排班和预测营业收入，从而决定相应的采购方案。另一方面，餐饮部也要将各营业处的客人消费信息及时、准确地提供给前台收银处，以便记入客人的账单。

①前厅部向餐饮部提供客情预测表，以便餐饮部了解次日、未来一周或者未来一段时间中酒店的大致宾客数量，做好视频采购计划。

②以书面形式将VIP客人、团体和人信息传递给餐饮部，以便做好接待准备工作。若有特殊的客房布置要求，如在客房内放置水果、点心、饮品等，也应以书面形式将信息送递至餐饮部。

③前厅部应了解餐饮部的营业时间、服务项目、服务特色、收费标准等信息，协助做好餐饮促销。

4）前厅部与宴会部

宴会部是一个结合了市场营销部和餐饮部职能的部门，与前厅部的信息沟通主要体现在会议、宴会等活动信息和账单支付方面。

①宴会部将当日团体活动安排计划交给前厅部，前厅部负责将其发布在大厅的电子公告板或者毡板上，内容包括祝贺、欢迎、促销或者与活动相关的其他重要信息。

②前厅部也应了解当日活动的相关信息，如活动名称、举办时间、会议室或者接待区

域等。不熟悉酒店的宴会客人会向前厅部咨询方向，因此，前厅部员工需要知道如何引导客人。

③宴会部应将活动账单的内容及时告知前厅部，如餐饮费用、场地租赁费、付费方式等，以方便前厅收银员及时核对账目，提高结账效率。

5）前厅部与财务部

前厅部与财务部进行信息沟通的目的在于避免出现漏账、逃账现象给酒店带来的经济损失。

①前厅部员工应充分准备夜审，提供每日财务收支总结、客人账单、信用卡明细账单、账目调整单等。

②前厅员工就信用限额、预付款、超时退房费用收取等与财务部进行沟通。

③前厅各营业处的售卖记录交由财务审查。总机递交长途电话费收费单与长途电话费日报表，并就已结账客人挂播长途电话的再次收费与财务部进行有效协调。

6）前厅部与其他部门

①前厅部与工程部的信息沟通多体现在客房状况和维修服务需求方面。前厅部从客人处获悉维修需要后，应立即向工程部递交维修通知单，并随时掌握维修进度，以便回答客人的问询；工程部在进行客房内设施设备维修前，应向前厅部确认客房的使用状态，若客房已经被预订，则需两个部门共同商议维修的时间范围。

②与安全部的紧密合作有利于维护酒店客人的安全，因此前厅部与安全部的信息沟通非常重要。当发生火灾、突发事件时，前厅部与安全部应及时进行信息的交换，共同合作。

③若客人退房后，发现房内保险箱损坏无法开启，前厅部应与工程部、安全部一起沟通协调处理事宜。

④在与人力资源部的信息沟通过程中：一方面，前厅部与人力资源部和培训部共同开展前厅部新员工录用和上岗前的培训工作；另一方面，前厅部也为人力资源部收集求职者的申请表格，将这些信息汇总、整理后传递给人力资源部。

6.2　宾客关系管理

6.2.1　客史档案管理

酒店应在了解客人、掌握客人需求特点的前提下，有针对性地为客人提供服务，建立和管理客史档案则是实现这一目的的重要步骤之一。

1）建立客史档案的意义

（1）有利于酒店有针对性地为客人提供“个性化”服务

标准化、规范化的服务是保障酒店服务质量的基础，而“个性化”服务则是优质服务的灵魂。酒店通过提供更加富有人情味的、突破机械化标准与规范的“个性化”服务来提高服务质量，已经成为酒店服务的发展趋势和评价服务质量的最高标准。

（2）有利于酒店搞好市场营销，争取更多回头客

客史档案的建立，不仅有利于基于客人需求提供有针对性、更细致入微的服务，而且有助于酒店做好平时的促销工作。例如，通过客史档案的信息，在客人生日时向客人邮寄生日贺卡、酒店宣传资料等，保持与客人的联系。

（3）有助于提高酒店经营决策的科学性

任何一家酒店都应当有自己的目标市场，通过最大限度地满足目标市场的需要来获得市场份额，获取利润，提高酒店收益。酒店应针对目标市场收集、整理信息形成客史档案，有助于酒店了解“谁是我们的客人”“我们客人的需求是什么”“如何才能满足客人的需求”，从而提高酒店经营决策的科学性。

2）客史档案的内容

（1）常规档案

包括客人的姓名、性别、年龄、出生日期、婚姻状况、通信地址、联系方式、公司名称、头衔等。这些信息有助于酒店了解目标市场的基本情况，明确“谁是我们的客人”。

（2）预订档案

包括客人的预订来源、预订时间（日期、月份、季节）、预订房型、预订频率、预订联系人等，这些信息有助于酒店选择销售渠道和做好促销工作。例如，某酒店有 60% 的客户都是公司客人，酒店也想了解是谁在办公室内为这些客人进行预订，可能是行政助理或执行秘书，这样营销人员可以建立一个鼓励这些人直接联系酒店进行客房预订的机制。

（3）消费档案

包括客人报价类别、入住客房、所付房价、餐饮费用、在酒店的其他消费、客人消费账号、信用情况等。通过收集、分析这些信息，酒店可以了解客人喜欢哪种客房和酒店的设施设备等，从而明确客人的消费偏好和信用情况。

（4）习惯爱好档案

包括客人出行目的、个人爱好、生活习惯、宗教信仰、禁忌、入住期间的特殊要求等。这是客史档案中最重要的部分，酒店依据这些信息为客人提供“个性化”服务。

（5）反馈信息档案

包括客人住店期间的意见、建议、表扬和赞誉、投诉及处理结果等。

3）客史档案的建立

酒店管理人员必须支持客史档案的建立和管理，并且将其纳入有关部门和人员的岗位职责之中，做到经常化、制度化、规范化。

客史档案中的有关资料主要来自客人的“预订单”“住宿登记表”“客账单”“投诉及处理记录”“宾客意见书”及其他平时观察和收集的有关资料。因此，客史档案的完善不仅是前厅员工的工作，也需要酒店各相关部门和接待人员的支持与配合。

客史档案卡可以设计成表 6-12 的样式。传统的客史档案卡通过手工建立，速度慢、

工作量大、管理困难、信息调用不方便。随着计算机技术的发展，现如今，酒店都在 PMS 内保存有客人的电子档案，输入速度快、容量大、调用方便、更新便捷和快速，极大地提高了客史档案的管理和使用效率。

表 6-12　客史档案卡（参考样式）

<table>
<tr><td colspan="3">Name</td><td colspan="1"></td><td colspan="2">Title</td><td></td></tr>
<tr><td colspan="3">Date of Birth</td><td colspan="1"></td><td colspan="2">Passport/ID</td><td></td></tr>
<tr><td colspan="3">Nationality/Language</td><td colspan="1"></td><td colspan="2">VISA</td><td></td></tr>
<tr><td colspan="4">Address Information</td><td colspan="3">Internal Information</td></tr>
<tr><td colspan="2">Company</td><td colspan="2"></td><td colspan="2">VIP Level</td><td></td></tr>
<tr><td colspan="2">Address</td><td colspan="2"></td><td colspan="2">VIP Reason</td><td></td></tr>
<tr><td colspan="2">Mobile</td><td colspan="2"></td><td colspan="2">Prefer Room</td><td></td></tr>
<tr><td colspan="2">Email</td><td colspan="2"></td><td colspan="2">Member No.</td><td></td></tr>
<tr><td colspan="7">History Information</td></tr>
<tr><td>Room No.</td><td>Rate</td><td>Period</td><td>Market</td><td>Cumulative Consumption</td><td>Preference</td><td>Notes</td></tr>
<tr><td></td><td></td><td></td><td></td><td></td><td></td><td></td></tr>
<tr><td></td><td></td><td></td><td></td><td></td><td></td><td></td></tr>
<tr><td></td><td></td><td></td><td></td><td></td><td></td><td></td></tr>
<tr><td></td><td></td><td></td><td></td><td></td><td></td><td></td></tr>
</table>

4）客史档案的管理

为了加强宾客关系管理，提高酒店竞争力，酒店应与酒店管理软件管理公司合作，使计算机系统能够按照客人的消费金额、入住次数、地理来源等指标对客人进行分类，从而有利于酒店为客人提供有针对性和服务和营销工作。图 6-2 展示了客户分类和排序的样式。

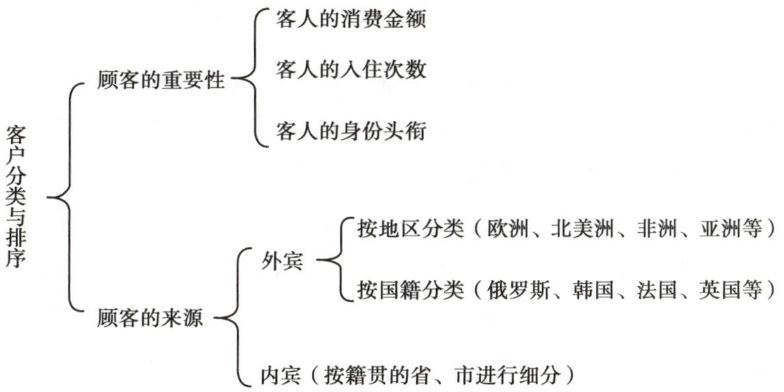

图 6-2　客户分类和排序

6.2.2 客人投诉及处理

使每一位客人都满意是每一个酒店的目标，然而事实上，无论多豪华、多高档的酒店，无论酒店管理者在服务质量上花了多大的精力，总会有某些客人在某个时间、对某个人或某件事表示不满，因此，投诉是无法避免的。客人可能会找大堂副理或宾客关系主任（处理投诉是他们的日常工作任务之一），也可能直接向服务人员发泄心中不满，或找领班、主管审核部门经理投诉。因此，从酒店一线服务人员到酒店管理人员，都应掌握接待投诉客人的要领和处理客人投诉的方法，掌握与客人沟通的技巧。

正确处理客人投诉不仅是酒店提高客人满意度、争取回头客、提高服务质量和管理水平的要求，也有利于使员工自己的工作变得轻松、愉快。

1）投诉产生的原因

就前厅部和客房部而言，客人投诉通常是出于以下几方面的原因：

（1）硬件设施、设备的故障

酒店设施设备是服务的基础，硬件一旦出现问题，会严重影响客人对酒店的印象。例如，客房空调不灵、电梯关人、淋浴间漏水等。尽管大多数酒店经常保养、检查、维修设施设备，也只能相对减少隐患，无法杜绝设备故障的发生。此外，有些酒店由于保养不善，使得硬件设施、设备问题频发，不仅造成酒店经营成本的上升，也严重影响了酒店的对客服务质量，频繁引起客人投诉。

（2）服务质量不佳

客人对于酒店无形产品的服务感到不满，体现在服务态度、服务效率、服务时间等方面。例如，服务态度差、语言粗暴、不负责任的回答、服务时不一视同仁等。

（3）管理不善

例如客人在房内受到骚扰、客人隐私不受尊重、客人财物在店内丢失等。

（4）对酒店有关政策不了解或不接受

酒店有时并不存在过错，客人投诉主要是因为对酒店的有关政策和规定不了解或者有误解。此时，应耐心向客人解释，并热情帮助客人解决问题。

案例分享

某天凌晨4点，还在上夜班的前台接待员黛西看到门口进来了一男一女两位客人，身后的行李员正在推着的行李车上放着6个大行李箱。女士在休息处坐下了，男士来到前台接待处要办理入住。在核对了客人的信息后，黛西发现这位客人孙先生的预订显示他们是今日抵店。于是她向孙先生解释道："您的预订显示的是今日到店入住，但是很抱歉办理入住的时间是下午2点。我可以先为您办理好入住手续，并为您寄存行李，等到入住时间之后您可以来前台接待处领取客房钥匙。"孙先生感到不解，自己明明订的是今天的客房，为什么不可以入住，而且他们刚刚乘坐了长途国际航班，非常疲惫，想要立即前往房间休息。黛西耐心地向客人解释酒店的入住政策，并向客人建议，额外支付一晚的房费则可以提前入住。孙先生考虑到自己的疲惫情况，接受了黛西的意见。但是他认为黛西只是在变着法地推销酒店的客房，明明有空房却不让他们入住，非要让他们多支付一晚的房费。于是当天下午，他休息好之后来到大堂找到大堂副理，向他投诉凌晨发生的事情。

2）对宾客投诉的正确认识

投诉是酒店管理者和顾客之间沟通的桥梁。投诉是坏事，也是好事。客人投诉可能使被投诉的对象感到不愉快，甚至接受惩罚，接待投诉客人也不是一件令人愉快的事，甚至对很多人而言，这是一项挑战。但是投诉也是向酒店发出的信号，告诉酒店在服务和管理中存在的问题，酒店根据客人的投诉“对症下药”，改进服务和设施，有利于提高服务质量、管理水平、市场竞争力，从而吸引更多客人前来。因此，酒店管理层必须对客人的投诉予以重视，员工也必须正确看待客人的投诉。

（1）投诉可以帮助酒店管理者发现酒店服务和管理中存在的问题与不足

酒店的问题是客观存在的，但酒店管理者不一定能发现每一个问题，这可能是由于某些管理者长期在同样的环境中工作，对酒店的问题习以为常、视而不见或者麻木不仁。而客人是消费者，有相应的消费期望，客人认为得到的服务应符合他们所支付的钱；客人也是酒店服务的直接体验者，有些管理者没有看到的东西，客人在管理者不在时能够看到，因此顾客最容易发现问题，找到酒店的不足。

（2）投诉为酒店提供了一个改善宾客关系的机会，将“不满意”的客人转变为“满意”的客人，从而有利于酒店的市场营销

根据研究表明，“使1位客人满意，就可以招揽8位客人上门。但若因为产品质量问题，惹恼了1位客人，将会导致25位客人从此不再登门”。因此，酒店要力求使每一位客人都满意。客人的投诉表达了他的不满意，若没有妥善处理，则意味着酒店将会失去潜在的25位客人，这无疑是一个巨大的损失。客人通过投诉，给酒店提供了有关他“不满意”的信息，也为酒店提供了一次将其转变为“满意”客人的机会，消除客人的不满和对酒店的不良印象，减少负面宣传。

（3）投诉有利于酒店改善服务质量，提高管理水平

酒店通过客人的投诉不断发现问题，解决问题，进而改善服务质量，提高管理水平。在这样的良性关系中发展，酒店收到的合理投诉会越来越少，酒店经营管理效果也会越来越好。因此，正确看待客人投诉，并妥善处理客人投诉对酒店来说是至关重要的。

3）处理客人投诉的程序

具体处理客人投诉时，酒店管理人员和服务人员要本着真心实意帮助客人解决问题的原则，不与客人争辩，甚至必要时可以将“对”让给客人，耐心地向客人解释，请求客人的理解和谅解。在这个过程中，既要保护酒店的利益，也不能损害客人的利益。如果片面地追求酒店利益，导致客人利益受损，最终结果将是损害酒店的长远利益。

（1）做好接待投诉客人的心理准备

酒店服务人员和管理人员应做好随时接待投诉客人的心理准备。一方面，应该明确，正是因为酒店的服务和管理出现了问题，客人才会进行投诉，而且不可否认的是，若非到

忍无可忍的地步，客人一般不会当面进行投诉。另一方面，酒店员工应设身处地从客人的角度考虑问题，设想“若是我遇到这样的情况，我会是什么感觉？”明确这两方面，才能更好地做到“将‘对’让给客人”，减少在处理投诉的过程与客人的对抗情绪。

（2）尽快赶到现场，认真倾听并做好记录

大堂副理、宾客关系主任和其他相关管理者在收到有客人投诉的消息时，应尽快赶到现场，以示对客人的尊重、对投诉的重视和解决问题的诚意。在倾听客人投诉时，注意不要打断客人的讲述或做胡乱解释；还要注意记录相关信息，如投诉内容、客人信息、投诉时间等，这些都是酒店处理客人投诉的原始依据。

（3）正确领会投诉客人的真实意图，保持冷静

在倾听客人投诉时，要迅速领会客人投诉的真实意图。通常，客人投诉有三种心态：

第一，求发泄。客人可能在酒店入住期间遇到了令人气愤的事情，需要向旁人发泄。这类客人通常火气较大，常伴有粗鲁的举止，习惯否定一切。通常在投诉初期，无论哪类人员前去协调沟通，都难以安抚客人的情绪。此时可以先将客人引领到人流较少的地方，以免影响其他客人。即使客人的讲述存在不客观、不恰当的地方，也要先顺着客人的话语进行安抚，待客人情绪稍微缓和时，再与客人进行详细沟通。

第二，求尊重，以显示自己的尊贵和不同。酒店可能并没有过错，客人为了在其同行者面前显示自己的与众不同，也会进行投诉。这类投诉客人虽然情绪也较为激动，但措辞相对缓和，并且可以发现他们往往表现为有较高的修养素质。除了谈论投诉的事情本身，客人还会延伸出其他话题进行发挥，以体现其见多识广。例如，“我在之前的 ×× 酒店时”“把你们领导叫出来”都是这类客人的常用语。求尊重的客人与求发泄的客人有较高的相似性，因此在沟通交流的初期可能较难辨别。

第三，求补偿。有些客人一旦发现酒店的错误，无论是大是小、情节是严重或者轻微，都会投诉，其目的并非事实本身，也不在求发泄或者求尊重，而在于从酒店处获得补偿，尽管客人可能一直强调“不是钱的问题”。在投诉过程中，客人除了抱怨、批评之外，会重复强调“这不是钱的问题”，但是经常提及自己的损失，并不时反问：“你说怎么办吧？”这都是要求赔偿的潜台词。

无论客人出于哪种心态进行投诉，酒店员工都要保持平静和自信，控制自己的说话音量和动作，积极引导客人，使客人的说话音量和形象也尽量保持在正常状态。客人投诉虽然难处理，但是通过学习和积累经验，绝大多数投诉还是可以被圆满解决的，要相信自己能够顺利、圆满地解决客人的问题。对于求赔偿的客人，若是超过了自己的处理权限，应请示上一级管理人员，或者请上一级管理人员出面接待投诉客人。

（4）对客人的不幸遭遇表示同情、理解和道歉

在听完客人的投诉陈述后，应对客人的遭遇表示抱歉，尽管客人反映的可能不全是事实，或者酒店并没有过错，然而酒店至少应就给客人带来的不舒服、不愉快表示歉意。还应对客人的不幸遭遇表示同情和理解，避免让客人感觉自己的投诉在酒店看来是无理取闹。给予客人足够的尊重，让客人感觉你并不是站在对立面与他沟通，从而减少客人的对抗情绪。

（5）对客人反映的问题立即着手处理

客人投诉的最终目的在于解决问题，因此，在了解完投诉信息后应立即着手处理投诉，切忌推卸责任，但是必要时，可以请上级管理者亲自出面解决。在处理投诉时，要注意从客人的角度出发，维护其尊严，巧妙地将“错误”留在酒店方面，给客人提供下台阶的机会，客人最终会理解酒店的诚意。但是，也要注意将“对”让给客人不等于承诺所有。员工可以用征询、建议、商量的口吻与客人交谈，明确自己能够为客人做什么，如果有可能提出可供选择的意见和办法。不应单纯提出“是”或者“不是”，使自己陷入被动的局面。也不应为了安抚客人而擅自做出超越权限的做法、许下不切实际的许诺，最终将会损害酒店的利益和声誉。

（6）跟踪投诉的处理过程

接待投诉客人的员工不一定是实际解决问题的人，因此客人的投诉是否最终得到了解决仍然没有明确的答案。实际上，很多时候客人的投诉并未得到解决，因此，必须对投诉的处理结果进行跟踪，持续关注投诉处理进展。

（7）反馈投诉处理结果并进行再次沟通

尽管投诉处理完毕，大堂副理和宾客关系主任还需要关注 客人对投诉处理结果是否满意，或者是否产生了其他新的问题。比如客人投诉空调不工作，工程部将空调修好后，客人却发现空调噪音很大。当再次在大厅遇见客人时，酒店员工可以询问客人对维修结果是否满意。这种额外的“关注”能使客人感受到酒店对其投诉非常重视，从而对酒店留下良好的印象。此时，酒店应感谢客人使酒店发现问题，并有机会改正错误。

4）客人投诉处理的艺术

（1）正确认识客人

酒店是“产品和服务的提供者”；客人是“产品和服务的接受者”，是酒店的“服务对象”。前厅部在为客人提供服务时，要明确客人的目的在于“花钱买享受”而非“花钱买气受”。尤其要注意：第一，客人不是员工评头论足的对象；第二，客人不是员工比高低、争输赢的对象；第三，客人不是员工辩解和“说理”的对象；第四，客人不是员工“教训”和“改造”的对象。只有明确客人和员工的角色，才能在处理投诉时摆正自己的位置，不至于“越线”，引起客人的反感。

（2）重视对客人的“心理服务”

如前所述，酒店员工要让客人感觉到自己是被尊重、被理解的，给客人营造舒适、轻松的氛围，与客人进行轻松愉快的人际交往。还要善于察言观色，能判断客人的处境和心境，并以此做出适当的语言和行为进行回应。若酒店员工只会对客人微笑，而不能为客人解决实际问题，这是客人无法接受的；但是，若酒店员工只能为客人解决实际问题，却没有人情味儿，也无法使客人满意。

（3）态度“谦恭”“殷勤”，不卑不亢

谦恭和殷勤的态度有利于提高客人的满意度，员工应热情周到，笑脸相迎，问寒问暖；也要有意识地避免与客人比高下、争输赢，尽量让客人感觉自己是主角。但是在为客人提供服务的过程中，酒店员工也要做到不卑不亢，不过度贬低自己。

（4）“反”话“正”说

酒店员工要讲究语言的艺术，尤其是说“不”的艺术。酒店业中有一句广为流传的服务标准：永远不要对客人说“不”。这并非表示酒店要接受客人的任何请求，而是要尽可能用“肯定”的方式表示“否定”的意思。比如，用“请您在休息区稍等，您的房间马上就准备好”代替“很抱歉，您的房间还没有收拾好，不过马上就可以了，您可以先稍等一下”。在必须说“不”的时候，也应多用解释来代替生硬冰冷的拒绝。

（5）否定自己，而不要否定客人

当与客人的沟通交流过程中出现障碍时，员工要善于先否定自己，而不要去否定客人。比如，与客人确认方案内容时，应用“如果有什么地方我没有说清楚的，我可以再说一遍。”来代替“如果您有哪些地方不明白，我可以再说一遍。”

（6）投其所好，避其所忌

客人若有愿意表现出来的优势，要帮客人表现；反之，客人若有什么不想为人说道的短处，则要为其遮掩。比如，当客人不小心在酒店“出洋相”时，要尽量为客人小而化之，绝不能嘲笑客人，或在背后议论客人。

（7）不能因为与客人熟络，而使用过分随意的语言

长期在一家酒店工作，会有许多客人成为自己的朋友，见面问候由“您好”转变为“哇！你回来了！”甚至于服务标准也由酒店标准转变为朋友标准。这样在一定程度上有利于发展良好的宾客关系，然而也会导致沟通失误的后果，员工可能在某些场合“口不择言”，反而严重破坏了宾客关系。

案例分享

某日深夜1点多，一位常客略带醉意地来前台结往日挂账。值班的前台接待员小李与这位客人比较熟，当日又没有什么事情可以做，于是服务的模式从“规范化”变得随意了起来，以至于缺失了分寸。

“我儿子前两天玩滑板摔了，当时看他那个头破血流我还以为这臭小子要不好了，结果今天这家伙就打着石膏出去溜达了。”

“年轻人磕碰正常，反正死不了。”

客人一时火气上来了，“你说这话什么意思，咒我儿子啊你！”边说边操起接待台上东西砸了过去，被礼宾员阻拦着时还说明天一定要来投诉，绝对不会放过他。

5）投诉的统计分析

通常，在接受和处理完单个投诉后，大堂副理、宾客关系主管或者前厅部经理都会将该投诉事件记录下来，以便对投诉的产生及处理过程进行反思，分析该投诉的产生是偶然的还是必然的，处理方法是否需要改进，有哪些措施可以防止此类投诉再次发生等。只有这样，才能不断改进酒店的服务质量，提高管理水平，真正掌握酒店投诉处理的方法和艺术。

此外，为了更好地发现酒店服务和管理中存在的问题，前厅管理人员还应定期（按月、季或年）对客人的投诉进行统计分析。表 6-13 展示了客人投诉统计样例，酒店可以从中发现客人投诉的规律，采取相应的措施或者制定有关的制度，有利于从根本上解决问题。

表 6-13　客人投诉情况分析表

Month / Issue	Jan	Feb	…	Dec	Total	Analysis
Impression						
Business Center Service						
Health Club Service						
Front Office Service						
F&B Service						
Quality of Food and Beverage						
Room Cleanness						
Housekeeping Service						
Amenities						
Air-Conditioner						
Television						
Elevator						
Water Supply						
Other Equipment						
Lost & Found						
Other Issue						

本章小结

▶ 前厅部是酒店的信息中心，其收集、加工的信息会传递给酒店各相关部门和管理层，是酒店服务和管理的依据，也是影响酒店服务质量和管理水平的重要因素。

▶ 前厅部信息工作要加强与市场营销部、客房部、餐饮部、宴会部、财务部、工程部、安全部、人力资源部等酒店部门的信息沟通。

▶ 为了不断提高酒店服务质量，满足客人的个性化需求，建立良好的宾客关系，酒店应建立和完善客史档案，将每位住店客人的需求特点记录下来，并及时更新。

▶ 正确处理客人投诉也是建立良好宾客关系的重要环节，前厅服务人员和管理人员要学会处理客人投诉的方法和技巧，还要定期分析投诉数据，以便发现问题和寻找解决方法，从而提高酒店服务质量和管理水平。

复习思考题

1. 思考题

（1）为什么要建立客史档案？客史档案的内容包括什么？

（2）前厅部应加强与哪些部门的信息沟通？沟通内容是什么？

（3）客人投诉的主要原因有哪些？

（4）在处理客人投诉时，有哪些注意事项？

2. 实践题

（1）请选择一个部门，列举出前厅部在与这个部门进行信息沟通时需要使用的报表，并根据你的理解设计这些报表的内容。

（2）到酒店实地考察，学习客史档案的建立、管理和使用。

3. 案例分析

（1）1615房间的客人退房时提出昨天晚上由于窗外道路施工到深夜，清晨很早又开始了，严重影响了他的睡眠。希望酒店就此给予房价优惠。你会如何处理？

（2）某日下午，大堂副理接到健身中心的电话，说有位客人在泳池受伤了。大堂副理立即赶往现场，发现一个小女孩的脚掌处有一道口子，血已经止住了。客人住在1608房间，小女孩的母亲周女士说，她当时在泳池边，小姑娘自己在水里玩，过了一会突然跑到池边说脚疼，她查看后发现脚掌有一道口子，并且在流血。她立即告诉了健身中心员工，并请对方拿来了酒精和纱布进行消毒。随后她查看了这个儿童泳池，怀疑可能是下水口附近的钉子有凸起。大堂副理立即向客人致歉，并询问客人是否需要就医，孙女士说暂时不用，请酒店准备酒精和一些纱布送到客房，这件事就这样算了。但是晚上11点左右时，总机接到1608客人打来的电话，说小姑娘发烧了，可能是由于下午游泳时伤口感染导致的，酒店应给予解决。作为大堂副理你会怎么办呢？

第7章

客房组织管理

■ 内容导读

本章重点介绍酒店客房部的地位与任务，客房部的组织结构形式及变革方向。酒店客房部是酒店的辅助服务中心和后台功能区，客房部在酒店中有举足轻重的地位和作用，客房部的组织结构和运作影响着整个酒店的运作，客房部的组织结构朝着扁平化、高效化的方向发展。通过本章的学习，应达到以下目标：

- 了解客房部的地位和作用、工作任务。
- 能绘制客房部组织结构图。
- 理解楼层各岗位工作职责。
- 了解客房部与其他部门的关系。
- 了解客房部组织结构变化。

7.1 客房部的地位与任务

7.1.1 认识客房部

1）客房部的定义

客房部，又称管家部，英文名称 Housekeeping Department，是酒店管理有关客房事务，向客人提供住宿服务的部门。

客房部和前厅部共同承担起酒店房务运作这个重要任务。

2）客房部的性质

根据酒店中部门分类的划分方法，可以将酒店的部门划分为收入中心（Revenue Center）+辅助服务中心（Support Center），或“前台”（Front of House）功能区+“后台”（Back of House）功能区。收入中心，是指将商品或服务出售给宾客，从而为酒店创造收益的部门。辅助服务中心是指不直接创造收益的部门。“前台”是指员工与宾客接触较多的功能区域。“后台”是指员工与宾客接触较少的功能区域。

按照以上两种划分方法，客房部（Housekeeping Department）的性质属于辅助服务中心和“后台”功能区。

7.1.2 客房部的主要任务

1）生产客房产品

客房产品是酒店出售的主要满足客人休息、睡眠需要的产品，简言之就是酒店客房。客房产品是酒店出售的最重要的商品。客房部生产客房产品，即客房部要保证客房内一切处于良好状态，让客房以清洁、舒适、方便、安全和美观的状态，迎接客人的到来。

2）提供热情周到且重视私密的客房服务

客房服务是客房产品的无形部分，是针对住客提供的一系列综合服务。客房部不仅需要为住客提供既定的客房常规服务，还需要尽可能地为其提供个性化服务，满足住客现实及潜在的个性化服务需求。在提供服务的过程中，还应充分重视并保护住客的隐私不被泄露。

3）创造酒店舒适美观环境

客房部要为全酒店提供一个清洁、舒适、美观的环境。这包括了：客房部需要为客房及其他公共区域做好清洁卫生及卫生维护工作；客房部要为酒店客房及公共区域的空调电器、陈设物件等设施设备做好维护和保养；客房部要负责酒店植被的栽培和修剪、外墙的清洗和维护等工作。这些工作，不单是为酒店创造舒适美观的环境，更是对酒店的公众形象进行维护。

4）负责酒店布件用品和员工制服的洗涤及保管工作

客房部除了负责客房布草的洗涤保管，通常还需要负责全酒店的布草以及所有员工的制服的洗涤保管工作。

7.1.3　客房部的地位和作用

酒店是为客人提供食宿娱乐等的场所，客房是酒店的基本设施，酒店的一切活动都是围绕客房展开的。客房产品是酒店的核心产品。客房部作为客房事务的主要运作部门，在酒店中有举足轻重的地位和作用。

1）客房是酒店的基本设施和主体

从酒店的发展历史来看，酒店本身就是基于提供客房及客房服务而产生的。在世界范围内，从历代酒店发展过程来看，客房始终是酒店的主体和最基本设施，酒店招徕客人的最基本吸引物就是客房产品。

在酒店建筑面积中，客房通常会占到酒店总面积的 50%~90%（度假型酒店客房面积占比相对经济型酒店少）。不仅如此，客房也是酒店绝大部分固定资产所在处，酒店运作经营所需要的各种物资设备和物料用品等，大部分也集中在客房，由客房部直接或间接管理。

2）客房收入是酒店经济收入的主要来源

客房的营业收入一般要占酒店全部营业收入的 40%~60%，而客房给酒店带来的利润通常占酒店总利润的 60%~70%。同时，客房经营情况也带动着酒店其他部门的经营活动，在一定程度上决定着其他部门的营业收入。

由于客房产品是酒店的核心产品，客房产品的销售、利润，以及客房的入住率等指标，都与酒店的经济命脉息息相关，也是酒店每个部门及员工应该关心和关注的焦点。

3）客房服务质量是酒店服务质量的重要标志

酒店服务质量有硬指标也有软指标。硬指标是指各种硬件设施设备状况，而软指标则是指为客人提供的各种服务的质量。酒店服务质量的好坏，具有一定的主观性，即由客人说了算。因此，从某种意义上说，酒店任何一个部门的服务质量都关系到客人对整个酒店服务质量的评价。然而，客房产品是酒店的核心产品，客房产品和客房服务质量便成了酒店服务质量评价的核心，关系到酒店整体服务质量的评价结果。

4）客房部的管理直接影响着整个酒店的运作

客房部管理客房，提供客房服务，这是酒店的核心产品，关系到整个酒店的营业收入和服务质量评价。

此外，从客房部的主要任务中也不难看出，客房部的工作不仅涉及客房，还涉及整个酒店环境建设、设施设备维护、员工仪容仪表等的管理和建设，因此，客房部的管理稍有不慎，将会对其他部门乃至整个酒店的运作产生直接影响。

7.1.4　客房部与其他部门之间的业务联系

客房部作为酒店核心部门之一，与酒店其他部门有着十分紧密的联系。

1）客房部与前厅部的业务联系

从一定意义上说，客房部和前厅部不可分割，所以，这两个部门之间的业务关系最为密切。包括：客房部生产客房产品以满足前厅部销售和安排的需要，前厅部协助客房部为住客提供客房服务；客房部与前厅部共同保证客房状态的一致性和准确性，并共同安排客房的维修保养；客房部与前厅部要相互通报客情信息，共同完善客史档案。

2）客房部与工程部的业务联系

客房部与工程部的业务联系主要体现在客房的维修保养。客房的维修保养通常分为三种：日常养护活动、预防性维护和计划性维修。

日常养护活动是与酒店一般养护有关的经常性开展的活动（每天或每周），由客房部全权负责。预防性维护是检查、轻微维修和开具工程维修单。计划性维修是在预防性维护中发现的问题与需求，实际上超出了轻微修理的范围，必须通过开具维修单，提请工程部加以处理，然后工程师安排时间进行维修。也就是说，预防性维护中需要开具工程维修单的内容，以及计划性维修的全部内容，客房部无法完成，均需要工程部来进行维修。

3）客房部与餐饮部的业务联系

客房部与餐饮部之间的具体业务联系因酒店而异，主要有：共同为客人提供小酒吧服务，客房部协助餐饮部完成早餐点餐牌的回收工作，客房部协助餐饮部完成送餐服务的餐具收集等。

4）客房部与保安部的业务联系

客房部与保安部共同负责住客的人身和财产安全，客房部配合保安部完成客房安全检查及安全装置调试测试，配合保安部维护安全通道畅通。

5）客房部与销售部的业务联系

客房部应协助销售部宣传促销，按销售部宣传促销要求布置客房，对销售部陪同及特别交代的客人，客房部要积极配合、给予方便。

6）客房部与财务部的业务联系

客房部在财务部的协助下制定预算、定期盘点，也要协助财务部核对相关账单、清点固定资产等。

7）客房部与采购部的业务联系

客房部向采购部提出采购申请，与采购部共同商议，确保控制成本的条件下购买到最好的物资。

8）客房部与人力资源部的业务联系

客房部与人力资源部共同安排客房员工的招聘、安排及培训工作。

案例分享

酒店客房部的控制与管理

一、案例介绍

某酒店的大堂副理接到503房间刚刚入住的客人的来电，投诉洗手间的马桶按钮坏掉导致没有水。大堂副理第一时间联系酒店工程部的维修人员，并在几分钟后一同到达房间。大堂副理首先代表酒店向客人道歉，并安排前厅部的相关人员立刻给客人调换房间进行休息，并加送饮料给客人。紧接着工程部的人员也很快修好了马桶并做了维修记录。一切安排妥当后，大堂副理马上与客房部取得联系，核实该房间的情况，要求查明原因。随后反馈的信息显示，客房部的人员汇报房间状态时出现了错误，误将维修房间报成了可住房间。客房部高度重视，经理要求将所有的客房状态进行重新认真检查核实，以避免此类事情再次出现，并将这件事情的经过写进了当天的记录簿。

由以上案例可以看出，由于客房部工作人员的疏忽导致客人入住了需要维修的房间，为酒店及顾客带来了一系列的不便。好在酒店大堂副理及时有效地处理，才使得这件事情很快得到平息。

二、案例分析及解决方案

客房是饭店所提供的主要产品，客房产品的质量必须既能满足宾客的生活需要，还要能够满足宾客的心理与生理需要。

住宿是酒店最基本、最传统的功能之一，客房是酒店经济收入的重要来源，是带动酒店一切经济活动的枢纽，客房服务是酒店服务质量好坏的关键。酒店要注重人本原理，对客房服务进行标准化、制度化的控制，对员工进行服务意识、知识教育培训，建立客房服务质量监督、评价体系，以及做好客房安全质量控制与管理。

本案例中的大堂副理对于客人的投诉处理情况，基本达到了让顾客满意的程度。首先承认了客人投诉事情是事实，接下来联系相关部门的人员进行处理改正，并向客人诚挚地道歉。其次，拿出解决措施并给客人相应的补偿。最后采取措施对该问题进行彻底的解决，还要记录在案，以备他时之用。

三、结论

酒店客房部在酒店中的地位非常重要，并且酒店要注重人本原理的运用。客房部要注重操作流程的标准化与制度化，也要注重酒店客房部员工的服务意识、知识的培训。酒店的安全也是非常重要的一方面。

除此之外，对于酒店来说，处理好客人的投诉，达到让客人对酒店服务质量满意才是最重要的。这样才能更好地创造顾客价值，让酒店的利益得到保证。

7.2 客房部组织形式及变革

7.2.1 客房部组织结构及设置

1）客房部基本组织结构

客房部的组织结构根据酒店的规模、档次、性质、特点以及管理目标等不同而不同，不同的酒店也会有不同的组织结构。

一般来说，酒店规模是根据酒店所拥有的房间数量决定的。大型酒店是指房间数在600间以上的酒店，中型酒店是指房间数在300~600间的酒店，小型酒店则是指房间数量在300间以下的酒店。

不同规模酒店客房部的组织结构特点，大致可归纳为：大型酒店分工明确，层级分明；小型酒店管理层次较少，管理幅度较窄，但功能齐全；中型酒店介乎其间（见图7-1至图7-3）。

（1）小型酒店客房部

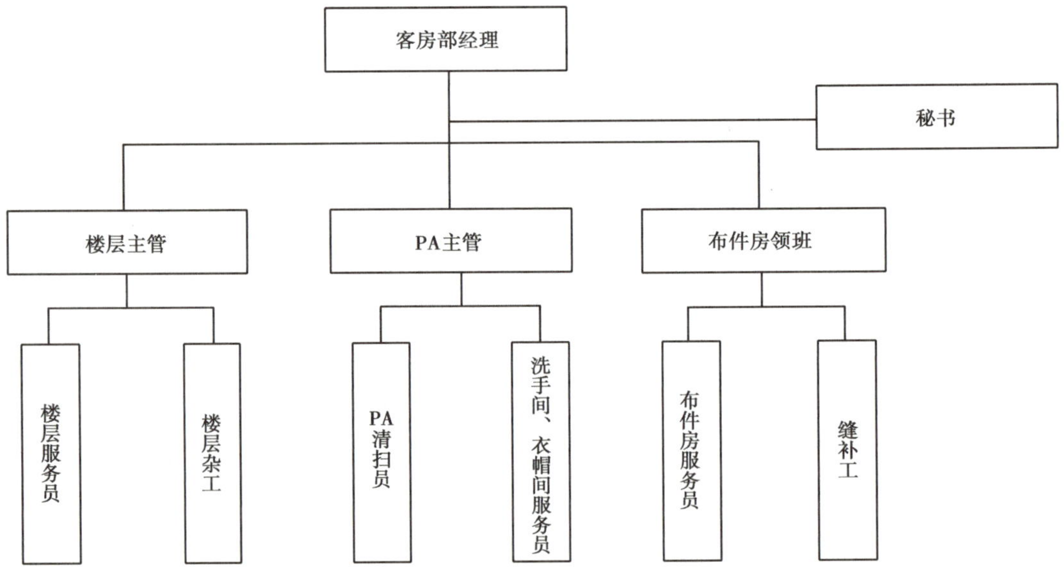

图7-1 小型酒店客房部基本组织结构

小型酒店客房部由三个不可或缺的部门组成：楼层、公共区域（Public Area，简称PA）和布件房。在小型酒店，为了节约人力成本，提高管理效率，客房部和前厅部可能会被合并成一个部门。

（2）中型酒店客房部

中型酒店客房部将客房服务中心和客房部仓库从客房部工作中分出来，有条件的酒店会建立自己的洗衣房。

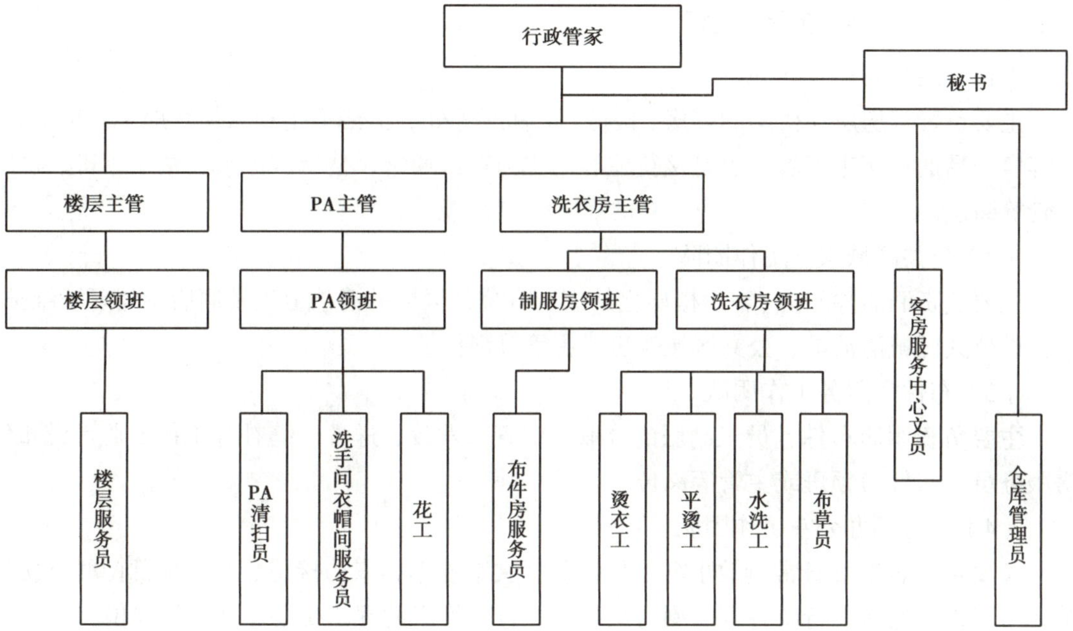

图 7-2　中型酒店客房部基本组织结构

（3）大型酒店客房部

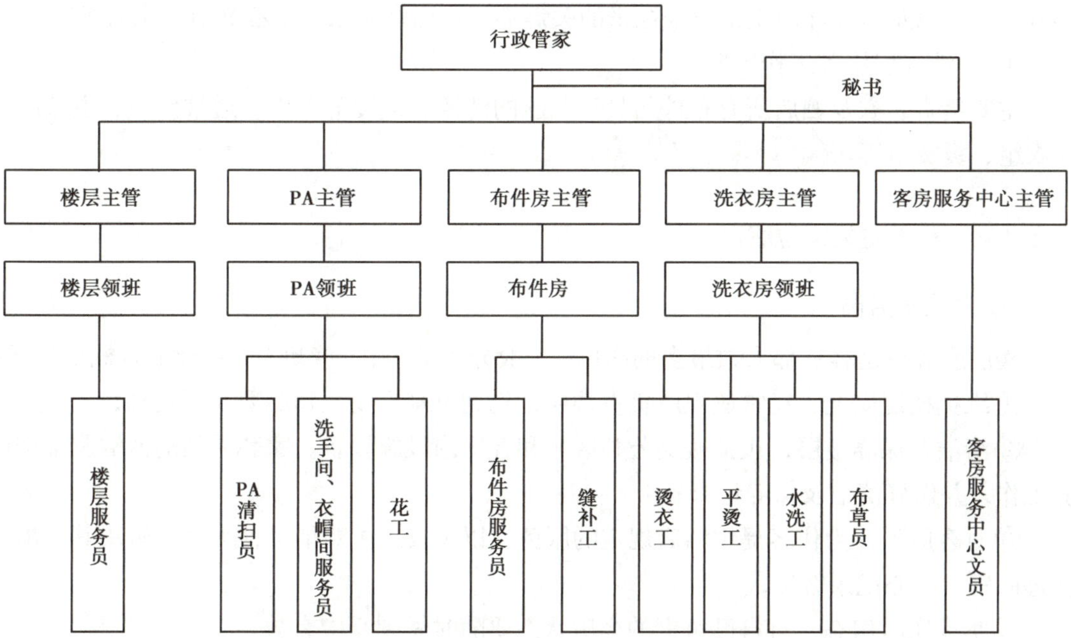

图 7-3　大型酒店客房部基本组织结构

大型酒店由于客房数量多，在同等入住率的情况下，客人数量多。客人数量多，服务需求量就大，因此，大型酒店的客房部分工更加明确、层次更加清晰，以应对大量的同类服务需求。

2）客房部主要业务团队分工

（1）楼层服务工作团队

主要负责客房所在楼层的客房、楼道、电梯厅等处的清洁卫生和为住客提供客房服务，是客房产品的直接生产者，也是接待住客的主力军。通常设楼层服务员、楼层领班、楼层主管等岗位。

（2）公共区域服务工作团队

主要负责酒店除厨房、客房楼层之外的所有公共区域的清洁卫生及酒店整体环境维护。通常设公共区域清洁员、公共区域领班或主管等岗位。

（3）布件房服务工作团队

主要负责酒店布件、员工制服的收取、保管、发放、送洗、缝补等工作。通常设布件房服务员、布件房领班或主管等岗位。

（4）客房部办公室工作团队

主要负责客房部日常行政事务工作，包括文案处理、来访接待、与其他部门联络协调等相关工作。通常设行政管家、副行政管家、行政管家助理、秘书、文员等岗位。

（5）客房服务中心工作团队

客房服务中心是客房部的信息传递中心，是配合客房楼层进行对客服务、本部门内部协调调度，以及与外部门正常业务往来的关键部门。通常设服务中心文员、主管等岗位。

（6）洗衣房服务工作团队

主要负责客衣及酒店所有布件与员工制服的洗涤、熨烫等工作。通常设一名主管以及客衣组、熨烫组等。

7.2.2 客房部主要岗位职责

1）楼层服务员

楼层服务员是客房部人数最多的岗位，一般分为早、中、晚班。其主要职责概括如下：

①维护楼层安全，经常巡视所负责楼层，见到可疑人物及物品要及时处理；

②清洁及保养楼层，包括楼层公共区域和客房内设施设备、家私用品的清洁及维修保养工作，并做好清洁及保养记录；

③对客服务，为住客提供酒店规定的服务，以及发挥主观能动性为客人解决其提出的合理问题，留心记录客史；

④掌握实时房态，对自己负责的客房状态要随时做到心中有数。

2）楼层领班

楼层领班是关系到酒店实时房态变化的关键岗位，一般设早、中、晚三个班次。其工作职责归纳为：

（1）卫生清洁工作

①督导楼层服务员工作并检查工作效果，经常不断了解房间状况，并及时汇报以保

证最大限度的客房出租；

②跟踪检查客房的维修保养事宜；

③安排所负责区域的房间大清洁事项；

④检查所负责区域的环境卫生和工作间卫生情况等。

（2）管理楼层服务员工作

①及时将新任务、新事项传达给员工；

②检查房间的清洁标准和员工的服务质量；

③训练员工的操作；

④督导服务员工作，对服务员工作表现进行评估。

（3）物品管理工作

①严格控制消耗品的流失和使用；

②负责管理危险清洁剂及特殊物品的使用；

③负责检查各楼层各类物品的储存量和保质等事项。

（4）对客服务工作

①留意住客的特殊情况并及时汇报；

②报告住客的遗失及寻回物品；

③处理负责楼层住客的投诉并上报。

3）楼层主管

楼层主管是楼层领班的直接上级。一般设早、中两个班次，视情况安排夜班。其主要工作职责主要有：

（1）督导和检查

①巡视检查并督导下属的工作；

②制订楼层周期清洁计划，检查楼层卫生、环境等情况；

③检查贵宾房（VIP），抽查普通客房卫生；

④楼层物资管理与成本控制，了解当天部门的工作运作情况，并确保物品、设备等处于正常状态；

⑤配合各项盘点工作，负责调解下属之间的矛盾；

⑥负责下属的排班和考评，并根据实际情况安排及调动各楼层人力。

（2）沟通协调

①听取行政管家的指示，提出更好和建设性的建议；

②传达上级指示和方针，了解各员工的思想动向及工作情况及时向管家报告，接受听取员工合理化建议和意见；

③与其他部门保持良好沟通合作关系；

④协助管家处理日常工作；

⑤协助管家制订下属培训计划和考核业务知识并负责实施；

⑥处理当天的紧急事故、客人投诉等特殊情况，做好记录并汇报上级。

4）客房服务中心文员

客房服务中心文员岗位是不直接面对客人的服务岗位，一般分为早、中、晚三个班次。其主要工作职责有：

①接打电话，协调对客服务工作；

②与外部门进行有关客房事务方面的业务联系；

③客房钥匙保管、发放；

④遗留物品保管工作；

⑤控制客房状态；

⑥客房档案保管。

5）客房部办公室文员

①协助行政管家处理文件、信函、档案等工作；

②保持办公室干净、整洁；

③准备客房部各种工作所需表格，为行政管家准备各种需要签字的申请表；

④保持与其他部门的密切联系，传送有关表格和报告；

⑤管理各种设备和用具，编写建档并定期清点，对外借物品进行登记并及时收回；

⑥做好客房部各类单据、表格、文件的分类存档和登记工作；

⑦协助行政管家安排客房部各类会议并记录存档；

⑧完成上级领导布置的其他任务；

⑨与客房服务中心文员协调做好工作，必要时相互补位。

6）行政管家

在酒店上级的领导下确保客房部正常及有效地运作，计划组织指导监察管家部内各部分工作，以最低的成本支出达到最高的清洁水平及服务水准，争取最大的经济效益。

7.2.3 客房定员

1）客房定员的定义及步骤

客房定员，是客房部规定的人员编制名额，即按照规定能容纳的人数；同时，客房定员也指规定客房部人员编制名额。

客房部应根据酒店的经营理念、档次、目标市场定位等多方面条件来进行客房定员。客房定员应遵从的步骤：划分职能区域、确定岗位设置、明确各岗位班次划分，确定各班次需要的人数。

2）客房定员的方法

（1）客房部特殊岗位定员法

主要针对管理人员来设定人员，即常说的因岗设人，客房部的组织结构图上会显示。比如行政管家、仓库管理员等岗位通常设置1人，即一岗一人。

（2）客房部岗位职责范围定员法

职责范围定员法，即按照岗位职责规定的管理范围来定员。配备主管人数时可以考虑使用这种方法。比如客房早班一个主管的管辖范围是 10 个楼层。

（3）客房部人员比例定员法

客房部人员比例定员法，是按照下级人数与上级人数的比例来为上级岗位定员的方法。这个方法通常用来给领班岗位定员。比如客房楼层早班 1 个领班直接领导 5 个楼层服务员，那么只要楼层服务员总人数确定了，就可以按此比例计算出早班楼层领班的人数。

（4）工作定额定员

工作定额，也叫产量定额，是指在技术条件正常，生产工具使用合理和劳动组织正确的条件下，工人在单位时间内完成合格产品的数量。在客房定员里，工作定额就是指每个客房部员工每个班次能生产或提供的客房产品或客房服务的数量。这个方法可以用于楼层服务员岗位定员。其计算公式为：

岗位定员人数＝工作量 / 工作定额 ÷ 有效开工率

其中：有效开工率＝员工一年中实际可工作的天数 /365 × 100%

＝（365– 周末 – 固定假日 – 年假日 – 病事假）/365 × 100%

（5）统筹定员法

统筹定员法，也叫经验定员法，即按照客房的数量与员工数量的比例来对客房部员工进行定员。这个比例可以通过经验或者综合考虑各种因素后确定。这种方法简单易行，但是比较粗线条。比如，客房数量与客房员工总数量的比例大致为 15 : 1，酒店档次越高，比值越小，可以达到 5 : 1。

7.2.4　客房部组织形式变革

为了提高服务效率、节约运作成本，在酒店行业通信工具更新换代、信息技术飞速发展、酒店行业从业人员素质整体提升等条件下，酒店客房部组织形式也随之出现了比较大的变革。主要有：

1）组织结构扁平化

客房部组织结构扁平化表现在：各分部门领班岗位逐渐消失，主管直接管理一线员工，同时，主管和一线员工的工作职责调整。领班岗位在房态改变、基层督导等方面有关键性作用，领班岗位的取消，并不代表这些工作不做了，只是被主管和有经验的基层员工分摊了。

2）同类业务合并

首先，同类业务合并后，可取消原有部门以节约成本。最典型的同类业务合并，是客房服务中心的消失。客房服务中心是客房部对内对外沟通的枢纽，其作用不可低估。然而，其日常的主要工作是通过接打电话处理客人需求，以及一些文档工作。现代有些酒店将这两大业务拆分，接打电话处理需求业务归至总机，同时弥补总机工作量不饱和的缺陷；客房部的文档工作可由客房部办公室文员接手。当然，不是每个酒店都会这么处理，大部分酒店只是取消客房服务中心的夜班，在夜班的时候将客房服务中心电话转接至总机。

其次，同类业务合并促进新岗位出现，提高服务效率。随着同类业务的合并，出现一些新岗位，比如 Runner（“跑腿”员）等。Runner 作为机动服务岗位，可以执行更多的对客服务指令。

3）专业岗位外包化

客房部一些技术含量不高的业务（如：楼层服务员的客房日常清洁业务），或者专业性很强的岗位（如：花工）等，外包给专业公司完成，相对应的岗位取消。

案例分享

将客房清洁外包出去，也能卫生零差评？这家日本酒店是怎么做到的

酒店将客房清洁外包出去，其实在国内并不是什么新鲜事，国内一些酒店在出租率高的旺季，如果人手不够，就会把客房清洁进行外包。

业内人士一般把这些公司叫做帮工公司，负责在旺季给酒店输送外包保洁人员，这些外包保洁人员一般按小时结薪。但这种做法也会有局限性，例如：大多数的外包保洁没有经过专业培训，所以素质参差不齐。虽然酒店一般会要求帮工公司事先筛选，但实际上真正忙不过来时，帮工公司提供什么人，我们就用什么人，也不去细究了。

因此，国内的外包清洁公司虽然解决了没人清扫的问题，但最主要的卫生质量却不能得到保障，反而让酒店，更容易陷入卫生差评的困境中。

相比之下，有家日本的酒店——横滨 Royal Park Hotel，客房数为 603 间，同样是将客房的清洁工作外包出去，但就做到了卫生高质量，几乎没有收到过关于卫生的差评。

这成功背后要归功于酒店的那一套严谨外包管理流程：

1. 谨慎挑选专业的清洁公司，一旦发现不符合质量要求，就辞退。负责这家酒店清扫的其中一名兼职人员：大久保夕季，有着 12 年酒店清扫的经验，打扫一家客房，最快只需要 30 分钟，而且清洁完的房间，就像没有人住过一般，连洗台水渍都没有。

2. 设置专门客房清洁监管系统，检查客房是否还有住客，是否已经清扫等，借用高科技大规模地管理酒店的客房。

3. 设置固定的收拾时间，9 点开始，一直到下午 4 点。因为日本酒店一般是下午 3~4 点入住，所以国内酒店可依据自身的需求，来调整具体的固定收拾时间。

4. 严格的客房检查。虽然该酒店将卫生外包出去了，但自身还是设有客房经理。在保洁员进房前，酒店客房经理会先进入客房检查客人是否有遗漏东西，等保洁员清洁完后，就再进入一遍，细致检查客房卫生质量情况。

最后，在这么严谨而又高效的外包管理流程的作用下，这家日本酒店成功地实现了在保证卫生高质量的同时，也在一定程度上节约了客房用工成本。

看来这种将酒店清洁外包出去的模式，可行性是有的。随着国内人力成本的高涨，酒店的收益其实一直在下降，而这些客房清洁外包的用工模式，或许能在一定程度上改善酒店的运营成本。据了解，国内一些酒店经营者，已经开始着重考虑保洁员工共享的方案。

“近日，华住集团旗下城家公寓推出酒店客房服务外包产品，对酒店、公寓行业输出第三方客房服务外包方案。类似于滴滴的共享模式，城家服务培养专职保洁人员和质量管理人员，每个团队负责特定的区域，施行实时派单模式，几家酒店通过保洁服务的共享来降低客房运营成本……

有业内的记者算了一笔账：以 150 间房的酒店为例，在客房服务方面，标准的人员配备为 1 个房务总监、1 个客房经理、1 个客房主管、2~3 个领班和 10 个保洁人员，每年的人工成本在 120 万左右，其中管理费用占了总客房成本的 1/2~1/3。

他表示，如果这部分人力进行共享，可以降低 15%~20% 的成本。他对界面记者表示，目前城家的客房服务团队约 100 人，服务 8 家酒店。采用共享模式之后，酒店管理人员数量大幅减少。经过系统调度，每天每个保洁人员都能做到工作量饱和，不会因为酒店的客房出租率而影响保洁员的工作量。”

资料来源：酒店的人工越来越贵 共享保洁会是个好主意吗？[EB/OL]. 界面新闻，2018-1-30 本章小结

思考：未来这种清洁的外包模式能够走多远，是否能成为酒店业界的主流模式？

本章小结

▶ 通过本章的学习，了解和掌握关于客房部的定义、任务、地位和作用，客房部的组织结构、岗位设置及岗位职责，客房部与其他部门之间的业务联系，在此基础上，了解客房部组织形式的变革及发展。为客房管理的理论和实践学习奠定基础。

复习思考题

1. 客房部的性质是什么？其主要任务是什么？
2. 客房部的地位和作用有哪些？
3. 客房部与酒店其他部门之间是如何进行业务联系的？
4. 大、中、小型酒店的客房部的组织结构各有什么特点？这些特点在运作中分别会呈现出什么样的优劣势？
5. 客房部主要业务有哪些团队分工？每一个工作团队有哪些主要任务？
6. 客房部主要岗位的工作职责如何落实？
7. 什么是客房定员？如何进行客房定员？
8. 客房部组织形式变革的方向有哪些？能举例说明吗？

第8章 客房产品设计

■ 内容导读

本章重点介绍客房的类型及功能，客房产品设计及装修装饰的原则、需要考虑的因素以及发展趋势。酒店客房产品应包括睡眠、盥洗、储存、书写以及起居等五大功能，客房产品的设计应遵循安全、健康、舒适、效率的基本原则来进行；客房产品在装修装饰的过程中，应当遵从成本与档次相符合、色彩搭配舒适、空间形状恰当、陈设点缀突出等原则；客房产品的设计布置将朝着主题化、智能化、个性化等方向发展。通过本章的学习，应达到以下目标：

- 了解客房楼层的功能。
- 熟悉客房的类型和功能。
- 熟悉客房内的配备品。
- 了解客房设计和装修装饰的基本原则。
- 理解客房设计需要考虑的因素。
- 了解客房设计配置发展的趋势。

8.1 客房类型与功能

8.1.1 客房楼层的功能

客房楼层一般包括客房区、交通疏散区和服务区等功能区域。客房区即客房，是客房产品的主体，也是住客私密性最强的区域。交通疏散区也叫楼层公共区域，包括楼层走廊、电梯厅、楼梯（走火通道）等。服务区包括楼层工作间、布草间、员工洗手间。另外，有些酒店还有楼层会议室、娱乐室、餐厅、洗手间等，均属于客房楼层的范围。

客房区是为酒店带来收入的部分。一般来说，标准客房区由卧室、门廊、卫生间、壁橱以及墙体等组成。简单来说，客房区就是客人进入客房门之后能到达的所有区域的总和。

交通疏散区的主体一般来说高层酒店和低层酒店不太一样。高层酒店客房楼层的交通以电梯为交通枢纽，用楼层走廊与客房区连接。按照消防规定，疏散楼梯前必须有防烟前室，还必须设置消防电梯。低层酒店的客房楼层交通一般是以主楼梯为交通枢纽，也是由走廊与各客房区连接。在客房楼层达到一定的长度时，必须设置疏散楼梯，以备急用。

楼层服务区一般包括清洁工具间、消毒间、布草间、配电间、风机房等，是为客房区提供服务保障的区域。

8.1.2 客房的类型

客房的类型及配置必须在酒店筹建时，根据预测的市场需求及追求的酒店利益来确定。一般来说，标准间客房可以接待 2 个成年人。

根据不同的方法，可以把客房划分为不同类型。

1）根据房间的数量和接待人数来划分

根据房间数量可以将客房类型划分为单间客房和套房，这种划分方法也是客房类型的基本划分方法。

（1）单间房

只有一个房间（配卫生间）的客房是单间客房。按照客房所接待的客人类型及数量，可以将单间房分为：单人房（Single Room）、双人房（Double Room）、三人房（Triple Room）和家庭房（Family Room）。每种类型的房间还可以按照其摆放的床以及家具类型进行细分。

①单人房（Single Room）。在不加床的条件下只能接待一位客人的房间是单人房（Single Room）。一般来说，单人房摆放一张床，所摆放的床有两种尺寸，一种是单人床尺寸（Single Size），一种是双人床尺寸（Double Size）。

②双人房（Double Room）。在不加床的条件下最多能接待两位客人的房间是双人房（Double Room）。一般来说，双人房摆放 1~2 张床。双人房只摆放 1 张床的，床的尺寸最小一定是双人床尺寸（Double Size），即 1.5 米宽，2 米长。摆放 2 张床的，床的尺寸可以两张都是单人床尺寸（Single Size），或者两张都是双人床尺寸（Double Size），或者一

张单人床尺寸（Single Size）和一张双人床尺寸（Double Size）。

③三人房（Triple Room）。在不加床的条件下最多能接待三位客人的房间是三人房。一般来说，三人房在低档酒店提供，并且一般是 3 张单人床尺寸（Single Size）。

④家庭房（Family Room）。在不加床的条件下最多能接待 2 大 2 小一家四口人的房间是家庭房。一般来说，房间里摆放一张双人床（Double Size 以上）和一张儿童上下铺架子床或儿童帐篷。

（2）套房（Suite）

由 2 个或 2 个以上房间组成的客房是套房。根据套房的功能和装修配置标准，可以分为如下几种：

①普通套房（Junior Suite）。普通套房由两间房间组成，一般一间为卧室，另一间为起居室。

②商务套房（Business Suite）。商务套房一般也是两间房间组成，因为是专为商务活动人士设计，会在起居室添加办公功能。

③复式套房（Duplex Suite）。复式套房也叫双层套房，是由上下两间房连接起来的。一般为起居室在下，卧室在上。

④连接套房（Connecting Suite）。连接套房也称组合套房，是由两间相邻且可分别出租的单间客房，在相邻的墙上用隔音性能好、双向安装门锁的两扇门连接组成。连接套房可视客人需求作为两间独立单间客房出租，也可作为套房出租。

⑤豪华套房（Deluxe Suite）。豪华套房一般由 3 个房间组成，一间卧室，一间起居室，一间餐厅或会议室或书房。客房装修装饰及家具用品配备豪华气派。

⑥总统套房（Presidential Suite）。总统套房至少由 5 个房间组成，不设上限，有的酒店达到 20 个房间。包括男主人房、女主人房、会议室、书房、餐厅、起居室、随从房等。装修布置极其讲究、高端奢华，是酒店最高档的客房。

2）根据客房所处的位置来划分

①外景房（Outside Room）。外景房即通过客房窗户可以看到酒店之外的风景，比如大海、湖泊、江河或景区景点。

②内景房（Inside Room）。内景房即通过客房窗户看到的景色是酒店内的风景，比如酒店园景等。

③角房（Corner Room）。角房位于走廊过道尽头或转角的客房。一般来说，角房形状比较特殊，房间功能布局及装修装饰无法循规蹈矩，因此不受大众欢迎。但是因其独一无二的布局，那些追求个性的客人比较喜欢。

8.1.3　客房的功能及配备品

作为一间（套）可供出租的客房，必须具备睡眠、盥洗、储存、书写和起居五个基本功能，缺一不可。因此，客房里都应该配备满足功能需求、符合酒店对应档次的设施设备用品。

1）睡眠功能

睡眠功能是客房最基本的功能，即提供让客人睡觉休息的地方。常见主要家具、电器及用品包括床、床头柜、电话、床单、被套、枕套、枕芯、被、床垫、保护垫、便笺纸、笔、相关书籍、灯开关、拖鞋、擦鞋布、纸巾、遥控器、环保标识卡、睡眠卡、时钟等。

2）盥洗功能

盥洗功能是指客房要能让客人进行如厕、洗漱以及沐浴等盥洗活动。常见主要设施设备及用品有：洗脸台、浴缸、恭桶、中巾、方巾、浴巾、地巾、纸巾、口杯、烟灰缸、牙刷、牙膏、肥皂、沐浴露、洗发水、浴帽、梳子、免费水、防滑垫、浴巾、浴盐、卷纸、垃圾篓、卫生袋等。

3）储存功能

储存功能是指客房要有能让客人放置衣物、行李物品的地方。常见主要设施及用品有：衣柜、衣架、行李柜、行李架等。

4）书写功能

书写功能是指客房要提供让客人能够书写、办公的地方。常见主要家具及用品有：书桌、椅子、台灯、服务指南、安全须知、菜单、烟灰缸、纸、笔、信封、明信片、购物袋、宾客意见书等。

5）起居功能

起居功能要求客房需提供客人休息、会客、饮食的地方。常见主要家具电器及物品有：沙发、茶几、吧台、电视、小冰箱、烟灰缸、火柴、纸巾、垃圾篓、植物等。

8.2 客房设计与装饰

客房是酒店的主体，客房产品是酒店的核心产品，客房房间内的设计也是酒店设计中的重要环节。客房设计关系到客房产品的质量、客人体验、性价比等。不同类型酒店客房设计要求不同：

（1）商务酒店客房

客房空间要求宽阔而整体，布置要求生动、丰富而紧凑。现代城市高档商务酒店客房一般呈长方形，面积不小于 36 平方米。卫生间干、湿两区的全部面积不能小于 8 平方米。

（2）经济型酒店客房

标准间要满足客人的基本生活需要，面积为 20 平方米左右，尽管小，功能设置仍要齐全。

（3）度假酒店客房

标准间一般要满足家庭或团体旅游、休假的入住需求和使用习惯，平面设计要求保证宽阔的面积和预留空间。

8.2.1 客房设计的基本原则

1）安全原则

安全是客房设计最基本的原则之一，是其他基本原则的前提。安全原则表现在，客房设计的时候要从防火、防盗和保护私密等三个方面进行考虑，保证客房内各方面安全。

（1）消防安全

根据资料统计，城市公共建筑中酒店的火灾率最高，造成死亡人数也很大。而酒店火灾很大比例是由客房内客人在床上吸烟引起的。客房空间小，失火后易充满烟雾使人窒息。因此，消防安全的重点是火灾预防。

在我国《旅游饭店星级的划分与评定（GB/T 14308—2010）》（下文简称“星评标准”）里，从对最低的一星级酒店开始，就明确规定了“客房内应在显著位置张贴应急疏散图及相关说明”，客房内备有应急手电筒，客房内还应有消防广播、报警系统等。在火荷载方面，建筑材料、家具、陈设、布件等应选择阻燃的防火面料。

（2）防盗安全

客房设计原则中的防盗，主要是在硬件设施方面的措施设计。而硬件措施方面的防盗设计，重点是对客房门窗进行合理设计。如：加强门锁的控制。在星评标准里也明确规定了每个星级酒店客房门的防盗装置要求，最低要求是：“门安全有效，门锁应为暗锁，有防盗装置”，“三星级以上还规定要安装门窥镜”。

（3）隐私安全

随着客人成熟度的升高，客人对入住的隐私要求也越来越高。防火和防盗是安全的最基本原则和要求，而保护客房内私密性，则是酒店之间客房产品设计安全性能竞争制胜的关键。酒店设计者、管理者、服务者都应该在本职范围内为客人的隐私安全考虑。

2）健康原则

居住环境影响客人的身体健康，健康原则侧重于客房内环境的创造设计，包括空气质量、声音、光线、温度和湿度等几个不同的指标。因此，在客房设计的时候，不仅要注重隔音、光线强度、空调设计等，还要注重空气流通，酒店外围周边环境以及装修后建筑材料给客房带来的污染问题。

3）舒适原则

客房的舒适感不像声、光、热那样有具体的测定数据，其取决于客人的主观评价。主观评价与客人的来源和文化背景息息相关，因此同样的客房，不同的客人评价可能大相径庭。这是客房设计过程中贯彻舒适性原则的难点所在。

一般来说，尽可能地把空间扩大是提高客房舒适性的第一步，在酒店档次和预算允许的范围内配备最好的物品，设施设备在设计时尽量考虑客人的使用是否便利。例如，在超宽大床的床靠中间安装台灯或者夜灯开关，以免客人夜晚醒来，因为床太宽了摸不到床头柜而找不到灯开关等。

4）效率原则

客房设计的效率包括空间使用的效率和实物使用的效率两个方面。如何把空间利用好，并且提升性价比，是客房设计效率的体现。常见的做法是按客房功能进行分区。最基本的功能分区即按照客房应具备的五大功能，分成睡眠区、盥洗区、储存区、书写区和起居区。客房功能分区应按酒店星级标准要求进行规划设置，根据实际情况也可适当增减。功能布局根据房间面积大小不同，可设计为紧凑便利型、宽敞舒适型等多种样式。

客房设计的这些原则，不是割裂开的，而是一体的。比如客房的光照度，光照作为影响客人视觉的一个重要因素，既要遵循健康原则，又要遵循舒适原则。与此同时，照明的形式、光源安装的位置都会影响到光照的效率。

酒店客房应该像家一样，宁静、安逸和亲切是典型基调。一般来说，照度要求是，一般照明取 50~100 lx，客房的照度低一些，以体现静谧、休息甚至懒散的特点；但局部照明，比如梳妆镜前的照明、床头阅读的照明等，应该提供足够的照度，这些区域可取 300 lx 的照度值；最被忽略的是办公桌的书写照明，有些酒店提供的书桌台灯，通常使用装饰性台灯代替。客房照明的色温要求一般在 3 000 K 左右。在卧室用 3 500 K 以下的光源，在洗手间用 3 500 K 以上的光源。在卧室需要暖色调，在洗手间需要高色温，以显清洁和爽净。客房照明的显色性要求，Ra ＞ 90。较好的显色性，能使客人增加自信，感觉舒适良好。间接照明光线柔和，但光源使用效率不高，相对于直接照明来说维修成本高难度大；直接照明则与之相反。在遵守效率原则的前提下，酒店客房的局部照明可以采用直接照明方式，烘托舒适、宁静的氛围则可以采用间接照明方式。

8.2.2 客房装修装饰

客房的装修装饰是客房产品在原有设施设备功能分区设计等的基础上进行的最后“包装”，也是客房美感提升、获得客人第一印象好评的关键因素。客房的装修装饰，就是合理运用多种设备、光线、色彩和艺术陈设品，在有限的空间里实现功能、气氛、格调和美感的高度统一，创造出能满足客人生理和心理需求的良好居住环境。

客房装修装饰应坚持以下原则：

（1）成本与档次相符合

客房装修装饰的成本预算，要与酒店的档次相符合。酒店档次决定客房装修装饰预算，预算决定着装修装饰的档次。酒店档次越高，客房装修装饰的成本就越高；反之越低。

（2）色彩搭配舒适

色彩是客房装饰设计不可缺少的元素，而且不同的色彩对人的心理感觉带来的影响程度不同。科学而言，作为室内装饰的主要色彩，最好不要超过 3 种，而且不要大面积使用对比色。

从颜色的作用来说，冷色系的颜色给人镇定、安静的作用。如果客人一天在外劳累奔波，可以用冷色系装修装饰。暖色系给人带来的感觉相反，对于想要制造热烈气氛的客房而言，可以选择。

光影是美化客房不可缺少的条件。室内的光影效果不但对人的身体健康造成微影响，也会影响到人眼对色彩的判别能力。对于采用同样颜色装修的客房，可能在不同的光照条件下产生不同的效果。

如果房间的自然采光率低，室内最好采用高亮度的色彩。如果室内采光量高，可以选择亮度低些的色彩。

（3）空间形状恰当

空间形状也能带给人相应的心理感受。因此，在客房装修装饰设计的时候，需要注意空间除去家具面积后留给人的活动空间的大小，和剩下的空间布局形式对人的各种活动的影响。

空间的形状也会给人的心理带来不同的感受，现在房屋面积形状最为常见的是长方形。此外还有三角形等其他形状。一般而言，空间的角度越少越好，因为角容易给人带来压抑的感受。

（4）陈设点缀突出

客房内陈设品件数不能太多。陈设品对客房的装修装饰起到画龙点睛的作用。一般来说，一个空间里以一件陈设品为主，最好不超过 3 个。

8.2.3　客房设计需要考虑的因素

除了以上客房设计和装修装饰的原则之外，在客房设计时，还需要考虑以下因素：

1）酒店经营理念

酒店客房设计和装饰应与酒店集团、业主、酒店管理团队等决策者敲定的酒店经营理念相符合。酒店是实体，是理念实现的载体，因此，酒店设计的时候必须要充分考虑酒店经营理念的作用。

2）酒店地理位置

客房设计和装修时可以考虑利用酒店所在地区的地域文化，以弘扬传统民族文化。另外，酒店所在地自身的特色，也可以融入酒店客房的设计和装饰中。

3）目标市场定位

需求决定供给，酒店的目标市场定位决定着客源类型。客房装修装饰应根据客源类型来决定。有条件的酒店，甚至可以根据不同客源的消费需求，确定客房的各种功能设置。

8.2.4　客房设计和配置发展趋势

伴随着时代前进的步伐，酒店空间设计行业也在不断整合资源，充实壮大，在实践中提高，在创新中发展。当前，以人为本的理念深入人心，和谐社会、可持续发展成为全社会的主旋律，人们的环保意识、保健意识、安全意识不断增强。大量新技术、新材料、新工艺的应用，以及与相关专业的交叉互动，使酒店客房设计朝着产业新兴化、技术新潮化、手段科学化、操作联动化的方向发展。同时，技术观念和设计形式中出现的多样化和包容性趋势，更使酒店空间设计领域缤纷灿烂，流光溢彩。总的来说，其发展趋势表现在如下几个方面：

1）主题化

随着物质社会的进步，人们生活水平的提高，人们的精神生活也丰富起来。越来越多的主题酒店、主题客房投入建设使用。主题客房可以按酒店的定位类型来定，比如帆船主题客房、熊猫主题客房、海洋主题客房；也可以根据客人的类型来定，比如商务主题客房、女士客房、儿童客房等。

主题客房可以跟酒店主题一致，也可以在不同客房设计完全不同的主题，还可以是同一主题下的细分。主题客房是酒店主题的具体体现，是客人对酒店主题体验最深刻的场所。因此，客房设计主题化成为酒店客房设计的一大趋势。

2）智能化

酒店客房设计发展的智能化趋势可以包括两个方面：一是酒店客房单体智能设施设备的配备，比如智能马桶、智能浴缸等；二是酒店客房作为整个酒店智能系统的子系统，与酒店一起实现整体智能化，让客人体验智能场景、智能控制、智能服务等。

3）个性化

人是酒店主角，酒店的一切都要以为人服务、满足人的生理和心理需求为宗旨。酒店客房设计要坚持以人为本的理念，彰显人性的尊严和人的情感诉求。由于不同的客人有不同的需求，人性化的设计理念发展到现在，已经变成了如何进行个性化设计，满足客人不同的需求。

更多的细节设计是酒店客房个性化设计发展的方向。从这个意义上说，客房设计的主题化和智能化，也是实现客房个性化的体现。而随着科技的进步与发展，实现智能控制主题，智能记忆酒店间场景等都将成为酒店个性化设计的最好实施途径。

案例分享

深圳华侨城洲际大酒店主题客房设计

一、酒店简介

深圳华侨城洲际大酒店原名为深圳湾大酒店，是当时深圳唯一的四星级酒店。2006年重建以后，华侨城集团邀请洲际管理公司对酒店进行品牌重塑，旨在将其打造为中国一流的百年老店。如今的洲际大酒店是中国首家以西班牙风情为主题的豪华酒店，也是深圳唯一一家白金五星级酒店。酒店位于集文化、艺术、金融于一体的华侨城片区，优越的地理位置和便利的交通，众多知名景点、美术馆、购物商场步行即可到达，离各个主要交通枢纽最多半小时的车程。

酒店拥有变化多样的客房风格。540间豪华装修的客房大多有独立阳台，面积50~688平方米不等，西班牙、中式主题、现代和经典多种风格的客房、套房和服务式公寓均可观赏图画般的秀美风光；此外还有法国、东南亚、巴西、船吧等八间风格迥异的主题餐厅为住客提供各式特色创意菜肴；功能完善的宴会设施均位于酒店一层，其中 1 560 平方米的无柱西班牙大宴会厅配备超宽自动坡式入口，便于汽车、大型智能灯光以及影视设备的进入；另拥有雍容典雅的巴塞罗那宴会厅以及 7 间面积介于 93~160 平方米的多功能会议室，使得各种规模规格的宴会活动均可各得其所。同时 SPA、泳池、健身、美发、真沙沙滩等各娱乐设施设备齐全，丰富住客的主题体验。

图 8-1　华侨城洲际大酒店全貌

二、主题客房简介

如上文简介中所提到的，洲际大酒店的客房类型主要分为中式和西式（西班牙）、蜜月、行政、各式景观、总统套房、酒店式公寓等主题（表 8-1）。

表 8-1　华侨城洲际大酒店客房各房型总汇

房型	床型	具体描述
豪华房 Deluxe Room	大床 / 双床 King size bed / Twin	房间面积为 55 平方米，近观深圳湾酒店旧墙址与深南大道景观 More than 50 square meters， enjoy the view of the Old Wall of Shenzhen Bay Hotel and Shennan Road
豪华池景房 Deluxe Pool View Room	大床 / 双床 King size bed / Twin	俯瞰酒店室外游泳池，天气晴朗时可远眺深圳湾与香港元朗山脉 Overlook the hotel' s outdoor natatorium， Shenzhen Bay and Hong Kong Yuen Long Mountain
优选套房 Premier Suite	大床 King size bed	70 平方米的空间专为商务旅行者设计，独立的客厅、卧室及宽敞的浴室会使辛勤工作了一天的您摆脱疲惫、恢复活力 70 square meters room is design for the business traveler. Unattached parlor， bedroom and bathroom which will bring you rejuvenation

续表

房型	床型	具体描述
洲际豪华房 Club InterContinental Deluxe Room	大床 / 双床 King size bed /Twin	近观深圳湾酒店旧墙址与深南大道景观 Enjoy the view of the Old Wall of Shenzhen Bay Hotel and Shennan Road 享受行政楼层尊贵体验 Enjoyed the distinguished experience
洲际池景房 Club InterContinental Deluxe Pool View Room	大床 / 双床 King size bed /Twin	俯瞰酒店室外游泳池，天气晴朗时可远眺深圳湾与香港元朗山脉 Overlook the hotel' s outdoor natatorium, Shenzhen Bay and Hong Kong Yuen Long Mountain 享受行政楼层尊贵体验 Enjoyed the distinguished experience
洲际行政套房 Club InterContinental Premier Suite	大床 King size bed	以流行色调、点缀铁绣红的西班牙现代风格为主，是洲际行政套房的一大亮点。其套房配套设施齐全，面积为 85 平方米。独立的客厅最适合非正式或私人交谈 The highlight is the Spanish modern decoration style, complete facility of 85 square meters. Unattached parlor is suitable for private conversion
中式主题套房 Club InterContinental Chinese Theme Suite	大床 King size bed	106 平方米的套房，拥有独立的会客厅、餐厅及卧室。传统中式风格，能让您在这里感觉不一样的住房奢华体验 106 square meters with unattached parlor, dining-room and bedroom. Traditional Chinese style where will bring you the luxury experience
洲际复式套房 Club InterContinental Duplex Suite	大床 King size bed	主题套房中的经典。既有传统中式设计，又有现代西班牙格调的房间供您选择。此类套房拥有独立的客厅、书房、餐厅及卧室。此外，私人的屋顶花园为您准备了烧烤台，在此聚会、小憩，别有一番小桥流水人家的感受。相信我们个性化的菜单与优秀的主厨一定会给您留下深刻的印象 Traditional Chinese decoration style and Spanish modern style for your option with unattached parlor, sanctum, dining-room and bedroom. Private roof garden with barbecue desk. Our individual menu and excellent chef will bring you a certain impression

续表

房型	床型	具体描述
总统套房 Presidential Suite	大床 King size bed	独一无二的设计将让您陶醉于深圳湾与元朗山的美景之中。640 平方米的超大空间。室外是您休憩的绝佳之地，私人的屋顶烧烤平台与精心修剪的花园。独立的客厅、书房、客房及主人房。洗浴设施齐全，沐浴、桑拿、蒸气浴及按摩浴。同时我们专业的保健师也会在私人按摩房里应您的需求为您提供从传统中医到现代针灸的精良理疗。并且我们还会在您入住或离店时，提供入境口岸双程豪华轿车接送 Unique design brings you inebriety in the scene of Shenzhen and Yuen Long Mountain. 640 square meters with private roof barbecue desk， beautiful garden， unattached parlor， sanctum， guestroom and host room. Whole set of facility in bathroom. We offer everything from restorative therapies within a nurturing sanctuary. Meanwhile， we offer the transportation from entry port.

图 8-2 豪华房

图 8-3 豪华房

图 8-4 豪华池景房

图 8-5 优选套房

图 8-6　中式主题套房

图 8-7　复式套房

图 8-8　总统套房

图 8-9　行政楼层俱乐部

以上图片与表格来自深圳华侨城洲际大酒店官网。

三、洲际酒店主题客房设计理念浅析

通过表 8-1 和客房相关的图片我们可以得到一些结论。

首先，在客房主题的选择上，借势酒店主题，将西式主题客房按照西班牙风格进行设计，体现了客房与酒店的整体协调性；为凸显其度假型酒店的定位，选定蜜月房，即婚房作为主题之一；同时酒店具有很明显的商务特征，为满足商旅住客的需求，特别设置了两层行政主题的客房；又因酒店主要面向国内顾客，使得中式主题成为十分具有吸引力的客房类型；除此之外，还拥有 640 平方米超大的总统主题套房，可以发现洲际酒店根据其度假型商务酒店的市场定位而针对性地选择相关“有利可图”的主题。但值得提出的是，酒店的大部分客房还是以标准间的房型出现，按照客房的风景加以区分，主题客房只占酒店总客房量的很小部分，一方面与酒店的商务型定位有关，多数商旅住客对于主题的需求不太明显，对简洁舒适的客房更满意；另一方面这样的设计也降低了因主题选择不当而造成的风险和损失。所选主题无论是大众的还是特色的，其文化性和异质性都比较突出，为吸引客源提供了坚实的基础。

其次，在客房主题的体现上，洲际酒店并未采用过分夸张凸显主题的手段，反而以含蓄的点缀和背景构建主题的基本元素。例如，在西式主题的复式套房中，简单以红黑色为房间色彩基调，搭配以毕加索的图画以及西班牙风格的地毯，以及房间的格局设置、斗牛装饰品摆设等，着眼于整体构造主题氛围；在中式主题套房中，主题的体现并未完全按照中式风格，而是以中国文化元素为主，并找到中式和西班牙文化中的共有性进行搭配协调表现主题，例如红黑色的房间基调，以及斗牛装饰等。这样的设计既满足了顾客对于主题体验的要求，同时符合酒店整体的风格，两者融会贯通，让顾客即使住在“西班牙”，也能体会“中国情”；再如行政楼层的客房，这是为酒店的商务客户群量身定制的私人空间，该主题客房的客人可以享受洲际俱乐部的专享尊贵服务，例如免费的早餐和下午茶、各式商务帮助等，为商旅客人提供全面完善舒适的入住体验。洲际酒店创造性地将主题注入整个楼层客房进行整体设计，解决了单体主题客房成本较高的缺陷，通过主题外部化，即通过洲际俱乐部这样的客房辅助凸显客房主题，而在单个客房内部简化主题元素的表现，既满足了顾客对主题的体验，又照顾了商旅住客简洁舒适的要求。更加值得注意的是，通过洲际俱乐部为顾客提供的专有服务，也弥补了主题酒店一直以来在软件方面主题性不突出的缺点，这也是洲际酒店一直受到商旅客人青睐的重要原因之一。

最后，在酒店主题生命周期特征上，可以发现洲际酒店所选主题具有大众化和特色化的双重特点。所谓大众化，即许多酒店都会采用的例如中式套房、西式套房、蜜月房、复式套房、总统套房等这些比较大众化的主题，相对一些比较个性化的主题，例如窑洞、电影、音乐等具有更长的生命周期，因为大众化的主题，其需求度和接受程度都会较高，因而对于星级酒店这样固定成本很高的企业而言，大众化的主题显得更有发展和利润空间。但洲际酒店作为一个以西班牙为主题风格的豪华酒店，巧妙地利用了其本身酒店主题，将其元素注入各个大众化主题中，同中求异，使得一般的主题显得具有酒店自身的特色。这样将大众化与特色化和谐地统一起来，不仅可以突出展现客房主题，同时也延长了主题的生命周期，保持长久活力。

虽然实践证明洲际酒店在主题客房设计和体现上比较成功，但仍然存在一些可以改进的方面。就主题的选择而言，范围比较狭窄，仅仅着眼于一般性的大众化的客房主题，而忽略了挖掘其自身西班牙主题的深度，反将其作为点缀搭配其他的客房主题，有些反主为客的嫌疑。正如上文中所提到的，可以就西班牙这个大文化为基础，挖掘其亚文化作为主题选择，也可以借鉴酒店宴会厅的命名——西班牙的城市名字——作为主题，或者以西班牙不同的文化艺术为主题等，丰富酒店的文化性，加深主题体验的深刻性。就主题的表现手段而言，其在客房的体现还不足。

通过对酒店客房的观察可以发现，客房内的装饰和设施还是以标准化为着重点，除了中式套房具有明显的主题特色，其他的套房都是简略搭配以西班牙的简单象征事物，例如摆放在桌上的斗牛装饰和红黑色房间基本色调等。细节方面的主题体现比较欠缺，不如公共区域，如大堂、前台、餐厅等的设计细致入微。而相比较，威尼斯皇冠假日酒店做的就相对全面，例如在床头有威尼斯水城典型的船头装饰，虽然十分细微，却恰到好处地体现了客房的主题。细节化和典型化是主题客房制胜的关键，因此，如果洲际酒店在客房主题体现上可以做得更细腻，也许其住客满意度也会提高更多。

案例来源：主题酒店的客房设计风格理念［EB/OL］. 道客巴巴，2017-5-24.

本章小结

▶ 了解了酒店客房设计的原则和需要考虑的因素，熟悉客房的功能和配备品，并能了解客房设计和配置发展的趋势。

▶ 加强对酒店客房的熟悉程度，提升酒店客房管理能力。

复习思考题

1. 客房楼层的功能有哪些？如何发挥作用？
2. 客房类型有哪些？如何划分？
3. 客房的基本功能是什么？每种功能应配备哪些基础的物品？
4. 客房设计的基本原则是什么？如何理解这些基本原则？
5. 客房装修装饰的原则有哪些？
6. 客房设计时需要考虑哪些因素？
7. 客房设计配置发展的趋势是怎样的？

第 9 章
客房服务质量管理

■ 内容导读

本章主要介绍客房服务模式，客房常规服务项目及实施步骤、管理要点，个性化服务提供途径；同时，阐明了优化客房服务质量的意义、途径和方法。客房服务质量是酒店服务质量管理的关键，客房服务质量是客房常规服务项目和个性化服务提供的总体质量的综合反映。通过本章的学习，应达到以下目标：

- 了解和熟悉不同客房服务模式的优缺点。
- 了解和熟悉客房服务的常规项目类型及程序。
- 学会洞察并掌握客房常规服务项目的管理要点。
- 理解个性化服务的内涵。
- 了解客房服务质量优化的意义和途径。
- 应用客房服务质量优化途径。

9.1 客房服务及管理模式

9.1.1 楼层服务台模式

酒店客房在楼层设立服务台称为楼层服务台或者楼面服务台，同时，配备专职服务人员对客提供服务，服务台后面一般设有供客房服务员使用的工作间。楼层服务台一般情况下都设在靠电梯较近的位置，为客人提供24小时服务。楼层服务台具有服务中心功能，相当于酒店前厅驻楼面的办事机构，受客房部经理和楼层主管的直接管理，在业务上也受前台指挥，与前台互通信息、核对房态等。从宏观管理上看，楼层服务台已经成为客房部与其他部门沟通的桥梁。这种模式是我国现今酒店客房服务中最基本、最传统的模式。

楼层服务台模式设置的优势在于：能够及时地为客人提供较全面、针对性的服务，特别是对部分年纪较大不太会使用酒店设施的客人，楼层服务台模式能够更加符合其服务需求；加强了与住店客人之间的交流，增进酒店人性化管理；有利于酒店楼层的安全保卫工作，为客人提供更高的安全保障；有利于及时、准确地了解客房房态等情况。此模式的设立也为前厅管理工作提供了更准确、及时的信息。

但是，在当今高星级酒店中，楼层服务台模式已经被慢慢淘汰了，主要原因是楼层服务台有诸多的缺点：一是楼层服务台投入的人力成本较大；二是管理点过于分散，不利于部门工作的统一管理；三是与客人接触较多会使部分客人产生一种不自由、隐私得不到有效保障的感觉。

9.1.2 客房服务中心模式

现代酒店客房管理中，普遍推行的主导模式是客房服务中心模式。它是酒店客房管理的神经中枢。它一般设置在酒店员工更衣室与员工电梯之间的隐蔽处，主要通过电话的形式为酒店的住客提供周到的服务。一般情况下，客房服务中心应该具有同时接听两部以上电话的能力，大型酒店可以采用小型交换机来保证信息运量。在客房员工管理方面，一般酒店都会建立一个对讲机寻呼系统，以保证客房部员工信息沟通的及时和顺畅。

客房服务中心模式的优点：一是减少了人员成本；二是保证了客房楼层区域内的安静；三是为客人提供了一个较为安宁和私密的空间；四是有助于人员的调度与控制；五是保证了客房管理信息的通畅；六是有助于加强对客房整体运作效果的把握。

但是，客房服务中心模式也有其相应的缺点：一是缺乏人情味，不利于与客人的沟通和交流；二是管理过于集中，对员工的工作动态很难掌控；三是楼层区域的安全隐患不易发现。

9.1.3 前台直管模式

前台直管模式是基于现代酒店发展的类型增多而出现的一种较为新型的客房服务模式，目前在我国经济较发达城市的酒店中是一个重要的发展趋势。以往的招待所、旅社等小型社会宾馆开始逐渐向特色民宿或者特色商务酒店的趋势发展，这种小型民宿或者特色商务酒店一般体量不大，客房数在 50 间以内，这类酒店由于客房数量较少，往往采取前台直管模式作为客房服务模式，即沿用旧式的招待所、旅社的做法，将客房直接划归到前台进行管理。

前台直管模式与客房服务中心模式的优点较为相似，可以很大程度上节省人力成本；将客房纳入前台管理系统之中，保障了前台管理与客房管理的统一性。但是，前台直管模式应该谨慎使用，因为其主要缺点也比较明显，即在对客服务方面不能够做到面对面及时服务，同时也存在较大的安全隐患，如果住客在客房区域发生问题，也不能及时被发现。

9.1.4　宾客服务中心模式

近些年一些高星级酒店成立了宾客服务中心，为客人提供一键式服务。住店客人在有需要时只要拨一个特定的号码，店外客人只需要拨打酒店总机，订房、订餐、送餐、问询、叫醒等服务，全部都由宾客服务中心服务员协调解决，做到“服务一键式，沟通零距离”。一键式服务对客人而言，更为方便；对酒店而言，更为经济。采用宾客服务中心服务模式的酒店不再设置客房中心。作为整个酒店的信息传递中心，宾客服务中心的工作不仅限于转接电话，服务范围涵盖电话转接、信息查询、叫醒服务、紧急呼叫、留言服务、酒店咨询、城市咨询、信息传递、应急指挥、代理预订等工作职能，形成一体化完整的服务体系。

9.1.5　商务（行政）楼层管家式模式

我国一些高端酒店从 20 世纪 90 年代开始，就在客房区域中设立了商务楼层或行政楼层，集酒店的前台登记、结账、商务中心、餐饮及客房贴身管家服务于一体，为客人提供更为便捷、舒适的服务和环境，让客人享受更加优质的服务。从客人进店开始，贴身管家便听从客人的吩咐和安排，包括为客人打扫房间、订餐、送餐、收送客衣、发送传真、会议行程安排等，使客人享受到亲切而舒适的服务。贴身管家服务的出现，也可以说是楼层服务台模式变化后的一项创举。

9.2　客房服务特点

客房部服务与酒店的前厅、餐饮等服务既有相同之点，又有不同之处，对它的特点进行研究有利于强化服务的针对性。客房服务的主要特点有以下几方面：

9.2.1　须着力烘托出家的氛围

酒店的宗旨是为客人提供一个“家外之家”，因此是否能够体现出“家”的温馨、舒适、安全、方便等就成为影响对客服务质量的主要因素。在对客服务中，客房服务人员扮演着“管家”“侍者”的角色，因此，要留意客人的生活习惯等。例如，客房服务人员清晨为客人整理房时，如果发现客人毛毯上盖着床罩，说明客人夜里嫌冷，那么应该在交班时请下班服务员在做夜床时加床被子。对客服务要尽量做在客人开口之前，给客人留下美好的印象。

9.2.2 应着重扮演好幕后角色

前厅和餐饮部等部门的对客服务表现为频繁地接触客人，提供面对面的服务；而客房部有别于这些部门，它的服务是通过有形的客房产品表现出来的。例如，客人进入客房后，能够通过床铺的整洁、地面的洁净、服务使用的足够方便等，感受到客房服务人员的服务。客房对客服务的这一特点使客房服务人员成为酒店的幕后英雄，但这并不表示客房部没有面对面的对客服务，其面对面的对客服务包括收送客衣、清扫客房、递送客用品等，需要服务人员在服务时讲究礼节礼貌。

9.2.3 质量的不稳定性

服务人员因自身素质的高低、培训时间的长短、生活环境的不同，对工作熟练程度也不尽相同，从床铺的铺陈、毛巾宠物折叠的质量上存在一定的差异，在一定程度上造成了服务质量的不稳定。同时，由于客人与客人之间的文化程度、风俗习惯、消费习惯、旅游目的等存在差异，对客房服务的期望及需求也存在较大差异，即使对于相同的客房产品也会有不同的评价，从而使得客房服务的质量也存在一定的不稳定性。

9.3 客房常见服务项目

9.3.1 迎送客服务

迎送客服务是指从客人即将入住酒店到客人退房期间的服务。迎送客服务是客房服务员对客最基本的服务，也是对客服务的重要环节，是对人家的欢迎和期盼其再次光临的诚意体现。做好迎送客服务将会给住店的客人留下深刻的印象，也能体现出酒店的档次及服务质量。

1）迎客准备

在客人即将抵达酒店前，准备工作就成了客房接待服务的序幕。要求做到充分、周密和准确，并于客人到店前完成，具体要求做到如下几点：

（1）了解客人情况

客房部接到前台传来的接待通知后，应尽可能详细地了解客情，包括客人的人数、国籍、抵离店时间、宗教信仰、风俗习惯、接待单位、接待标准、付费方式、活动日程等信息，做好各项准备工作。

（2）房间布置

应按照客人的风俗习惯、生活特点、接待规格以及客人的个性化需求对客房进行布置。一方面，按照标准流程清洁客房，并按照酒店迎宾要求，对特殊目的客人将要入住的房间进行布置，如对度蜜月客人可以提供新婚房的布置等。另一方面，可以根据客人的个性化需求对房间的设置进行调整，如客人希望睡羽绒枕和羽绒被，客房部可以提前将客人需要入住的枕被进行更换。

（3）迎候客人

各项准备工作做好后，服务员应根据客人抵店时间，在指定地点迎候。

2）迎接客人服务

一般情况下，客房服务员只需要在楼层迎接入住客人即可，客房服务的迎接工作通常都在客人乘电梯上楼进房时进行。客人经过长途跋涉后，抵达酒店时一般都比较疲倦，希望能够尽快妥善安顿，及时用餐或休息。因此，这个环节的工作必须热情礼貌、响应速度较快、服务准确，介绍酒店或者房间情况时简明扼要。

（1）迎接宾客

当客人走出电梯时，服务员应主动微笑问候，并做自我介绍，然后问清客人的房号，必要时请客人出示房卡，引领姿态带领客人进房。若无行李员陪同时，服务员还应帮助客人提拿行李。

（2）引领客人

服务员在引领客人时，应该注意引领姿势及手势。引领时侧身面向客人，五指并拢，斜向上 45 度指示方向。引领客人时服务员应走在客人的斜前方，与客人保持 1 米左右的距离，不宜距离过近或者过远，行走的速度以客人的速度为准，不宜过快或过慢。在转弯处应停住，面向客人伸出手臂示意。到达客人房间时，按照酒店规程为客人开门，插卡取电，请客人先进入房间。

（3）介绍情况

进房后，服务员应该主动向客人介绍酒店的服务设施、营业时间、收费标准、房间内设施及房间各类设施的使用方法等情况。若是客人面带倦容或者是回头客，则可视情况不做介绍，告知客房房务中心的电话号码即可，在祝客人住宿愉快后，退出房间，面向客人轻轻关上房门。

（4）做好记录

回到工作间后，按照要求做好相应的工作记录。

3）送别客人服务

在得知客人离店的时间后，客房部服务员要帮助客人做好离店前的各项准备工作，使客人感受到临行前的热情和关照。

（1）行前准备工作

客房服务员应掌握客人离店时间，检查各种账单及各项委托代办事项是否办好，客人洗熨衣物是否送回等。提醒客人收拾好行李物品并仔细检查，特别提示不要将证件及贵重物品遗落在房间。问清客人是否需要行李搬运服务，如果需要的话，应该问清具体的搬运时间及行李件数，而后及时通知前厅行李部，早做准备。送别团体客人时，要按照规定时间集中行李，放到指定地点，清点数量，并协同接待部门核实件数，以防遗漏。

（2）离开楼层时的送别

客人离开房间时，服务员要送到电梯口，主动为客人按电梯，协助行李员将行李送入电梯，放好。电梯即将关门时，面向客人，微笑告别，并向客人表示欢迎下次光临。对老弱病残客人，要护送下楼至大门或者上车。

（3）善后工作

客人离开楼层后，应迅速进入房间仔细检查床铺、柜子、卫生间等处，查看有无客人的遗留物品，如有则需立即通知客人并派人追送，如果追送不到，应做好记录上交，以备客人查找时归还。同时，检查房间内物品有无丢失，设备有无损坏，有无消费项目，如有立即通知前台收银处，请客人付账或赔偿。最后，做好客人离房记录，对接客房服务中心做好房态变更。

9.3.2 迷你吧服务

迷你吧服务是指酒店客房部为客人提供的在房间内食用饮料及小零食的一项服务。可以满足客人在房间内享受酒水饮料的需求，同时也相应地增加客房收入。一般酒店的客房会配有一个小冰箱或者小酒吧，在里面存放一定数量的水、饮料和干果，供客人们自行取用。价目表和收费单放在柜子上，上面标注各类饮料食品的存储数量和单价，供客人做价格参考。

表 9-1 客房迷你吧酒水单

Guest Name（姓名）：＿＿＿＿＿ Room No.（房号）：＿＿＿＿＿ Date（日期）：＿＿＿＿＿				
STOCK 储量	ITEM 品名	UNIT PRICE 价格 RMB	CONSUMED 消耗数量	AMOUNT 金额
2	Evian 依云水	25.00		
2	Mineral Water（Local）本地矿泉水	8.00		
2	Black tea 红茶	8.00		
2	Green tea 绿茶	8.00		
2	Juices 果汁	10.00		
2	Sprite 雪碧	10.00		
2	Coca Cola 可口可乐	10.00		
2	Heineken 喜力啤酒	20.00		
1	Mixed Nuts 混合坚果	25.00		
2	Chocolate 巧克力	20.00		
请将您每天消费的饮料记入本账单并把账单放在柜子上，消费金额将记入贵房间房账。 Please indicate daily the number of items you have consumed and kindly sign this form and leave it on your cabinet.The amount will be added to your room account.				
客户签字 Guest Signature		服务员签字 Room Attendant Signature		

客房服务员每天清洁时应清点迷你吧内饮品及食品的消耗量，并与客人核对，核对无误后，将账单交到客房中心统一处理。一般账单为一式三联，第一联、第二联将交到前厅部收银处，第三联交由客房部仓库，作为到仓库领取补充品的依据。服务员除记录客人的消耗情况外，还须及时将食品按规定品种和数量补充齐全，将用过的杯子、杯垫、调酒棒等撤换，并放上新的饮料收费单。

提供迷你吧服务时，客房服务员应注意以下事项：

如发现客人使用过迷你吧时，应核对客人新填的酒水收费单。

如客人填写有误，应注明检查时间，待客人回房间时，主动向客人说明并更正；如客人没有填写，应代客补填并签名和注明时间。

如客人结账后使用了小酒吧，应礼貌向客人收取现金，并将酒单的第一联作为发票交给客人，收取的现金连同酒单的第二联记账凭证及时交给收银处。

领取和补充迷你吧酒水和食品时，要检查酒水的质量和饮料、食品的有效保质期。

部分高星级酒店对客房内的冰箱采用计算机管理，当客人从冰箱里取出一瓶饮料后，冰箱内的开关信号将指示机器驱动，结果将使前厅部收银处该客人账单上的账目自动增加。但是这种装置也有缺点，比如客人取出一瓶啤酒后，发现商品不中意，便放回原处，但这时计算机已经记下了这瓶啤酒的账。

9.3.3　洗衣服务

酒店向客人提供的洗衣服务，从洗涤方式上可以分为三个类型：干洗（Dry-cleaning）、水洗（Laundry）和烫洗（Pressing）。其中，干洗的一般是一些高档衣料以及毛织品、化学纤维衣物、绸缎真丝等。从洗涤速度上讲，可以分为“普通服务”（Regular Service）和“快洗服务”（Express Service）两种，每种服务都需要在规定的时间内完成，普通服务一般在早上 11 点以前收取衣服，当天送回，快洗服务则要求收到客衣后 4 小时内洗完送回，由于快洗服务会为洗衣房的工作带来不便，因此，一般要加收一倍的服务费。

客人需洗衣服务时，须先填写洗衣登记表，在上面注明自己的姓名、房号、日期、所需洗衣件数，并标明要求提供普通服务还是快洗服务。洗衣登记表一般放置在写字台上或者随洗衣袋一起放在壁橱里。

客房服务人员进房收取衣服的时候，需要仔细核对表上所填要求洗涤件数与客人放进袋中的衣物是否相符，同时检查衣物口袋中有无其他物件，有无脱落、褪色、严重污损，有无布质软羽不能洗涤的情况。如发现问题应向客人指明，并在登记表上进行标注。

为了避免一些麻烦，酒店方面还应该在洗衣登记表上注明在洗涤过程中出现某些特殊情况时的处理方式，如关于洗涤时客人衣物缩水或者褪色的责任问题以及如出现洗坏或丢失情况时的赔偿问题（按国际惯例，赔偿费一般不超过该件洗衣费的 10 倍）。鉴于很多客人待洗衣服的价值远远超过洗涤费的 10 倍，如衣服损坏或丢失，按洗涤费的 10 倍进行赔偿远远不能补偿客人的损失，酒店可考虑推出“保价洗涤收费方式”，即按客人对其所送洗衣服价格收取一定的保价额投买保险。

洗熨干净、平整的客人衣物送回时，应根据洗衣登记表存根联仔细核对清楚衣物件数、房号、客人姓名等。将客衣送至客房时，请客人查收，待客人点检清楚后，再离房，并向客人道别。最后，在存根联上注明送衣日期、时间，并签上姓名。

表 9-2　洗衣登记表

<table>
<tr><td colspan="2">水洗 Laundry □</td><td colspan="2">干洗 Dry-cleaning □</td><td>烫洗 Pressing □</td></tr>
<tr><td colspan="5">如需要服务请与我们联系 If you need service， please contact us</td></tr>
<tr><td rowspan="2">房号
Room No.</td><td colspan="2">姓名 Name</td><td colspan="2">签名 Signature</td></tr>
<tr><td colspan="2">日期 Date</td><td colspan="2">时间 Time　　上午 / 下午 AM/PM</td></tr>
<tr><td colspan="5">特别指示 Special Instructions</td></tr>
<tr><td colspan="5">□普通服务：上午 11 点前收取的衣物即日可送回
□加快服务（四个小时）：下午 2 点前收取的衣物，即日可送回，50% 附加费
□熨烫服务：早上 7 点至晚上 6 点收衣 1 小时内送回
□隔夜烫洗于早上 8 点前归还
□特殊要求 修补 修补处说明＿＿＿＿＿＿＿＿
□特殊要求 去除特殊污渍＿＿＿＿＿＿＿＿</td></tr>
<tr><td colspan="5">□ General service: Collected before 11 am Delivered on same day
□ Express service （4 hours） : Latest collected by 2pm Delivered on the same day. 50% surcharge
□ Pressing service: Pressing is available from 7am to 6pm， within 1 hour
□ Overnight pressing returned by 8 am
□ Special requirements:Repair repair instructions for special requirements
□ Special requirements: remove special stains</td></tr>
</table>

客人点数 Guest Count	酒店点数 Hotel Count	水洗项目 Laundry Items	价格 RMB Price	交回状态
		普通 T 恤 Normal Shirt	30	□挂起 On hanger □上浆 Starch □折叠 Folded
		女士 T 恤 Blouse	30	
		运动衣 /T 恤 Sport/T-shirt	20	
		外套 Jacket	40	
		连衣裙 Dress	40	
		短裙 Skirt	26	
		西裤 Pants	33	
		牛仔裤 Jeans	30	
		短裤 Shorts	20	
		睡衣裤 Pajamas（2pcs）	30	
		睡袍 Night Gown	26	
		内衣裤 Undershirt/ Underpants	12	
		毛衣 Sweater	30	

续表

客人点数 Guest Count	酒店点数 Hotel Count	干洗项目 Dry-cleaning Items	干洗 Dry-cleaning	净烫 Pressing
		套装西服（两件）Suit	78	42
		衬衫 /T 恤 Shirt/Blouse	32	16
		西上衣 Jacket	48	26
		西裤 Trousers	32	16
		西裙 Skirt	20	15
		大衣 Overcoat	88	36
		晚礼服 Tuxedo	85	45
		皮衣 Leather	80	20

说明：
1. 如客人未填写衣物数量，将以本酒店所计数量为准。
2. 本酒店在正确的洗涤操作下若造成衣物的任何损坏，最高赔偿额不超过衣物洗熨单价的 10 倍。衣物上的装饰品和衣兜里的物品损坏或遗失，酒店概不负责。
3. 送衣时，除有特殊要求，男装衬衫将以折叠方式送回，女装衬衫将挂架送回。

9.3.4　清洁服务

客房部在客人住宿期间，要经常保持客房整洁，客房服务人员不仅要按照规程定时进房进行房间整理，而且还要根据宾客要求，随时进房提供客房整理服务，做到定时与随时相结合。酒店根据自身不同特点，在客房清洁卫生操作和管理中会存在一些细节方面的差异和特色，但一般都会包括如下几点。

1）物品整理

对于物品整理，每个酒店都有统一的规定和要求，其中几个必须项有：整理和铺设客人使用过的床铺，整理客人使用过并摆放散乱的物品和用具，整理客人乱放的酒店衣物（如酒店提供浴袍、拖鞋等），一般不整理客人的私人用品和衣物。

2）打扫除尘

每天客房服务员都会清理地面，用吸尘器洗净地面地毯、软座等处的灰尘，用抹布擦拭门、窗、桌、柜、灯罩和电视机等各种家具设备用品，倒掉垃圾桶里的垃圾及烟灰缸中的烟灰。

3）清洁卫生间

客房服务员需要每天清洗台盆、马桶、浴缸、水龙头等洁具，清洗卫生间四周瓷砖及地面，擦洗镜面及各种金属挂杆。

4）更换及补充用品

按照酒店要求更换床单、床垫、枕套、面巾、方巾、浴巾及地巾等棉织品，补充客房文具用品、茶叶、卫生纸、肥皂、沐浴露、牙刷以及牙膏等日常消耗品。

9.3.5 夜床服务

开夜床时间：18:00—20:00。客房服务人员应按照清洁房间规范要求提前做好准备工作。

推工作车到客房的门前，按照进房的标准和程序进入房间，在“夜床服务表”上填写相关信息。

将提前折好的报纸、大堂为准备离开的客人打印的账单整齐地放在《服务指南》上，拉上厚窗帘，打开床头灯、廊灯，关闭其他灯。

补充饮用的冷水，往热水瓶里加满热水，调换使用过的茶具，冰桶里补充二分之一的冰块。

撤换房间内所有的垃圾桶，将烟灰缸里的烟灰清理干净后拿到卫生间清洗，清除地毯上的污渍和垃圾，房间的家具擦去灰尘摆放整齐。将散在床头的衣服挂入衣橱。

检查和调好电视频道，将遥控器放在床头柜上。

根据夜床服务表上登记的人数为客人开床。将靠近床头柜的被子一侧向上折成90度角，将床面整理平整，枕头保持饱满。

将环保卡放在枕头正中间，在床头柜上放置晚安卡，“晚安”字样朝向客人。

将一次性拖鞋撑开放在开床处和床体边缘对齐的地毯上，洗衣单和洗衣袋放置在床尾处。

更换浴室内客人用过的洗漱用品，将浴缸、洗脸盆、台面清洗干净。

将浴帘下摆放在浴缸内，浴帘拉到浴缸长度的一半，将地巾铺在靠近浴缸的地面上，用干抹布擦干净浴空地面的水渍，关上浴室门。

环视房间，确认全部工作完成后取出节电卡，轻轻将房门关上锁好。

注意事项：

若房间门上挂有“请勿打扰（DND）”牌，在“夜床服务表”上登记好房号和相关信息，若“请勿打扰（DND）”牌未挂而指示灯亮着，应打电话与客人确认。避免客人因误按指示灯而漏掉夜床服务。

房间内只有一位客人入住时，应开靠近卫生间一侧的床。

若客人的床上放有物品，应开没有物品或者放置物品少的床。

若房间内有客人用过的床，应开客人用过的或比较乱的床。

若客人床上摆放了大量物品或大件行李，可以不开床，但必须做好记录。

案例分享

带有“温度”的夜床服务

一、案例介绍

张女士因工作需要单独入住了某酒店3101双床房，预计住店3天。19:00张女士到餐厅后用餐，回到房间后，房间夜床服务已经做好。客房服务员为她开的是靠近卫生间一侧的床，被子已经向上折叠了 90 度角。张女士打开电视机，靠在床上看电视，但觉得电视机的位置有点偏，于是将电视机的方向转至合适的位置。第二天，张女士办完事情回到酒店已经是晚上 8:00 了，夜床服务也已经做好。张女士惊奇地发现这次服务员开的夜床是靠窗户的一张床，而且电视机也已经调到合适的位置。

二、案例分析

按照夜床服务规程，通常需要开的是靠近卫生间墙壁的那张床，但在第二天服务员清洁房间时通过观察并记录了客人喜欢睡的床，晚上就按照客人的需求开夜床。客房服务员从客人转动的电视机中了解到客人的需要，进而想到客人可能更愿意睡靠窗户的床，便根据客人的需求与偏好进行了带有“温度”的个性化夜床服务，让客人感觉到温馨与惊喜。

9.3.6　拾遗服务

客人在住店期间或者离店的时候，可能会遗落或者丢失物件，因此，酒店必须有相应的拾遗物品控制与处理的规章制度与程序，以协助客人寻找、领回自己的物品，让客人感受到酒店真诚与贴心的服务。

在酒店范围内拾获的遗留物品，均须交到指定地点，一般为客房中心或者专门的遗留物品储存室，并进行分类保管。

遗留物品应有专人负责登记保管。设立了客房中心的酒店，一般由客房中心文员负责所有物品登记及一般物品的保管；贵重物品须在客房中心登记后，交由主管登记，设置小保险箱保管以保证安全。

若客人遗留的物品保存到酒店规定期限仍然无人认领，酒店可按有关规定自行处理，不同酒店处理方式不同，但一般处理方式如下：

①一般物品。通常规定一般物品 3 个月后无人认领，一般经请示后可由酒店自行处置。

②药品。两周内无人认领，一般经请示客房部经理核准后，可弃之。

③水果、食品、酒水。两天后无人认领，一般经请示后可由酒店自行处置。

④衣物。2 个月后无人认领，一般经请示后可由酒店自行处理。

⑤证件文件、贵重物品。应尽快联系归还客人，若无法联系到客人，应交由公安部门处理。

9.3.7　叫醒服务

叫醒服务一般由酒店总机进行，客房部通常在总机提供此项服务时予以适当的协助。团队客人是最需要叫醒服务的群体。一般客人会直接通知总机要求提供叫醒服务，也有客人会要求楼层服务员提供此项服务。服务员应将客人的要求记录下来，并做到及时通知。叫醒服务包括人工叫醒服务和自动叫醒服务两种。

1）人工叫醒服务

服务员应将需要提供叫醒服务客人的房号及叫醒时间准确记录下，并向客人重复核实确认无误，交接班时，应提醒下一班服务员，及时叫醒客人。叫醒时，若客人没有应答电话，服务员应该重复叫醒，过 5 分钟后再打电话叫醒一次，确认客人已经被叫醒。若拨打两次叫醒电话均无人应答，服务人员必须前往客房查看，防止发生意外情况。为了防止发生纠纷，有些酒店在提供叫醒服务时，会对电话进行录音，所以服务员必须在叫醒电话中得到客人应答对话，以便作为叫醒服务的证据。

2）自动叫醒服务

有些酒店提供自动叫醒服务，当客人申请叫醒时，服务员在记录下客人房号及叫醒时间后，将相关信息指令输入程控交换机，而后主管核对输入情况，检查核对有无差错后打印报告，以防止机器出现错误。当到叫醒预定时间时，客人房间的电话会自动响铃，若响铃时间已达 1 分钟，客人仍不接电话，铃声就会自动停止，5 分钟后，将再次响铃。

9.3.8 加床服务

酒店中的普通标准间一般设有两张床，但在客房服务中经常会遇到三人同行或者是携带小孩的家庭，他们通常要求多加一张床。因此客房服务人员应提供便利，尽量满足客人的要求。在提供加床服务时应注意以下几个方面：

1）加床服务需收费

客人如需此项服务，应先到前厅部登记处办理登记手续。

2）服务人员接到前厅部通知后，提供加床服务

需注意的是，有时候客人会直接向楼层服务人员提出加床服务要求，客房部服务员应礼貌地请客人到前台办理相关手续，不可随意答应客人的要求，更不得私自向客人提供加床服务。

3）通常在做夜床的时候，根据客人要求的时间及时加床

加床时，应相应地增添必备客用品。加床的床上用品要求与标准间的床上用品相同，并且需以同样的方式做床。

加床服务通常是晚上加床，白天为了增加起居空间，可要求撤床。但如果客人有要求，也可保留在房内，方便客人休息。

9.3.9 租借物品服务

酒店房内提供的物品通常可以满足大多数客人的需求，但有时因为某些特殊原因客人会要求酒店提供一些特殊物品，如熨斗、婴儿车、婴儿床、温度计、变压器等。客房部应备有此类物品。以便能够及时提供物品租赁服务以满足客人的需求。进行物品租借服务时，应注意以下几个方面：

在客房内的“服务指南”应注明客房部可提供此类服务，并告知客人服务的方式和联络方法。

客人可通过电话或者直接向客房服务人员提出租借物品的要求。

客房服务人员应详细询问客人所需物品的名称、要求、租借时间以及从何时租用至何时等。

在接到客人要求后应尽快将客人需要的物品准备好，并在与客人约定的时间送到客人的房间。

请客人在租借物品登记表上签名。

过了借用期限或者是其他客人想要借用而客人仍没有归还物品时，客房服务人员应主动询问客人，但应注意礼貌和询问方式。

客房服务人员每天交接班时，应将租借物品服务作为交接班内容，说明客人租借物品的情况，以便下一班次服务人员继续服务。

客人归还物品时，客房服务人员应做好详细记录，并在交班的时候说明租借物品已经收回。

9.4 宾客类型和服务方法

酒店的客人来自五湖四海，由于身份地位、宗教信仰、文化修养、兴趣爱好、生活习惯、社会背景等不尽相同，因此对酒店的服务有不同的要求。了解他们的需求特点，采取针对不同类型的宾客类型采取不同的服务方式，是酒店客房服务获得客人满意的前提。以下根据不同的划分方法对宾客类型进行划分。

9.4.1 按照出游的目的划分

1）商务 / 公务型

商务或公务客人是一个高消费群体，对于住宿的价格敏感度不高。他们具有较高的文化修养，希望得到更多的尊重，要求享受高端的生活待遇和优良的服务。一般诉求为工作方便，生活需较为舒适，并能够保证客房安全。因为工作关系，商务或公务客人非常重视保持良好的个人形象，因此在服务方面首先要求有高质量的熨烫衣物服务，美容服务也很受欢迎，该类客人讲究饮食，还有约三分之一的客人喜欢在客房用餐。商务、公务客人对酒店的娱乐健身等项目也具有较强的兴趣。随着女性商务客人的增多，女性对客房的要求被关注。

服务方式：推荐豪华或商务客房，选派素质高、外语好、业务精的服务人员为商务客人服务，以高质高效为第一要求；为客房营造良好的办公环境；对立国家或具有商业竞争的客人不要安排在同一楼层；客人的需求需要尽快满足，有邮件需要立即送到房间。

2）蜜月旅游型

蜜月旅游型的客人常有“一辈子就这一次，得好好享受一次”的想法，故对于价格不是很敏感。此类型客人对客房的诉求主要在于浪漫环境氛围的营造和对私密安全的客房管理。

服务方法：安排安静、明亮的大床房，客房整理要做到整齐、美观、恬静，如有预定，可以按照客人的要求和风俗习惯准备，如贴红喜字、摆放鲜花、折叠鸳鸯毛巾宠物等，举行婚礼时要送结婚纪念品，组织员工表示祝贺。客人多白天外出，客房清扫等服务需要在趁客人外出时进行，客人回来尽量避免进房打扰。

3）修学旅游型

修学旅游是近年出现的新事物，作为一种传统而现代的素质教育手段被广泛关注，正在逐渐兴起和推广。以在校学生群体为主，各类专项研修旅游爱好者、科研人员也是重要组成部分。该类型客人对于客房产品的质量要求一般，住店时间一般较长，偏好较为安静且挨得比较近的房间。

服务方法：对这类客人在生活起居方面要多给予关心照顾，尽量安排偏僻的同一楼层的客房，平时不需要过多地打扰他们。书桌和写字台一般比较乱，书籍和资料较多，整理时未经允许不能随便翻阅。外出活动时注意叫醒，可以多介绍图书馆、文物古迹和自然旅游景观。

4）观光旅游型

观光旅游型客人出游的主要目的是游览当地风光、了解当地风土人情、进行文化交流等。一般此类客人参观游览的项目较多，行程安排得较为紧密，在酒店逗留的时间较短。对于酒店客房的居住环境要求不高，对于服务需求多为叫醒、问询等。对于团队出行客人，亦偏好较为集中的房间区域。

服务方法：了解客人的出游行程，在客人白天外出进行旅游活动时进行客房的打扫，在客人回房休息后为其创造安静、整洁、温馨的居住环境，帮助其尽快恢复体力。积极提供问询、代寄、购物指引、叫醒等服务，配合客人的行程及活动。

5）休闲度假型

休闲度假型客人一般住店时间相对较长，消费水平一般，喜欢温馨的具有家居氛围的客房布置，服务要求比较多，如洗衣、加床、迷你吧等，几乎都会出现，喜欢丰富多彩的娱乐项目，喜欢和服务员打交道，希望得到热情随和而非呆板、规矩的服务。客人出游的心情都很放松，希望酒店能为其提供轻松自由休闲的环境的同时，能够保障其人身财产安全。

服务方法：安排离电梯口较近或者离娱乐部、健身房较近的房间，提供服务周到、细心，尽快摸清客人的生活规律。客房时时保持清洁状态，经常做小整理，使客人心情舒畅。客人休息不要打扰，多介绍酒店、当地旅游等知识，推荐适合客人口味的饮食和出行地点，加强安全巡视。

9.4.2 按照旅行组织方式划分

1）散客

散客是指个人、家庭及五人以下自行结伴的旅游者。这类客人的平均消费水平较高，对客房的硬件设施和软件服务要求也比较高。硬件方面，散客大多选择大床房，并要求房内有电脑接口和不间断电源，办公设备、电热水壶等日常用具齐全。软件方面，要求客房服务项目齐全，客房清扫整理时间安排合理得当，服务快捷高效，并不希望经常被打扰。

服务方法：尽量满足客人对房型的选择，观察客人的生活习惯，提供细心细致的服务，若是初次入住客人，应微笑相迎，并适当介绍酒店设施设备及服务，告知其联系服务员方式，提供快速、高效的客房服务。

2）团队

团队客人大多数以旅游观光为出游目的，也有为执行公务、专业考察、商务活动、会议、访问、参加比赛或演出而出行的客人。团队客人对客房的卫生环境比较重视，一般都有组织、有计划地进行活动，且日程安排较紧密，一次性租住房间数量多，活动时间统一。除了在酒店参加会议的客人外，一般店外活动较多，在客房内停留的时间较短。

服务方法：接待团队客人应注意对团内每一位客人要采取一视同仁的态度，避免谈及有关房价、餐费等问题，不要介入客人之间的矛盾，遇到问题时，可先与团队领队或负责人进行联系。充分做好团队进店、离店前后的准备工作。在清洁卫生时，要注重对卫生间的清洁，洁具一定要按标准进行严格的清洗和消毒。

9.4.3　按照国别划分

1）境内客人

境内客人习惯于传统的随叫随到的呼唤服务人员进行服务的方式，喜欢能够见到服务人员面对面沟通的服务方式。相当大一部分境内客人有中午休息或午睡的习惯，不希望在午睡时间被打扰。一部分客人习惯于将食物拿到客房内进食，习惯于喝温水或热水，要求房间内一定要有电热水壶。同时，境内客人喜欢在客房内会客，所以访客会比较多。

服务方式：遵从境内客人的生活习惯，多在客房区域进行巡视，遇到需要帮助的客人主动上前提供服务。确保客房内的电热水壶等境内客人常用家具家电完整，安排好清洁时间，尽量避免打扰客人休息。及时进房清理食物垃圾，避免在房间内留下食物气味。提示客人访客到访和停留时间，避免访客停留时间过长，给安保造成过大压力。

2）境外客人

境外客人的生活习惯与境内客人不同，习惯于晚睡晚起，对于窗帘的遮光效果要求较高。对客房的卫生十分敏感，喜欢淋浴。对室内的温度要求较高，大部分境外客人喜欢把室内的温度调得很低，喜欢喝冷饮，需要在房间内常备冰块。在服务项目方面，消费水平高，服务要求也比较多，喜欢客房送餐服务、迷你吧服务和洗衣服务等，且习惯电话服务，希望服务能够尽快满足，同时，注重个人隐私，不希望看到有楼层服务台。

服务方式：在服务中注意保持热情的态度，了解并尊重客人的不同文化及其禁忌。强化客房卫生清洁，不随意调客人房间内的温度，注意冰桶和冰块的持续增添。及时撤换客人用餐后的餐具。注意客人隐私，不随意进出客人房间。

9.5 客房服务质量管理

9.5.1 客房服务质量管理的内容

服务是指为他人做事，并使他人从中受益的一种社会活动，不以实物的形式而以提供劳务的形式满足他人的需要。英文的 service（服务）通常包含七个层面的意义，代表着具体服务的概念。第一个字母 S，即 smile（微笑），含义是服务员要给每一位客人提供微笑服务。第二个字母 E，即 excellent（卓越），含义是服务员要将每一项微小的服务工作做得出色。第三个字母 R，即 ready（有所准备的），含义是服务员要随时做好为客人服务的准备。第四个字母 V，即 viewing（观察），其含义是服务员需要密切关注客人，观察并预测客人的需求，以便随时提供帮助。第五个字母 I，即 inviting（邀请），含义为对客人情感方面的关注，提升客人的忠诚度。第六个字母 C，即 creation（创造性），含义是需要关注客人需求，并以创造性的方式提供服务，为客人创造惊喜，提升客人对服务的赞誉感。第七个字母 E，即眼光，是服务员要将每一位客人都当作是需要自己关怀的亲人，使客人时刻感受到服务员的关心。

客房服务质量是指以设备或产品为依托所提供的劳务适合和满足宾客物质和精神需求的程度。适合和满足的程度越高，服务质量就越好。客房服务质量管理的内容由以下几方面构成：

①客房设施设备用品质量，包括客房家具、电器设备、卫生间设备、防火防盗设施、客房备品和客房供应品的质量。这些是提供客房服务的物质基础，其舒适完好程度如何，直接影响到整个客房服务的质量。

②客房环境质量，主要是指客房设施设备的布局和装饰美化，客房的采光、照明、通风、温度、湿度的适宜程度。良好的客房环境能使客人感到舒适惬意，产生美的享受。

③劳务质量。劳务质量是客房部一线服务人员对客人提供的服务本身的质量。包括服务态度、服务语言、服务礼节礼貌、服务方法、服务技能技巧、服务效率、安全与卫生等方面。

9.5.2 客房服务质量管理的主要环节

客房服务质量是有形产品质量和无形服务质量的统一，是对酒店提供的各项服务适合和满足宾客需求的评价。对客房服务质量管理的主要环节分为准备过程、接待服务过程、接待服务结束过程等三部分。

1）服务准备过程的质量控制

（1）精神准备

服务员必须精神饱满、着装整洁，必要时事先了解客人的身份、生活习惯等，以便有针对性地提供服务。每天岗前管理人员要对服务员的仪容仪表进行检查。

（2）物质准备

服务员要检查客人即将入住的房间，看是否完全符合出租质量标准。清扫客房卫生前，要先准备好工作车、清扫工具，装好准备换用的布件和客房用品。

2）接待服务过程的质量控制

①按接待服务规范和服务标准，严格检查各环节服务质量。已制订的服务规范和标准必须严格执行，不能束之高阁。质量控制要以预防为主，发现质量问题要及时纠正，并避免重复出现。对接待服务的薄弱环节要实行重点控制。

②收集质量信息，分析产生质量问题的原因，尽快研究改进。对客人投诉要及时妥善处理。如果发现是服务质量标准本身存在问题，要认真研究修订，确保质量服务标准的严密性和合理性。

3）接待服务结束过程的质量控制

①征求客人意见。对重要客人（如贵宾、常客、长住客），管理者要亲自登门征求意见，以示尊重。

②善后处理，办好客人交办之事。在客房服务质量控制工作中，楼层主管、领班的作用至关重要。他们要充分调动基层管理人员对服务质量管理的积极性，把好客人服务质量关。

9.5.3 客房服务质量优化的意义

客房服务质量优化，是指在几乎不增加成本的情况下改进客房服务质量，以增加客人对客房服务质量的好评率，提升客人对客房服务质量的满意度。

客房服务质量是酒店服务质量的重要表现，是酒店服务质量好坏的关键。因此，优化客房服务质量是酒店服务质量提升工作的重中之重。客房服务质量优化的意义在于：

1）有利于降低成本效益的比值

以最低的成本获得更高的效益，是酒店追求的最终目标。优化客房服务质量，酒店客房产品效果得到提升，客人满意度随之增高，给酒店带来的社会效益、经济效益也会因此升高。在成本不变的条件下，成本效益比值降低，有利于酒店利润空间的提升。

2）有利于提高客房管理的边际效益

酒店客房产品作为酒店的核心产品，客房服务质量优化，增加的单位成本会给酒店带来更多的经济效益和社会效益，也就是说，优化客房服务质量会提高客房管理的边际效益，并且该边际效益会递增。

3）有利于提高客房产品性价比

性价比全称是性能价格比，是一个性能与价格之间的比例关系，具体公式：性价比 = 性能 / 价格。客房服务质量优化后，客房产品价格不变，性能提高，对于消费者来说，提高了产品的性价比。性价比高的产品，会更受消费者青睐。

9.5.4 客房服务质量优化的途径和方法

优质服务是规范服务和个性化服务的综合体。虽然优质服务并不一定是“令人满意”的服务，但是，提供优质服务客观上会增加客人的满意度。服务质量优化主要通过直接提高服务的质量、间接提高管理服务的水平以及改变提供服务的模式等途径来实现。具体有：

1）提高直接服务的质量

客房服务是由客房部一线员工直接为客人提供的，客房服务质量优化应该首先从一线员工服务实施层面提升开始。因此，提高直接服务的质量主要是帮助一线员工提高常规服务质量及个性化服务质量。

（1）日常工作规范细化

日常工作规范化是稳定服务质量的底线。一般来说，酒店对于常规服务项目都有规范化的操作流程，员工只需要按规范流程操作即可提供标准化服务。然而，从服务质量优化的角度来看，常规服务项目操作规范中往往写明了操作步骤，但是对操作过程细节未加以描述。比如：客房服务员进房门程序（图 9-1）的规范撰写里，可以将客房服务员在进房门的过程中遇到每一种情况加以描述，特别是遇到房内有客人的情况下，客房服务员具体应该说什么做什么，而不是一概而论地归纳为一句“应向客人说明来意”。当然，还应写明灵活处理的做法。这样的工作流程可以给员工更细化、更规范的指导。

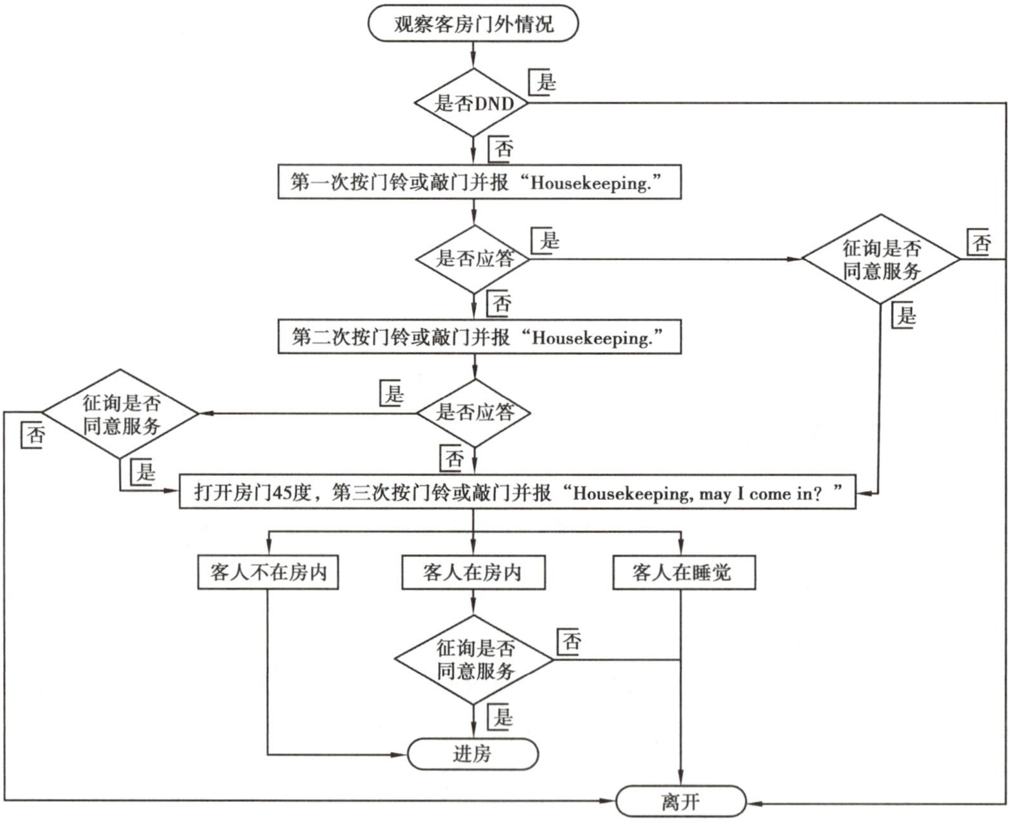

图 9-1　客房服务员进房门程序示意图

此外，日常工作远远不止常规服务项目的操作，还包括工作间的整理、布草间的维护、工作车的整理流程等。如果能让每一个工作细节都有细化的规范流程，那么员工的工作过程、服务质量会更加稳定，也更加有利于工作定额的计算。

（2）规范服务个性化

规范服务无论再细化，给客人的感觉难免有点“程序化”。将规范服务做成个性服务，是优化客房服务质量比较有效的方法。最简单的例子，在每次跟客人见面时，以个性化称呼代替“先生”“女生”等大众化称呼，就会以最简单的方式，把规范化的常规服务在这位客人的心里转变成专门为其提供的个性化服务。

（3）个性化服务人性化

优质服务是规范服务和个性化服务的综合体。客房服务人员在能力范围内尽量满足客人提出的合理需求，并尽力满足客人潜在的合理个性化需求。在提供个性化服务的时候，要尽量做到“人性化”。也就是说，既然做了，就要做到客人心里去，不要让客人觉得“鸡肋”。

2）增强管理服务的水平

客房部一线员工既是服务的实施者，也是服务的管理者。一线员工的素质水平、个人能力、思维方式和观念等，都将会影响服务质量。因此，增强管理服务的水平，很大程度上是增强员工自身水平，提高员工的满意度，并且提供制度保障。

（1）提升员工的素质水平

①员工服务态度提升培训。服务态度是指服务者为被服务者服务过程中在言行举止中所变现出来的神态。服务态度是优质服务的前提。

②员工服务能力提升培训。不同的员工在为同一客人提供同一服务项目时，往往会得到客人不同的评价，这就是员工服务能力不一致造成的。员工服务能力与员工个人魅力、语言能力、应变能力、客人心理解读能力等相关。

（2）提升员工的满意度

一线员工为客人服务，二线员工为一线员工服务。不论是一线员工还是二线员工，他们自身对酒店的满意度都将会影响其在实施服务时的用心程度和主动性，从而直接影响着服务质量。因此，提升员工满意度，也是优化客房服务质量的方法之一。

（3）制度保障

客房部应建立规章制度，赋予客房服务一线员工在实施客房服务时的自主权和决定权，比如客房服务员可以视客人情况自主决定夜床礼物，可以在一定程度上请求相关岗位或部门支持。一线员工在行使服务自主权的时候，其他岗位有义务全力配合。同时，酒店还应该从制度上建立激励机制，鼓励一线员工主动为客人服务。

3）转变提供服务的模式

客房服务的基本模式是楼层服务台模式和房务中心模式两种。在现代社会，单一的楼层服务台几乎不复存在，而单一、呆板的房务中心模式虽然效率比较高，但是也出现了服务不够及时和灵活，人工成本尚未降到最低等缺点。因此，客房服务模式正展开多元化的变化，以达到优化客房服务质量的目的。

（1）“房务中心 +”模式

现代酒店客房部根据具体情况可以发展“房务中心 +”的模式来优化客房服务质量。如：房务中心 + 班组模式、房务中心 + 楼层服务台模式、房务中心 + 外包模式、房务中心 + Runner 模式、房务中心 + 专职管家模式等。

（2）房务中心转移

有些酒店直接将房务中心取消，将其功能转化到前台或总机，以及客房部办公室。

（3）全智能服务模式

利用互联网 + 智能客房，客人直接通过智能设备来获取服务，更加高效便捷。

案例分享

酒店如何做好个性化服务？

酒店精细化管理与个性化服务，实践中主要是通过非常规性或客人没有预料到的惊喜而实现的极致化的管理和服务，有时也体现在很小的一件事上。正如酒店管理者常说的一句话：“酒店服务无小事”。在管理中的每个环节，服务中的每个细节，看似不起眼的一件事，但能给客人创造出满意和惊喜，也能起到以小见大、出奇制胜的效果。

酒店精细化管理与个性化服务主要体现四个基本特点：“快速、准确、细致、到位”。

典例一：客人在某酒店的总服务台办完入住登记后，就到前厅礼宾台找到“金钥匙”，反映自己的行李箱出了问题，要求到房间帮助修理一下。这位客人刚进房间，酒店工程部修理人员就敲门了，并在很短的时间就将客人的行李箱修好。

简要点评：此典例，体现了酒店精细化管理与服务中的快速反应，实现了宾客在前厅礼宾台得到“金钥匙”满意和惊喜的终端服务。

典例二：某酒店的一位客人，在酒店中餐厅吃早餐，筷子不小心掉在地上，客人刚把它捡起来，还没有开口要新筷子，餐厅服务员已经将一双新筷子递到了客人的面前。

简要点评：此典例，体现了餐厅服务员训练有素的快速和机敏，做到了在服务中要求的“眼观六路、耳听八方”，补救了客人觉得“不文明用餐”的尴尬窘境。

典例三：住某酒店的几位客人，晚饭后，在酒店的夜总会包厢唱歌，当晚客人忘记开发票。第二天早餐后，客人到夜总会补开发票，可夜总会还没有开始营业无法给客人开发票，客人要赶飞机，焦急万分。大堂副理了解情况后，让客人留下具体地址，三天后客人在异地城市收到了装有发票的快件。这几位客人和单位的同事、朋友，从此成为杭州某酒店的忠诚客户。

简要点评：酒店大堂副理主动为客人排忧解难，不仅体现了酒店的信誉，还留住了客人的心，使客人很受感动，向身边的同事、朋友广而告之，起到了很好的口碑效应。印证了这么一句话：“口碑大于广告”。

典例四：某酒店一位客房服务员在打扫房间时，发现垃圾桶里有一根断了的鞋带。他跑到商场买了一副新的，为客人的鞋子穿好，还把鞋子擦亮，放回原处。客人回来，看到光亮如新的鞋子和新鞋带，感动不已。

简要点评：客房服务员给客人擦亮皮鞋是本职工作，是服务的基本要求，但为客人花钱买鞋带，超出了客房服务员的服务范围，这种无微不至的服务，给客人带来了惊喜。

要使顾客高兴而来，满意而归，光凭标准的、严格的、规范化服务是不够的，只有在规范化的基础上，逐渐开发和提供个性化服务，才能给客人以惊喜，才能让客人感觉到“宾至如归”，才能使客人“流连忘返”。下面列举几个客人可采纳的个性化服务项目，供大家思考。

①绝大多数客人晚上休息时，喜欢将客房的遮光窗帘拉合好，才会睡得香甜，因而客房服务程序中规定对住客房间开夜床。然而有的客人却因一天的工作劳累，常常一觉到天明，为了不影响第二天的繁忙工作，希望将遮光窗帘中间留出一条缝，这就需要细心的服务员发现、分析、判断，在夜床服务时提供客人满意的服务。

②服务员早上清扫房间时发现，客人将开夜床时已折叠好的床罩盖在床上的毛毯上，再看空调是 23 ℃。这时服务员立即主动加一张毛毯给客人，并交代中班服务，夜床服务时将温度调到 26 ℃左右。

③服务员为客人清扫房间时，发现客人的电动刮须刀放在卫生间的方石台面上，吱吱转个不停，客人不在房间。分析客人可能因事情紧急外出，忘记关掉运转的刮须刀，这时，服务员要主动为客人关闭刮须刀开关。

④服务清扫房间时，发现一张靠背椅靠在床边，服务员不断地观察，才发现床上垫着一块小塑料布，卫生间还晾着小孩衣裤，服务员这才明白，母亲怕婴儿睡觉时掉到地上，服务员随即为客人准备好婴儿床放入房间。

⑤服务员清扫房间时，发现床单、毛毯、床垫等各处都有不同程度的秽污。服务员马上意识到，是客人外出游玩因饮食不慎引起肠胃失调，应将所有脏的物品更换一新，还应通过楼层主管及时与导游联系，并通知医生及时治疗，让客人得以康复。

⑥一次服务员清扫住房时，发现暖水瓶盖开着，不知是客人倒完开水，忘记盖好瓶塞，还是客人喜欢喝凉开水，故意打开瓶塞的？疑虑不解，难以断定。为满足客人的需要，服务员为客人送去了凉水瓶装满的凉开水；同时，暖水瓶照例又更换好了新的开水。

⑦服务员发现客房中放有西瓜，想必是旅客想品尝一下当地的西瓜，绝对不会千里迢迢带个西瓜回家。所以服务员主动为客人准备好了一个托盘、水果刀和牙签。

事例虽小，但常常使客人惊喜万分。一封封的表扬信，给客房服务员以肯定与鼓励；一张张的笑脸，拉近了双方的距离。至此，我想起了客人的一句话：“客人也是人，是有血有肉的人。”因此，要想为客人提供优质服务，做好个性化服务，请走近客人，细心观察，只有站在客人的角度，去看待、分析、处理问题，才能收到实效。

案例来源：“私人管家”订阅号。

本章小结

► 通过本章的学习，了解和熟悉客房服务模式、客房常规服务项目及实施步骤、个性化服务质量优化途径等内容，提倡自主开展实践学习，在实践中思考服务管理的嵌入点及服务质量优化的方式。

复习思考题

1. 客房服务模式有哪几种？其优缺点分别是什么？
2. 客房服务的常规项目有哪些？它们的实施步骤是怎样的？
3. 客房常规服务项目在管理过程中可以通过哪些途径进行服务质量优化？
4. 个性化服务是什么？客房服务如何提供优质的个性化服务？
5. 如何根据实际情况来应用客房服务质量优化的途径？

第10章 客房清洁服务管理

■ 内容导读

本章重点介绍客房清洁工作、酒店公共区域清洁工作的内容及程序，客房卫生质量控制的方法和标准等。客房的清洁工作管理是客房服务的重要内容，是酒店管理必不可少的一项，也是客人对酒店服务满意的重要衡量指标。通过本章的学习，应达到以下目标：

- 熟悉客房日常清洁相关知识。
- 了解客房清洁程序及相关管理工作。
- 了解客房周期清洁保养的组织与管理工作。
- 掌握客房清洁质量的控制方式。
- 了解酒店公共区域的清洁及保养方法。

10.1 客房清洁服务管理

客房的日常清洁整理又叫“做房”，主要内容包括除尘、物品整理、更换和补充用品、擦洗卫生间、检查设备等，是酒店每天都需要进行的工作。客房的清洁程度是客人入住酒店最关心的问题之一，也是客人选择酒店的标准之一。整洁的房间、优雅的环境能使客人心情舒畅、轻松愉快，因此，客房服务员必须按时、按服务规程和标准的要求，认真、高效地清洁房间。

10.1.1 客房清洁整理的准备工作

客房服务员与酒店其他部门的服务员一样，抵达酒店后，首先到服务员指定的更衣室进行更衣，将私人物品存放在更衣柜内，并按规定穿好工装，佩戴好工牌，整理仪容仪表。仪容仪表需干净、整洁，长发女员工需按照酒店规定方式盘好头发，除婚戒外不佩戴过多的首饰，不使用味道过于浓烈的香水，保持得体的服务员形象。

1）签到

客房部服务员在整理好仪容仪表后，应到房务中心签到，以便帮助部门管理人员了解员工的出勤情况。

2）了解工作任务并签领客房钥匙

为了提高部门工作效率，客房部一般在正式开始工作之前会召集该班次出勤的所有服务员开会，明确工作任务、传达工作新指示并讨论在工作中出现的问题。在下达工作任务时需明确每位服务员的工作楼层、客房号、当日客情、房态及客人的特殊要求；传达工作新指示时，需明确工作重点；在探讨问题时需明确未来改进方向。客房服务员接到工作任务后，需到房务中心统一领取工作区域的钥匙。领取钥匙时，需填写“钥匙收发登记表”，并履行签字手续，钥匙领取后需随身携带，妥善保管，以免不慎丢失，给酒店和住客造成不可估量的损失。

3）了解房态并决定清洁顺序

了解房态是客房清洁的基础。房态是一间客房某一时间段内有无客人在房内以及是否可以进行清扫的意思表示。客房部服务员每天在对客房进行清洁前，必须认真仔细地了解和熟记每间客房的状态，只有准确了解房态，服务员才能准确、有序地进行房间的清洁工作，避免在客人不需要的时候敲门进房，打扰到客人。

服务员在了解并核实了自己所要清洁客房的状态后，应根据客房状态的急缓先后、客人情况合理安排房间的清洁顺序，使得在满足客人客房清洁需求的同时，又能够保障客房的出租周转率。一般情况下，如所有的 VC 房都已满客，而有客人在等待入住时，应先清洁 VD 房；若没有 VD 房，则需要按照客人的需要来决定做房顺序，若发现房态异常，需要立即向主管、领班报告。

标准清洁顺序：VIP—MUR—OCC—VD—VAC

淡季清洁顺序：前台特殊指示房—MUR—VIP—OCC—VD—VAC

旺季清洁顺序：VAC—前台特殊指示房—VD—MUR—VIP—OCC

以上客房清洁顺序还应根据客人的活动规律加以调整，总之，客房的清洁应以不打扰客人或尽量少打扰客人为宜。

案例分享

可以先打扫 810 房间吗？

一、案例介绍

住在 810 房的两位客人来自浙江温州，他们今天上午刚抵达杭州，经朋友介绍下榻到这家饭店。离午餐还有近两个小时，他们去苏堤、白堤转了转，下午便开始工作。第二天上午，他们用完早餐后回到房里，一位原定下午来与他们商谈一宗出口业务的杭州市某大公司副总经理来电，因故欲将会谈改到上午进行。由于这宗买卖关系到温州客人半个年度的经营计划，同这位副总经理洽谈是他们此次来杭的首要目标，所以尽管上午已有安排。他们还是一口答应。挂了电话，马上与另外两家公司联系，把原定于上午会面的计划推迟到下午。“邢副总还有半小时便要到达，房里还是乱七八糟的，请服务员快来打扫吧。”年纪较大的那位营业部经理对助手说道。

经理的助手开门出去找楼层值台服务员时发觉，一辆服务车已停在 801 房外面，801 房的门敞开，显然服务员已经开始在那儿做客房清洁卫生。助手到 801 房，十分礼貌地请两位服务员立即打扫 810 房，最后没有忘记说声“谢谢”。两位服务员听到他的要求面面相觑，似乎有什么难处。“是否我的要求会给你们带来什么困难？”助手还是彬彬有礼地询问。一位年纪稍大的服务员开口了，她说：“我们每天打扫房间都必须按规定的顺序进行。早上 8 点半开始打扫 801 房。然后是 803、805 等，先打扫单号，接着才是双号。打扫到 810 房估计在 10 点左右……”“那么能不能临时改变一下顺序先打扫 810 房呢？”助手十分耐心地问道。“那不行，我们的主管说一定要按规范中既定的顺序进行。”他们面露难色。显然服务员能理解客人的心情，也很愿意满足他的要求，但却不敢违反饭店的规定。

二、案例评析及解决方案

国际标准 ISO 9004—2 和与之等同的中华人民共和国国家标准 GB/T 9004.2《质量管理和质量体系要素第二部分：服务指南》（以下简称《服务指南》）指出：服务质量体系就是为满足需要而建立的，顾客是这个体系的焦点，服务质量体系的整个运作就是要“以顾客为中心，保证顾客满意”。这是国际标准和国家标准《服务指南》的核心思想。当顾客的需要不符合酒店工作程序或服务程序时，服务员要求顾客来适应酒店，而不是顺应顾客做出满足顾客需要的调整，这反映出“以顾客为中心”的观念还未在该酒店普遍确立。

此案例暴露了该酒店管理上存在以下两个方面的问题：

一是在员工的培训方面。管理人员片面强调服务员执行规定和按程序操作，而没有把服务上的灵活性教给他们。一切规范和程序的根本目的是保证顾客满意。因此，制订各种规范和程序的唯一依据是站在客人的立场上为客人考虑。一味强调程序固然能在一般情况下保证大多数客人满意，毕竟还有一部分客人的特殊需求不在规范之内，甚至可能与酒店服务程序相背。只要那些特殊需求是合理的，酒店应尽量予以满足。本例中温州客人要求先打扫他们的房间以接待客人，这是典型的合理需求。但服务员接受了规范的训练，不能（也许是不敢）擅自改变操作程序，致使客人失望。从另一方面分析，这两位服务员头脑里装了很多酒店的条文，酒店领导却没有把“客人是上帝”“人性化服务”等酒店服务的金科玉律灌输给员工。所以本例中两位服务员在说出“那不行”的话时，她们全然没有掂量过它的分量，也不知道她们已经触犯了酒店业的“天条”。这事看来错在服务员，根子却在管理者身上。

二是在规范与程序方面。俗话说“没有规矩，不成方圆”，这句话强调了规范与程序的重要性。但是，诚如上述，规范与程序不能满足所有的客人，这一方面是客人的需求有时比较特殊，一般规范难以包罗万象，另一方面是规范自身有一个适应性问题，让员工执行欠完善的规范，而且不给员工灵活机动地执行规范的权力，这样的管理方式便很有改进的必要。本例中两位服务员讲的规范即有明显的不足。客人要求先打扫或后打扫某个房间是经常发生的事，客房清洁规范中不应机械地规定员工打扫房间的顺序。因此，需要改进的不是别的，正是酒店自身的规范。凡一切有碍于创造优质服务的规范或制度都应及时改进。

4）准备工作车及清洁用具

要清洁客房必须准备好工具车和清洁工具。工具车是客房服务人员整理和清洁房间的主要工具，准备得充分与否会影响清洁效率。准备工具车包括清洁工具车、准备充足的干净垃圾袋、备份好床上用品等客房用品；清洁工具包括清洁剂、干湿抹布、清洁手套、吸尘器等，并检查工具是否能正常工作。

10.1.2 不同类型客房清洁的内容及作业标准时间

客房状态不同，对于其清洁的要求和程度也有所不同。一般来说，对于暂时没有人居住，但随时可供出租的空房，服务员只需要进行简单的清洁；对于有客人住宿的住客房以及客人刚结账离店尚未清洁的走客房，需要进行一般性清洁；对于长住客离店后以及将有重要客人光临的客房，需要进行彻底的清扫。

简单清扫：服务员只需要视具体情况每天擦拭灰尘，检查客房内的设施设备是否正常运行，打开水龙头放一段水，冲放马桶水（防止水留在马桶内时间过长而留下黄渍），开窗换气，过几天吸一次地毯。

一般清洁：一般清洁是客房服务员的常态清洁项目，一般包括撤垃圾（餐具）、更换房间布草、清洁卫生间、整理床铺、抹尘、补充客房用品等较为全面的清扫。

彻底清洁：彻底清洁在一般清洁的基础上，要仔细擦洗客房的各个角落和设施设备的里里外外，对地毯进行除污，有霉点的位置进行除霉，清洁阳台、翻转床垫甚至撤换窗帘。

清洁打扫一间客房花费的时间受到服务员的能力和经验、客房面积、住客素质等多方面的影响，客房管理者需要根据上述因素确定客房服务员的工作定额。一般而言，不同类型的客房所需要的清扫时间大致为：双人间 25~30 分钟，大床房 20~25 分钟，套房 50~60

分钟。可见，清洁一间客房平均需要 30 分钟 ，按照这个标准，国际上每个服务员每天清洁的房间数量为 14 间左右。

10.1.3　客房日常清洁的基本原则

各大酒店根据自身特点的不同，在客房清洁的操作和管理中会有细节上的差异，但为避免清扫过程中的重复劳动，提高清洁效率，一般遵循的清洁原则包括：

1）从上到下

抹尘时应从家具、设备的上部抹起，逐渐向下抹。

2）从里到外

清洁工作应从里到外依序进行。特别是最后的吸尘和检查工作，由里向外操作既能保证整洁，又可防止遗漏。

3）先铺后抹

房间清洁应先铺床，后抹家具物品。如果先抹尘、后铺床，扬起的灰尘就会重新落在家具物品上。

4）环形清理

房间里的家具物品是沿四周环形布置的，因此。在清洁房间时，也应按顺时针或逆时针方向环形清洁，以提高效率和避免遗漏。

5）先房间后卫生间

卫生间清洁是带水操作，清洁后服务人员的鞋下可能有水渍，后清法可以避免服务人员在房间内走动造成重复污染。

6）干湿分开

即在抹拭家具物品时，干布和湿布要交替使用，针对不同性质的家具使用不同的抹布。例如，房间的镜子、灯罩，卫生间的金属电镀器具等只能用干布擦拭。

10.1.4　客房日常清洁的流程及卫生标准

按照清洁程度来分，客房清洁主要可分为简单清洁、一般清洁以及彻底清洁；按照清洁对象来分，客房的清洁主要分为：走客房的清洁、住客房的清洁、空房的清洁。

1）走客房清洁

走客房是指住客已经结账，交回客房钥匙并离开酒店的房间。走客房的打扫是酒店内最主要的清洁形式。当客人离开房间后，客房清洁人员需及时清扫房间，并检查相关设施设备。走客房的主要清洁程序为：进门、撤走不需要的物品、铺床、清洁卫生间、抹尘、增添客用品、吸尘、检查房间、客房清洁报表登记。主要可以概况为八个字：进、撤、铺、抹、洗、补、吸、检。

（1）进：进门

当客房服务人员需要清扫房间时，进门也需具备相应的礼仪和程序，不可推门直入。

①停放工作车。将工作车停放在待清洁的房间门口，以便于看管和拿取车上的物品。吸尘器放在工作车一侧。

②轻轻敲门三次，每次敲三下，并报上自己的身份与来意："您好，客房服务员"或"housekeeping"，等待房间内客人的反应。需注意声音要适度，不要垂下头或者东张西望，不得从门缝或门镜向内窥探，不得耳贴房门倾听。

③若客人有回应，则说明来意，得到允许后方可进入，若无回应，缓慢将门推开，并在门把手上挂好"正在清洁"的指示牌，将房门完全敞开，直到清扫结束。需注意，清扫一间开启一间大门，不得同时打开几个房间，以免客人物品被盗。

④将清洁药水盒放在卫生间内侧。拉开窗帘，打开纱窗和窗户，确保空气流通和光线充足。

（2）撤：撤走不需要的物品

对客人用过的东西要及时清理和撤换，以确保房间的干净整洁。

①清理客人留下的垃圾杂物。同时，检查是否有客人的遗留物品，若有客遗，则进入拾遗服务流程。

②撤掉客人用过的杯具、餐具或加床。

③撤走客人用过的浴巾、面巾、地巾、方巾等洗漱用品及用过的床单、被罩、枕套等，将其放入工作车脏布草袋中。需注意，撤下布草时要一张张撤，并抖动一下，以避免里面夹带客人的物品；脏布草不能放在地上，避免二次污染。

④把电热水壶、冰桶内剩余的水倒掉，连同房间的杯具一起撤出等待消毒。

（3）铺：铺床

铺床要按照酒店规定的具体操作步骤来完成，做到干净、整洁、大方、美观。一般铺床的方式可分为中式铺床和西式铺床两种。由于西式铺床不太符合中国人的睡眠习惯，故大多数酒店的客房内采取中式铺床的方式。

①拉床。站在床尾将床连同床垫一起拉出离床头板约 50 cm。

②开单、甩单。用左手抓住床单的上三层，右手顺势抛出，将床单一端抛到床头中间后，左右手分别抓住床单的两角，身体稍向前倾，用力甩出，让床单在床四周均匀垂下。注意，床单应正面朝上，中线居中。

③包角。将床头下垂的床单掖进床垫下。右手将右侧下垂床单拉起折角，左手将右角部分床单折成直角，然后右手将折角向下垂直拉紧、包成直角，右手将余出下垂的床单掖入床垫下。需注意，每个角要紧而且呈直角。

④展被套、套被套。展被套方式与开床单方式相同。展开被套后，将已 S 形折叠的被子放入被套中央，在被套内将被子打开后，将被子两个上角正确地放入被套相应的角中，将手从被套中抽出，拉住已放入被子的两个被套上角，抖动，直至被子四角全部套入被套中，并展平。

⑤铺被子。被子头与床头齐平，被边反折回 45 cm，两侧自然下垂；被尾自然下垂，

两角折成 90 度，中线与床单中线对齐。

⑥套枕套、放枕头。将枕芯反折 90 度，压在枕套口上，把枕芯一次放到位，做到四周饱满，枕芯不外露。而后，将两个枕头放置在床头居中位置，枕套口反向床头柜。

⑦将床复位，并铺上床尾巾。将床缓缓推入原位，并将床围巾平铺于床尾，不偏离中线，两侧自然下垂，距离中等。

（4）洗：清洁卫生间

卫生间是客房清洁中一项较难处理的工作，内容比较繁杂，同时，卫生间也是客人对客房卫生最为关注的地方。所以，卫生间的清洁是客房清洁服务的重点。

①进入卫生间，打开换气窗。放水冲净马桶。再用清洁液喷洒洗脸盆、浴缸、马桶。

②将用过的沐浴液瓶、洗发液瓶、牙膏、牙刷、废剃须刀片、碎香皂等扔进垃圾桶，注意不要把用剩的香皂头丢进马桶内，以免造成堵塞。

③清洗洗脸盆、梳妆台、肥皂盒、烟灰缸等器皿。用海绵配上适量清洁剂轻轻擦洗，用清水冲洗，再用抹布擦干水渍，并擦亮金属器皿。

④清洗浴缸、浴帘及墙壁。先将浴缸的活塞关闭，放上水和清洁剂，然后用浴缸刷刷洗浴缸内外侧、浴帘、墙壁以及金属器皿。可将浴帘放入浴缸中洗刷。打开活塞换水，用清水冲洗干净，并用抹布擦干水迹。将浴帘挂好，下摆放入浴缸内。

⑤清洁马桶。用马桶刷清洁马桶盖、垫圈、内壁及下水口，并用抹布将盖、垫圈上的水擦干净。完成后将“已消毒”封条压在垫圈下。

⑥清洁镜面。用抹布将镜面擦拭干净，不要留下水迹和肥皂痕迹，并检查镜面上方的照明灯。

⑦将地面由里到外擦拭干净，再环视整个卫生间，将卫生间门敞开，带好清洁工具，关灯离开。

（5）抹：抹尘

抹尘是指将客房物品上的灰尘和脏污抹干净。操作时一般需要准备两块以上抹布，不得使用客人“四巾”做抹布。抹尘需要遵循先上后下、先里后外、先湿后干、环形清洁的原则，要不留死角。在抹尘时，应注意抹布的折叠使用，从而减少清洗次数，提高工作效率。

①抹尘从门口开始，再至房间内的所有物品，按顺时针方向把家具、物品都抹一遍，做到不漏擦、不重复擦，特别注意一些电线类的擦拭。

②抹的过程中需要移动物品的位置，特别是对电话一类小型物品要做到移物擦灰，擦好后需要将物品放回原位。在抹的过程中要检查设备是否有损坏，如有损坏，需做好记录。

③抹电器时应使用干抹布，并保持断电状态，擦拭完再接好插头。

（6）补：补齐客用品

补是指补充房间内的客用品。客人入住客房必然会对房间内的一些日用品有所消耗，需要及时补充，以备下一个客人来时有充足完好的日用品使用。在补充物品时，可根据酒店的相关规定和标准补充房间用品的数量，并按照规定整齐地摆放好。如将浴巾折叠好放在浴巾架上，面巾挂在面巾架上，地巾对折放在浴缸外沿上，放置新的卷纸在卷纸架上，牙膏、牙刷、香皂等洗漱用品整齐地摆放在洗漱台上。补充时应注意不要有遗漏，物品摆放要整齐，商标要正面朝向客人。

（7）吸：吸尘

吸，是指使用吸尘器清除房间地毯的灰尘。客房的地毯清扫和灰尘处理很重要，现代酒店清洁地毯主要是用吸尘器吸尘，这样方便快捷，又不至于造成室内空气的污染。

①吸尘时应遵循从里到外的顺序。先从窗口吸起（有阳台的应从阳台吸起）。

②有家具的地方需要把家具挪开，吸完后再将家具挪回。

③对于地毯灰尘的清洁，需要按照先逆纹、后顺纹的方式操作。

④吸尘应注意从高到低。从里到外，大的垃圾捡起来，小的边角不放过，遇有小片污迹及时用点刷。

⑤吸尘器尽量调静音，以免打扰其他房间的客人。

⑥对于卫生间地面的清洁，要注意转换毛刷功能，使其适宜硬地面。地面有水的地方不能吸，防止漏电和电机损伤。

（8）检：自我检查房间

当房间打扫完毕之后，应对房间进行检查，主要包括以下几个方面：

①是否有漏配置物品，如有，需要及时添置。

②卫生是否做好，是否所有的地方都打扫干净。

③物品的摆放是否符合酒店管理的要求和标准。

④所有电器开关是否关好。

⑤是否有清洁工具落下。

在检查处理完房间后，取出插在取电盒上的卡片，轻轻关上房门，取走挂在门把手上的“正在清洁”指示牌，取出客房清洁报表，填写进出房间的时间、撤换和补充的物品数量以及记录房内维修项目等。如有房间因为特殊原因没有打扫，也需要做相应的登记，并注明原因。

表 10-1　客房清洁报表

清洁房间				毛巾／浴袍数量					卫生间用品				迷你吧	客人需求	备注
房号	房态	进门时间	出门时间	浴巾	中巾	地垫	方巾	浴袍	肥皂	洗发水	润体乳	沐浴露			
11916															
11918															
11920															
11922															
11926															
11928															
11930															
11932															
11936															
11938															
11940															

2）住客房清洁

住客房即客人仍在住的房间。其清洁程序和走客房基本一样，但是走客房的清洁一般是先撤床，再整理卫生间，最后抹尘和补充房内用品，这样可以让床垫透气达到一定保养的目的；而住客房的清洁，一般要求先将房间内整体都清洁完毕后，最后再清理卫生间，这是因为住客可能随时会回来，甚至会带来访客，所以应该先将房间整理好，再去清理卫生间，也不会有互相干扰之嫌。同时，因为客人还住在房间内，所以要特别注意与住客的交流和一些问题的处理。当客人住在房间内，则该房间是客人的私密空间，要进入房间需得到客人的允许，要体现对客人私密性的保护和个人隐私的尊重。

清洁住客房时应注意以下事项：

①清洁房间时一般选在客人不在房间内的时间。进入客人房间前按规定敲门，房内无人时方可直接进入，房间若有人应答，应主动征求意见，得到允许后方可进入房间。如果客人暂时不同意清理房间，则将房间号和客人要求清洁的时间写在工作表上。

②清洁时将客人的文件、杂志、书报稍加整理，但不能弄错位置，更不能翻看。除放在垃圾桶里的东西外，即使是放在地上的物品也只能替客人做简单的整理，千万不要自行处理。

③不要轻易挪动客人的物品。客人放在床上或搭在椅子上的衣服，不要随意挪动位置。擦衣柜时，只处理表面卫生即可，注意不要将客人的衣物弄乱、弄脏。不要将衣柜内的任何物品扔掉。擦拭行李架时，一般不挪动客人的行李，擦去浮尘即可。

④女性用的化妆品可稍加整理，但不要挪动位置；即使化妆品用完了，也不得将空瓶或纸盒扔掉。不要随意触损客人的照相机、手提电脑、笔记本和钱包等物品。

⑤水壶内如无水，应为客人添加。勿动房间空调档位。如有电话铃响，不要接听，以免产生误会和麻烦。

⑥客人有中途回房的，客房服务人员要主动向客人问好，并询问客人是否需要继续打扫。如果客人要求停止打扫，则应收拾好工具离开房间，并礼貌道别。

⑦房间整理完闭，客人在房间时，要向客人表示谢意，退后一步，再转身离开房间，轻轻关上门。填写客房清扫报告。

案例分享

饭店无小事，事事须小心

一、案例介绍

[案例 A]

一副假牙引起的风波

一位香港客人下榻四川某宾馆。一天中午，他气冲冲地找到大堂副理投诉，说客房服务员打扫房间时，将他的一副价值 8 000 元港币的假牙弄丢了，要求饭店赔偿。饭店接到投诉后立即进行了调查：这位香港客人的一副假牙是头天晚上从嘴里取下放在卫生间水杯中的。但第二天，客房服务员在打扫卫生间时，粗心大意，将水杯中的水和泡在水中的假牙倒进了抽水马桶。客人投诉成立，饭店应负有赔偿责任。怎么办呢？饭店只好花了一百多元请来工人，把下水道挖了个底朝天，整整花了一天的时间。好不容易才从污物中掏出了客人的假牙。看来事情似乎解决了，但客人说，经过化验，这副假牙已经被严重污染，根本不能用了，坚持要饭店赔偿。无奈，饭店只得照价赔偿。

[案例 B]

丢了一包黄土

一位台湾客人住进一家大酒店，在即将离店时找到客房部经理投诉，说他在客房丢了一包黄土。这包土对他很重要，是专程到大陆他家的祖坟上取来要带回台湾的。客人即将登机返台，黄土丢了，怎么办？客房部经理接到投诉后立即找当班服务员进行调查。服务员回想起在打扫那位客人的房间时，看到过一包黄土，以为是没用的东西，就随手扔掉了。客房部经理了解了情况后，再次向客人致歉，并请客人留下通信地址，然后马上带领多名员工，到垃圾堆去寻找那包黄土。客房部经理和服务员在臭气熏天的垃圾堆里一点一点扒开污物。细心查找了 3 个多小时，终于找到了那不起眼的纸包，并按地址寄给了台湾客人。

[案例 C]

隐形眼镜不翼而飞

王先生夫妻俩来广州旅游，住进一家五星级酒店。第二天一早他们去吃早餐，准备回来后去越秀公园转一转。可是当他们回到房间时，王夫人发现自己的隐形眼镜不见了。她说：“刚才去吃早餐前还看见了呢。”于是二人四处查找，哪儿都没有，无奈，王先生向酒店提出投诉。经核对，王先生夫妇二人去吃早餐从出门到回房，准确的时间是 50 分钟，而在这一段时间内，只有实习生小平进入房间打扫卫生。小平回忆起当时的情景，发现自己把杯子里的隐形眼镜和药水当作剩水给倒掉了，对此他后悔莫及。

[案例 D]

重要的便笺

在北京某四星级酒店的客房部，实习生服务员小任正在清扫一间走客房。小任看到客人的行李已经全部收拾好，整齐地摆放在行李架上，便开始去收垃圾。她看到床头柜上有一张皱巴巴的便笺纸，就认为是客人不要的废纸，于是顺手丢进了垃圾袋中。此房间整理就绪后，就去整理其他房间了。一会儿，那个房间尚未离店的客人急匆匆地找到小任说：“小姐，你有没有看到一张记有电话号码的小纸条？那个电话号码对我很重要。”小任一听就傻眼了，反问道：“您的电话号码是不是在床头柜的便笺纸上写的？”客人说：“我记得好像是在床头柜那儿。”“对不起，我马上去找。”小任边说边来到工作车的垃圾袋旁，翻了半天，终于找回了客人记有电话号码的小便笺。客人不住地向小任道谢。而此时作为实习生的小任心里真不是滋味。她为自己粗心扔掉了客人记的电话号码，给客人添了麻烦而深感自责，幸亏及时找到了，没有耽误客人的事。经此事后小任便懂得了客房内无论是什么东西，哪怕是张小纸片，只要是客人的东西，都要保存好。不能随便扔进垃圾袋，否则不仅会引起投诉，而且会给客人带来很大的麻烦。

二、案例分析及解决方案

①客房服务中，清洁整理房间和清理垃圾是每天例行的工作。但是服务员要明确一点，所有服务工作都有其严格的服务操作程序和规范。所有程序和规范都是在总结了多年服务经验和进行科学测算基础上制定出来的。这些服务程序和规范是保证服务质量和消除各种隐患的法规，必须严格遵守。在客房清扫过程中，服务员对属于客人的一切东西，只能稍加整理，不能随意挪动位置，更不能将客人的东西或客人用过的东西自作主张地进行处理。哪怕是空瓶、空纸盒，只要客人没有扔进垃圾袋中，就要谨慎对待，更不能随意扔掉或倒掉。前述诸例中一副假牙、一包黄土、一副隐形眼镜、一张皱巴巴的便笺等问题都是由于服务员在工作中粗心大意造成的。不按操作程序去做，结果就可能会酿成大事。这一桩桩不愉快的事情不仅会使饭店承受直接或间接的经济损失，更严重的是给客人的生活带来不便与痛苦，就使饭店的声誉蒙受损害。这些深刻的教训是应该认真吸取的。“细微之处见功夫”，养成细心负责的工作作风，认真按服务程序与规范去操作，才能保持饭店较高的服务水准，避免此类不愉快的事情发生。

②作为饭店的服务人员，必须在思想上树立一种意识：客人一旦填好入住登记单，交了房租，住了饭店的房间，就形成了饭店与客人的契约关系。顾客是这个房间租用期间的唯一占有人，房间的使用权属于这位客人，客人即是房间的主人。饭店方面有义务尊重客人的权利，即使是例行的客房清洁整理工作，也要充分尊重客人对房间的使用权。饭店有关敲门通报、等候客人的程序，不能乱动客人东西的规定等等，正是根据尊重客人权利的原则而制订的。

3）空房清洁

客房服务员每天都需要对空房进行简单的清洁保养，以保持空房良好的清洁情况，保证随时可以接待入住客人。空房间的打扫程序和内容跟走客房、住客房差不多，但因为房间没有客人住，所以也有些特别需要注意的地方。

（1）了解住房情况后进入房间

客房服务人员进入房间应先了解房间的基本情况，敲门程序如前所述。客房服务人员按敲门程序进入房间后，如发现已有客人入住，则应礼貌地做好解释，并做好相关记录，告知领班更改房间状态。

确定是空房时，进门后将房门完全敞开，并将“正在清洁”的指示牌挂在门把手上。

（2）通风换气

将室内的灯关好，拉开厚窗帘，打开窗户和纱窗。室内较闷热时，可打开空调通风换气。卫生间应打开换气扇，使卫生间空气清新。如房间有异味，可喷洒空气清新剂来消除异味。

（3）洁尘去污

主要使用抹布擦去家具、物品上的灰尘和污渍。要注意抹布的使用：准备不同质地和颜色的湿抹布。湿布包括：马桶专用布一块；淋浴区墙面、洗脸盆和客房家具合用一块；卫生间地面和客房地面合用一块。干布包括：客房电器和卫生间镜子合用一块；消毒干抹布一块，清洁已消毒的口杯外部以保持光亮。

（4）房内空洗用品放水

卫生间浴缸、洗脸盆、马桶每两天放水 1 到 2 分钟。用专用工具清洁玻璃墙面、水龙头、淋浴喷头，防滑垫等。清洗完毕后用清水冲净、擦干。做到无水迹、无皂垢、无毛发。地漏排水通畅无异味。卫生间水龙头、淋浴喷头隔两天应放水一次，并注意清洗抹干。

（5）吸尘清洁

连续空着的房间，隔几天要用吸尘器吸尘。地毯中普遍存在着大量的病虫，在清洗地毯时，除选用泡腾片等清洁剂外，除螨剂也是必不可少的。一般选用单擦机对地毯进行泡沫清洗，虽没有喷油设备洗得彻底，但却高效、快速，可节省保洁人员的工作时间。

（6）检查房间设备以及有无异常情况

检查房间设施设备情况，天花板有无蜘蛛网，地面有无虫类。把空调调至适当温度。房间设施或物品不符合要求的，应在客人入住前提前换好。设备有故障的，应及时告知维修部进行维修。最后关好门，取下指示牌，做好登记。

案例分享

酒店房间清洁如何？“智能眼”向顾客公开客房保洁全过程

面对曾有视频曝光酒店卫生乱象，2019 年 12 月 19 日上午，渝北区卫健委举行住宿场所卫生专项工作会，会上发布了一款新应用，通过智能化解决酒店客房卫生监督难点。

上游新闻·重庆晨报记者了解到，通过智能化手段记录和储存房间清洁过程，实现对酒店客房卫生状况的监督，帮助顾客在入住前在线检查房间清洁中的每个细节。

“每个房间将有个专属定制芯片，相当于人的‘身份证’。”天怡集团互联网＋事业部技术总监杨杨说，清洁工扫码进房间时，其随身携带的无线摄像头将同步无死角记录他在酒店清洁中的每个细节。

清洁完成后，视频会保存到云服务器中，顾客入住前可在客户端“住安心”中查看房间的清扫记录和细节。同时，无线摄像头也将随清洁工移出客房，不会滞留在客房当中。目前，该系统已在重庆 40 多家酒店试点应用，基本技术已经成熟，正处于市场推广应用阶段。

案例来源：重庆晨报上游新闻

10.2 客房计划卫生管理

客房计划卫生也叫客房周期清洁管理，是指有计划地、周期性地对某些区域和卫生死角进行彻底的保养和清洁。

客房日常工作量比较大，不可能每天将客房的每一处都彻底清洁干净，如床底、窗帘、高处灯管、天花板等，一些区域和设备也没有必要每天都进行清洁，如空调的出风口、马桶水箱内部以及卫生间内金属器具的除锈保养、家具设备的打蜡等。为了坚持清洁卫生的质量标准，使客人不仅对客房那些易接触部位的卫生感到满意，而且要对客房的每一处卫生都放心，同时又不致造成人力浪费或时间的紧张，客房部必须通过定期对清洁卫生的死角或容易忽视的部分进行彻底的清扫整理，以保证客房内外环境的卫生质量。

10.2.1 客房计划卫生内容

一般情况下，客房计划卫生的内容包括以下六个方面。

①日常卫生工作难以触及的区域和卫生死角，如人体触及不到的房间四壁、天花板、房顶吊灯以及护墙板、卫生间地漏等。

②费时费工区域，如玻璃、窗、窗帘、冰箱、墙面霉斑等。

③需要移动大型家具设备方可进行清扫的区域，如床底、电冰箱、组合柜、控制柜等。

④金属用具的保养，包括水龙头、房号牌、纸巾架、衣钩、置物架等。

⑤客用棉织品的清洗，如床裙、装饰枕、被芯、枕芯的定期清洗。

⑥软面材料的清洁保养，如地毯、墙布的定期清洁。

当然，客房部还要考虑到酒店的清洁保养要求、设备设施的配备情况和客房出租率等情况因素，以确定或进行客房计划卫生项目的实施。

表 10-2 客房计划卫生项目及质量标准

	项目	工具	质量标准	注意事项
1	清理墙面及踢脚线	吸尘器、抹布、毛刷	墙面无污渍、踢脚线无灰尘	注意安全操作
2	清洁电话并消毒	洗涤剂、抹布、酒精棉	清洁无污物、无异味	注意擦拭电话线
3	擦窗户及窗台外	玻璃刮、抹布、毛刷	玻璃明亮、无指纹、无水渍，窗台无尘	不要粘在窗台上擦，窗帘挂钩不能掉在地上
4	擦除墙面及天花板浮尘	除尘扫把、鸡毛掸子	无尘、无蜘蛛网	注意安全操作
5	清洁冰箱	水桶、中性洗涤剂、消毒剂、海绵、抹布	干净、无异味	注意安全操作
6	空调出风口除尘	除尘扫把	无黑灰	注意安全操作
7	翻床垫	/	定期翻转	注意四角变化，要有记录备查
8	清洁床底	吸尘器	无污渍、无异物、无灰尘	注意床底支架灰尘的清洁
9	清洁卫生间五金	除锈剂、抹布、海绵	无锈迹、无水渍、无水垢	注意安全操作

续表

	项目	工具	质量标准	注意事项
10	擦洗金属配件	除锈剂、抹布	光亮、无手印	包括浴帘杆、毛巾架、金属扶手等
11	刷洗卫生间墙面	刷子、海绵、洗剂、抹布	洁白、无污渍、无皂渍	注意瓷砖拼接缝
12	灯具清洁	刷子、抹布	光亮、无污渍	注意安全操作
13	床裙、床旗、枕芯、被芯清洁	清洗剂、洗衣机、烘干机	洁白、无污渍、无霉斑	注意安全操作
14	浴帘清洁	水桶、清洗剂	洁白、无污渍、无霉斑	注意安全操作
15	办公椅、沙发夹缝的杂物清除	刷子、吸尘机、中性清洁剂	无污渍、无灰尘	注意安全操作
16	地漏灌洗	刷子、清洁剂	无异味、无堵塞	注意安全操作

10.2.2 客房计划卫生的循环周期

客房部管理人员要根据酒店清洁保养的要求、设备设施的配备情况和客房出租率情况等因素，综合确定客房计划卫生的循环周期。一般对于一间房而言，其客房计划卫生的项目多达二三十项，其中有些操作比较复杂，有的比较简单，有的清洁耗时较长，有的清理耗时较短。为科学、合理、有序地将周期清洁安排与落实到位，酒店一般采用的办法就是将清洁项目按清洁周期的长短进行分类，然后根据周期的长短进行合理安排，按照时间周期可分为周计划、月计划、季度计划、年度计划以及淡旺季计划。按照时间跨度的长短，上述计划种类又可以比较笼统地划分为短期计划、中期计划和长期计划。

1）短期计划卫生

短期计划卫生是指循环周期为一个月以内的卫生项目，多数是一些日常不易清洁到的死角卫生。如房门边框、踢脚线、地漏、床底、窗槽、空调通风口等。短期计划卫生包括周计划和月计划。短期计划卫生的最大特点就是周期短、项目多，但是操作起来比较简单，大多可由服务员操作完成。

2）中期计划卫生

中期计划卫生通常是指循环周期在一个月以上到半年以内的卫生项目，如软墙面的清洁、座椅的坐垫、家具的打蜡保养、席梦思床垫的翻转、地毯的干洗、窗帘轨除尘等。

中期计划卫生的大多数项目也由客房服务员完成，少部分如地毯干洗、墙布清洁需要相应的技术设备及专业的技术人员才能完成，一般由 PA（公共区域清洁）来完成。PA 需要根据整个酒店的客情变化，结合客房部的实际情况，灵活安排。如，地毯和墙布的清洗，在一定情况下可以分片进行。

3）长期计划卫生

长期计划卫生通常是指循环周期在半年到一年的卫生项目，如窗帘换洗、被芯 / 枕芯的防潮处理、外墙及其玻璃清洗、地毯的彻底抽洗、木质地板打蜡抛光等。

长期计划卫生大多数的房内棉织品洗涤主要由洗衣房承担。长期计划卫生由于时间跨度大，很难确定下具体实施时间，酒店可以根据具体情况灵活选择时间和方式。如，每年选择在入住率相对较低的月份进行；如果全年接待任务都很紧张，也可逐个楼层地进行安排。

10.2.3 客房计划卫生管理的组织方式

一般客房计划卫生管理的组织方式可分为单项计划卫生、单房间计划卫生、突击计划卫生及季节性大扫除。

1）单项计划卫生

单项计划卫生的清洁组织安排，就是将所有计划卫生项目排列出来后，在规定某一段时间内，除日常的清扫整理工作外，对客房内的某一部分或者某一区域进行某个单独项目的清洁。这样，经过若干天对不同项目和区域的彻底清洁，即可完成全部房间的计划清洁。

2）单房间计划卫生

单间房间计划卫生方式，要求服务员每天对一间客房进行大扫除，如某酒店客房部一名员工每天的工作任务是清洁 15 间客房，要求该员工每天彻底清洁其中一间客房，那么经过 15 天的清洁，即该员工负责的 15 间房即可彻底地完成一次计划卫生。单间房间计划卫生最好安排或者选择在空房和轮休房，这样既不影响空房出租，也不影响正常的空房清洁。

3）突击计划卫生

一般在两种情况下使用突击计划卫生：一是在特殊情况下，如遇到重要接待任务；二是旅游旺季常常会出现人手紧张的情况，正常的计划卫生工作都难以实现。针对上述两种情况，酒店可以采取突击计划卫生方式，即选择最有利的一天，动员包括部分行政人员在内的员工停止休息，对各项计划卫生项目进行突击清扫，速战速决。

4）季节性大扫除或年度大扫除

集中在淡季对所有客房分楼层进行全面大扫除，一个楼层通常要进行一个星期，必要时可请前厅部对该楼层实行封房，并与工程部联系，请维修人员利用此时对设备进行定期的检查和维修保养。

10.2.4 客房计划卫生的管理

1）客房计划卫生的制定

每月根据各区域的清洁质量标准进行检查，记录日常清洁不到位的地方。

制定计划卫生表。可张贴在楼层工作间告示栏内或者背后，也可由领班每天在服务员清洁报表中写上计划卫生的项目，督促服务员完成计划卫生项目。

2）客房计划卫生的实施

根据酒店实际情况选择按房间或按单项进行计划卫生。

房间计划卫生每天至少做一项大清洁，按周循环。

3）客房计划卫生的记录

每完成一项大清洁，必须记录在实施记录表内，并填写完成日期和本人签名，避免重复劳动。

4）客房计划卫生的检查

客房领班负责普查客清洁质量，值班经理可协助检查。

酒店副总经理每天抽查 10 间客房，酒店总经理每天抽查客房总数的 10%。

5）客房计划卫生的安全问题

客房的计划卫生中，有不少是需要高空作业的，如通风口、玻璃、天花板等。因此，在做计划卫生时，一定要要求和提醒员工特别注意安全，防止出现各种工伤事故。清扫天花板、墙脚、通风口或其他高处物体时，要用脚手架或凳子。

10.3 客房清洁的质量控制

10.3.1 客房清洁质量标准

酒店为了使清洁保养工作有据可依、有章可循，一般都会要求客房部根据清洁保养的区域范围、各种物品材料的质地、设备设施配置状况以及部门管理等特点，制定科学合理的清洁保养质量标准与规程，也为客房部的员工确立工作目标，明确努力的方向。

制定所谓的标准是对重复性事物和概念所做的统一规定，它以科学、技术和实践经验的综合为基础，经过有关方面协商一致，由主管机构批准，以特定的形式发布，作为共同遵守的准则和依据（GB/T 39351-83 定义）。

酒店要保证清洁保养的质量，那就必须制定相应的标准，有了标准才能使清洁保养工作有一个明确的目标，监督、检查工作也就有了依据，同时这个标准也是评估员工表现的基础。

客房清洁保养的标准，主要有三个方面的内容：一是操作标准，主要用于对工作过程的控制，将服务环节根据时间顺序进行有序排列，既要求做到服务工作的有序性，又要求保证服务内容的完整性。二是功能性标准，也叫感官、生化标准，主要用于对工作结果的控制。客房清洁保养标准的设计还应该考虑合理性、适应性、针对性三个因素。三是时效标准，主要用于对工作进程的控制，以保证客人得到快捷、有效的服务。制定出具体的客房质量标准，并依据标准进行认真的检查、监督，才能确保客房整洁、舒适。

1）操作标准

标准是对工作成果的具体要求。应该对使用什么样的工具、需要多少时间、具体的操作方法及步骤、达到什么样的目标等进行说明，客房清洁保养的操作标准应该按照酒店的经营理念、方法以及市场需求为依据制定。

操作标准。为确保清洁保养的质量，使清洁保养工作有条不紊地进行，酒店应根据客房的发展和宾客需求制定出一整套操作标准，并根据实际变化不断加以修订和完善。操作标准主要包括操作程序、方法、技巧、所用工具用品以及操作时间等。操作标准的制定应考虑到方便管理人员对工作进程的控制，杜绝安全事故，避免清洁器具、用品的浪费，降低劳动成本等因素。

清洁次数。清洁次数是指服务员每天进行进房清洁整理的次数，是客房服务规格高低的重要标志之一。一般来说，清洁次数多，客房清洁卫生要求就会相应提高，同时客房服务规格也会提高，但成本费用和客人被打扰的几率也会相应提高。因此，在确定清洁次数时要充分结合酒店规模，客人接待档次、规格、成本费用标准等因素，大多数酒店采用二次清洁和一次清洁。但还应按照宾客的需要灵活掌探，在具体执行时只要客人有需求，就应当全力满足。

成本控制。成本控制为严格控制客房成本，酒店应根据自身的档次、房价、客源等实际情况，制定出具体的费用标准，以获得最大化的经济收益。

布局规格。布局规格是指客房及周边区域设备设施、用品的布置要求，总体布局要实用、安全、方便、美观，布局规格标准可用量化和直观的方法加以规定和说明，用品的品种、设备设施、规格及摆放位置、数量、摆放方式等，都必须有明确、统一的规定。

2）功能性标准

生化、感官标准也叫功能性标准，是指清洁保养工作要求达到的效果，是清洁保养必备的质量标准。它体现出酒店、客房的规格、档次，体现出酒店员工为宾客服务的水平，体现出对不同客人需求的满足程度。客房为清洁卫生质量标准，一般包括两个方面：一是生化标准，即防止生物、化学及放射性物质污染的标准，往往由专业卫生防疫人员来做定期或临时抽样测试与检验。通常是不能被人的感觉器官直接感知的，需要借助于专门的仪器设备和技术手段来测试和评价，例如茶具的消毒标准、房间空气卫生标准等。生化标准的核心要求是客房内的微生物指标不得超过规定要求。生化标准是客房清洁卫生质量更深层次的衡量标准。二是感官标准，是指酒店员工和宾客通过视觉、触觉、嗅觉等感觉器官能直接感受到的标准。

3）时效标准

时效管理是酒店为宾客提供快捷服务从而提高收益的重要方法。客房服务应通过对时效性的重要地位的强化，制定出有效的衡量标准，以此来提高宾客入住的次数、周期，使酒店有针对性地在自己的标准住宿产品中添加更有效、更多的产品和服务，从而获得经济效益。

为保证客房清洁保养工作效率和合理的劳动消耗，客房部实行时效管理，把对客房进行清洁保养的服务时间、内容等进行规定，制定出有效的衡量标准，形成清洁保养工作的时效标准，提高服务操作的效率。如规定一个客房服务员平均每天清扫整理的客房数量是14~16间，规定铺一张床、清扫一间卫生间的时间等。制定科学合理的时效标准，进一步加强了员工的责任心和进取心，使管理人员有效控制、监督、检查工作进程。制定清洁保养的时效标准一般都应重点考虑客房人员的工作技能熟练度、客房分布的客观情况、酒店的服务模式、清洁器具、客源情况等因素。

10.3.2 客房清洁卫生检查制度

客房卫生管理的特点是管理面积大，人员分散，时间性强，质量不易控制。而客房卫生工作又要求高质量、高标准、高效率。其管理的好坏是服务质量和管理水平的综合反映。因此，客房部管理人员必须抽出大量时间，深入现场，加强督导检查，以保证客房卫生质量。

一般酒店客房清洁的检查采用的是逐级检查制度，逐级检查制度主要是指对客房的清洁卫生质量检查，实行服务员自查、领班全面检查和管理人员抽查的逐级检查制度。这是确保客房清洁质量的有效方法。

1）服务员自查

服务员每整理完一间客房，应对客房的清洁卫生状况、物品的摆放和设备的完好程度等做自我检查，这在服务员客房清扫程序中应予以规定。通过自查，可以加强员工的工作责任心和服务质量意识，以提高客房产品的合格率，同时也可以减轻领班查房的工作量。

2）领班全面检查

服务员整理好客房并自查完毕后，由楼层领班对所负责区域内的每间客房进行全面检查，并保证质量合格。领班查房是服务员自查之后的第一关，往往也是最后一关，是客房清洁卫生质量控制的关键，前台据此就可以将该客房向客人出租。所以，领班的责任重大，必须由工作责任心强、业务熟练的员工来担任。一般情况下。楼层领班应专职负责楼层客房的检查和协调工作，以加强领班的监督职能，防止检查流于形式。

通常，领班每天要检查房间的数量为客房数量的100%，即对其所负责的全部房间进行普查，并填写"楼层客房每日检查表"。但有的酒店领班负责的工作区域较大，工作量较重，则每天至少应检查90%的房间，一般可以对住客房或优秀服务员所负责的房间进行抽查。

领班查房时如发现问题，要及时记录并加以解决。对不合格的项目，应开出做房返工单，令服务员返工，直到达到质量标准。对于业务尚不熟练的服务员，领班查房时要给予帮助和指导，这种检查实际就是一种岗位培训。

3）管理人员抽查

管理人员抽查主要指主管抽查和经理抽查，在设置主管职位的酒店中，客房主管是客房清洁卫生任务的主要指挥者，加强服务现场的督导和检查是其主要职责之一。主管抽查客房的数量，一般为领班查房数的10%以上。主管检查的重点是每间VIP房，抽查长住房、

VC 房、住客房和计划卫生的大清扫房；还要检查维修房，促使其尽快投入使用。主管查房也是对领班的一种监督和考查。

客房部经理每天要拿出一定时间到楼层巡视，抽查客房的清洁卫生质量，特别要注意对 VIP 客房的检查。通过巡视抽查掌握员工的工作状况，了解客人的意见，不断改进管理方法。同时客房部经理还应定期协同其他有关部门经理对客房内的设施进行检查。确保客房部正常运转。

酒店总经理也要定期或不定期地亲自抽查客房，或派值班经理代表自己进行抽查，以保证客房的服务质量。

10.3.3 客房清洁卫生检查流程

客房质量检查的内容一般包括四个方面：清洁卫生质量、物品摆放、设备状况和整体效果。由于各酒店设施设备条件不同，客房质量检查的具体项目也不尽相同。采用科学的清洁保养质量检查程序和方法对于客房清洁卫生质量的保证具有重要意义。

质量检查流程应根据时间和客房位置、顺序进行检查，每个客房清洁保养质量检查的流程与客房清洁保养的操作流程、方法基本一致。多数酒店是按顺时针或逆时针方向从上到下循序检查。也就是顺着一个方向绕客房一周，眼睛要从上到下、从左至右检查到每一个角落，按流程检查能提高检查速度，避免疏漏。

客房清洁卫生检查操作流程的原则：从上到下，从里到外，环行清理，干湿分开，先卧室后卫生间，注意墙脚。

在对客房进行检查时，可以通过“听、嗅、看、摸、试”五个步骤进行。

1）听

从门外到房到内，通过听客房有无异常的声响，来对设备设施进行检查、判断，听是否存在故障，噪声是否控制在合格范围内，一般客房不超过 40 dB，走廊不高于 45 dB。

2）嗅

通过嗅觉来判断客房内空气是否清新，是否有异味。

3）看

在听、嗅的同时，要有客房是否达到清洁保养质量标准和客房的整体效果要求，物品是否配备补充齐全，是否符合摆放要求。

4）摸

检查客房清洁卫生质量好坏，最好的检查方法是用手摸，特别是有些地方不易看到，有些位置较高难以查看清楚，如衣柜、空调上方等。

5）试

检查客房设备设施是否正常完好，除查看以外，有的还需要一段时间的试用，特别是客房电器和卫生间内的洁具等。

在以上过程中，要求做到：眼看到的地方无污迹，手摸到的地方无灰尘，设备用品无病毒，空气清新无异味。房间卫生达到“十无”“六净”。

“十无”：四壁无灰尘、蜘蛛网；地面无杂物，纸屑、果皮；床单、被套、枕套表面无污迹和破损；卫生间清洁，无异味；金属把手无污锈；灯具无灰尘；家具无污渍、破损；茶具、杯具无污痕；楼面整洁，无“六害”，即无老鼠、蚊子、苍蝇、蟑螂、臭虫、蚂蚁的危害；房间卫生无死角。

“六净”：四壁净、地面净、家具净、床上净、卫生洁具净、物品净。

检查房间时若发现问题应当记录在案，及时解决，防止耽搁和疏漏。

10.3.4 有效控制客房清洁保养质量

1）巩固客房清洁保养基础

酒店清洁保养工作应具备的工作基础为：服务人员、清洁设备和清洁剂。管理者应当依据酒店规模、档次等实际情况，选择一定数量的、适用的简洁设备和安全有效的清洁剂等，为酒店清洁保养工作创造有利的、必要的物质条件。

服务员是直接操纵并使用设备和清洁剂的，上岗前必须对他们进行专业化的岗位培训与指导，让员工树立起“卫生第一，规范操作”的服务意识，掌握清洁保养的各种专业知识和技能，使其能够熟练操作、正确使用各种清洁保养设备和工具，并养成良好的职业习惯等。要求客房服务人员及管理人员要从自身做起，注意个人卫生和着装，树立良好的自我形象。

2）完善清洁保养质量检查标准与内容

酒店在制定清洁保养检查质量标准时，应注意和客房清洁保养质量标准一致，倘若制定的质量标准高于客房清洁保养标准，每每检查的结果不符合要求，不仅会挫伤员工的工作积极性，还会影响管理人员的信誉度，让员工无所适从；倘若检查的质量标准低于客房清洁保养的标准，就会影响或降低员工日常清洁保养质量标准，让清洁标准形同虚设，检查也就流于形式，失去了应有的作用。

清洁保养质量检查的主要内容包括：客房清洁卫生保养质量、物品补充摆放情况、设施设备运行情况和客房的整体效果等。

表 10-3 客房清洁保养质量检查内容和标准

项目		内容和标准
房间	房门	门锁完好，安全指示图等完好齐全，请勿打扰牌及餐牌完好齐全，安全键、防盗眼、把手等完好，正反面无污迹
	墙面和天花板	无斑迹、无蛛网、无油漆脱落和墙纸起翘等
	护墙板、地脚线	清洁完好
	地毯	干净，无斑迹、烟痕、纸屑等
	床	干净整洁，铺法正确，床下无垃圾，床脚稳固，床垫按期翻转

续表

项目		内容和标准
房间	硬家具	干净明亮，无灰尘，无划伤痕迹，位置正确
	软家具	无尘无迹、无杂物
	抽屉	干净，使用灵活自如，把手完好无损
	电话机	功能正常，无尘无迹，指示牌清晰完好，话筒无异味
	镜子与书柜	框架无尘，镜面明亮，位置端正
	灯具	灯泡清洁，功能正常，灯罩清洁，开关完好，使用正常
	垃圾桶	清洁、状态完好
	电视	使用正常，调到酒店欢迎频道，音量调到偏低，画面清晰稳定，音响效果较好，外壳及电视机架干净无灰
	壁柜	衣架的数量、品种正确且干净无污，门、柜底、柜壁和格架清洁完好
	窗户	清洁明亮，窗台与窗柜干净，开启灵活
	窗帘	干净、完好，使用自如
	空调	滤网清洁，运作正常，温控符合要求
	酒吧	清洁无异味，物品齐全
	客用品	数量、品种正确，状态完好，摆放符合规格
卫生间	门	前后两面干净，状态完好
	墙面	清洁，无污迹
	天花板	无尘无迹，完好无损
	地面	清洁无尘，无毛发，接缝处完好
	浴缸	内外清洁，镀铬件干净明亮，皂缸干净，浴缸塞、沐浴器、排水阀和水管开关等清洁完好，接缝干净无斑迹，晾衣绳使用自如
	浴帘	干净、无异味，浴帘扣齐全
	脸盆及梳妆台	干净，镀铬件明亮，水阀使用正常，镜面明净，灯具完好
	马桶	里外都清洁，消毒有封条，使用状态良好，无损坏，冲水流畅
	抽风机	清洁，运转正常，噪声低，室内无异味
	客用品	品种、数量齐全，状态完好

3）发挥客人的监督作用

客房卫生质量的好坏，最终取决于客人的满意程度。所以要搞好客房清洁卫生管理工作，就要发挥客人的监督作用，满足客人需求，重视客人的意见和反映，有针对性地改进工作，其主要做法有以下几种。

拜访客人。客房部管理人员要经常地拜访住店客人。了解客人的需求，征求客人的意见和建议，及时发现客房服务中存在的问题，以便进一步制定和修改客房清洁卫生工作的标准和计划，不断提高服务水准。

客房设置“客人意见表”。客房部在客房放置“客人意见表”，以征询客人对客房卫生、客房服务以及整个酒店的主要服务项目的意见和建议。意见表的设计应简单易填，要统一编号。及时汇总，以此作为考核服务员工作好坏的依据。

邀请第三方检查。酒店聘请店外专家、同行、住店客人，通过明察或者暗访的形式，检查客房的清洁卫生质量乃至整个酒店的服务质量。这种检查看问题比较专业、客观，能发现一些酒店自己不易察觉的问题，有利于找到问题的症结。

4）强调原始记录

原始记录就是用文字进行记载、说明运营管理的过程。它具有直接、广泛、真实等特点，客房部大量的原始记录往往采用表单的形式来进行。原始记录是客房商品生产过程中发生的具体事实的最初记录，也是客房部进行经营管理的重要依据。因此，原始记录管理实际上就是表单管理工作，它对提高客房部管理水平和效益有着重要的作用。

首先，制定和设计上要符合客房部运营的特点，能直接反映出各个岗位和环节中的工作状况，达到简单、适用、明了的目的。设计表单时既要注意实用性和针对性，又要注意科学性。其次，要求员工如实填写，管理者通过质量检查与原始记录比对，公平、公正检验员工工作态度和认真程度，为考核员工工作表现提供重要依据。最后，对所有的原始记录表单进行分类，按期限分别保管。通过对原始记录的归纳、分析，找出管理过程中的不足，便于及时纠正。总之，客房部在日常运行中离不开原始记录，可以来用格式化手段实现规范化管理。

10.4 公共区域清洁保养

除客房以外，客房部还需要负责酒店所有公共区域的清洁卫生工作。公共区域清洁卫生工作的好坏，常常是客人评价一家酒店服务质量和酒店水准的一个重要因素，特别是公共洗手间，它是反映酒店卫生状况的一面镜子，常常是一些专家评价一家酒店卫生状况和档次的重要指标。同时，酒店公共区域的设施设备很多，投资较大，其清洁保养工作直接影响到酒店的日常运营以及设施设备的使用寿命。因此，做好酒店公共区域的清洁保养工作有着特别重要的意义。

10.4.1 公共区域的范围及特点

1）公共区域的范围

除客房和厨房以外酒店范围内公众共同享有的活动区域统称为公共区域（Public Area，简称 PA）。

酒店的公共区域可划分为室内部分和室外部分。室外公共区域是指酒店的外围区域，包括酒店的外墙、花园、前后大门等。室内公共区域又划分为前台区域和后台区域两部分。

前台部分通常指专供宾客活动的场所。如大堂、总服务台、电梯、楼梯、休息室、康乐中心、游泳池、餐厅（不包括厨房）、会议室、舞厅、公共洗手间等。

后台部分通常指为酒店员工设计的活动区域，如员工休息室、员工更衣室、员工餐厅、员工娱乐室、员工公寓等。

2）公共区域的特点

（1）客流量大，清洁工作困难较大

公共区域的人员流量非常大，客人活动频繁，这给该区域的清洁保养工作带来了不便和困难。为了便于清洁和减少对来往客人的干扰，公共区域的清洁工作尽量都安排在人员活动较少的时间段进行，特别是客用的区域，大量的清洁工作被安排在夜班完成。

（2）管辖范围广，对酒店声誉影响大

公共区域清洁卫生的范围涉及酒店的每一个角落，既包括外围的外墙、花园、前后大门、通道等，也包括店内的大厅、休息室、餐厅、娱乐场所、公用洗手间、电梯、行政办公室、员工休息室、更衣室、餐厅、员工公寓、垃圾房等，任何人只要到酒店来就必然会经过公共区域，而该区域的清洁卫生状况往往被住客或者潜在住客关注，作为对酒店的第一印象，并将其作为衡量整个酒店清洁卫生情况的标准。因此，公共区域是整个酒店的门面，是酒店规格档次的标志。公共区域清洁卫生管理的好坏，直接关系到酒店在客人心目中的形象。

（3）项目繁杂，专业技术性强

公共区域清洁卫生工作不仅涉及面广，而且在不同的地点、针对不同的清洁对象，有不同的清洁标准、不同的清洁方法，使用不同的清洁剂，所以其清洁工作项目繁杂琐碎，且技术含量较高。如地面、墙面、天花板、门窗、灯具等清洁，公共卫生间的清洁，绿化布置、除虫防害等。各类清洁工作具有各自的专业性和技术性，对工作人员提出了较高要求。

（4）工作条件差，质量不易控制

公共区域工作条件和工作环境较为艰苦，如负责车场和酒店外围绿化的服务员，无论是炎热的夏天还是寒冷的冬天，都需要在室外工作。由于客流量较大，清洁不易保持，所以要求的清洁次数较为频繁，加之公共区域范围大，服务员工作地点分散，一些诸如天气变化对工作造成的影响也难以预见和控制，导致清洁保养质量不易控制。

10.4.2　公共区域保养的内容

1）大堂的清洁

大堂是酒店客人来往最多的地方，是酒店的门面，会给客人留下作用重大的第一印象。因此，大堂的清洁卫生工作尤为重要。通常大厅清洁的主要工作为除尘、倒烟灰缸和整理座位，服务员需不断重复上述三项清洁工作。一些工作不方便在客人活动高峰期做，通常安排在客人活动较少的夜晚或者清晨，如洗地、吸尘、彻底清洁家具、抛光打蜡、设备维修、墙面去渍等。

（1）地面清洁

大厅若是大理石地面，在客人活动频繁的白天需不断地进行推尘工作。遇到雨雪天，要在门中放上存伞架或雨伞套，并在大门内外铺上踏垫和小地毯，同时在入口处需要有人不停地擦洗地面的泥尘和水迹。每天夜间 12 点以后打薄蜡一次，并用磨光机磨光，使之光亮如镜。大厅内有地毯处每天要吸尘 3~4 次，每周清洗一次。大堂地面清洁要仔细，不能有任何遗漏点。拖擦过程中应及时取下清洁工具上的灰尘杂物。操作过程应尽量避开客人或客人聚集区。打蜡或水迹未干区应有标示牌，以防客人滑倒。

（2）家具的清洁整理

白天勤擦拭休息区的桌椅、服务区的柜台及一些展示性的家具，确保干净无灰尘。及时倾倒并擦净立式烟筒，用镊子将烟箱里的烟头、杂物清干净，保障其中烟头不多于三只；用废纸把烟箱面上的口痰污渍抹干净。及时更换烟缸。随时注意茶几、台面上的纸屑杂物，一经发现应及时清理。对依坐扶手靠背上的客人应劝其坐在沙发座上，不允许在沙发上睡觉。

（3）不锈钢、铜器清洁上光

不锈钢、铜器等金属装饰物为酒店大厅增添了不少光彩，这些器件每天都要清洁，否则会失去光泽或沾上污渍。擦洗这些器件时要注意使用专门的清洁剂，若用其他的清洁剂可能会造成对器件的严重损坏。大堂广告架牌、指示标牌、栏杆、铜扶手及装饰用铜球等是大堂清洁保养的主要对象。铜器分为纯铜和镀铜两种，擦拭方法也不同。擦拭纯铜制品时，先用湿布擦去尘土，然后用少许铜油进行擦拭，直到将污渍擦净，再用干布擦净铜油，使其表面发光发亮。擦拭后铜制品表面不能留有铜油，以免在使用过程中弄污客人的手或者衣物。镀铜制品不能使用铜油擦拭，因为铜油中含有磨砂膏，经过擦磨后会损坏镀铜表面，不但影响美观，也会减少其使用的寿命。

（4）扶梯、电梯清洁

大堂扶梯、电梯的清洁保养多在夜间进行，白天只做简单清洁维护。主要清洁工作是擦亮扶梯扶手、栏杆、玻璃护栏，清洁电梯门及轿厢，更换清洁“星期”地毯，使扶梯、电梯内外、上下、四周均无灰尘、指印和污渍。服务员要经常对电梯进行检查，避免电梯轿厢内的卫生被破坏或墙面被行李撞坏，特别要尽量预防恶作剧者故意破坏轿厢内的地面、墙面和门面。清洁应避开客梯使用高峰时间，且不应在大堂的平面处进行，应选择客人出入不多的楼层，减少噪声，一般应选择在行政办公层或会议层，但也应视会议和宴会的情况而定。

2）公共卫生间的清洁和服务

公共卫生间是客人最挑剔的地方之一，以至于有人说要看一个酒店的管理水平，去看看它的公共卫生间就够了，因此酒店必须保证公共卫生间清洁卫生、设备完好、用品齐全。一般要求公共卫生间每隔一小时小清理一次；每日夜间及 15—16 时客人活动低峰时，各安排一次彻底清洁。公共洗手间的日常清洁服务是：及时做好洗手间的消毒工作，使之干净无异味；按序擦净面盆、水龙头、台面、镜面，并擦亮所有金属镀件；将卫生间的香水、香皂、小方巾、鲜花等摆放整齐，并及时补充更换；拖净地面，擦拭门、窗、隔挡及瓷砖墙面；配备好卷筒纸、卫生袋、香皂、衣刷等用品；检查皂液器、自动烘干器等设备的完好状况；热情向客人微笑问好，为客人拉门、递送小毛巾等。公共洗手间的全面清洗是：洗刷地面及地面打蜡，清洁水箱水垢，洗刷墙壁等。

3）餐厅、酒吧、宴会厅的清洁

餐厅、酒吧和宴会厅是客人的饮食场所，卫生要求较高，其清洁工作通常由各部门自行解决，客房部 PA 组主要负责其彻底清洁保养工作，主要是指在餐厅营业结束后至次日开餐前做好彻底清洁，其清洁保养的主要内容为：对地毯的吸尘清洗或是对硬质地面的磨光打蜡；对外窗玻璃的彻底清洁；对家具设备如餐桌、镜框、衣架等的彻底清洁；擦亮金属器具。此外，餐厅、酒吧、宴会厅或其他饮食场所，常会有苍蝇等害虫出现，应随时或定期喷洒杀虫剂，防止苍蝇等害虫滋生。

4）后台区域的清洁

员工食堂、浴室、更衣室、服务通道、员工公寓、娱乐室、行政办公区域的卫生状况对员工的思想和精神、对酒店的服务质量有重要的影响。

后台区域的清洁卫生工作有：做好员工食堂、浴室、更衣室的日常消毒、清洁维护；对员工倒班宿舍、公寓、娱乐室等进行定期清扫；搞好员工通道的清洁保养，对全店员工创造良好的生活、工作环境。

5）酒店外公共区域清洁保养

（1）绿化布置及清洁养护

绿化布置能给宾客耳目一新、心旷神怡的美好感受，所以酒店在店外的绿化规划和店内的绿化布置上都应有所开拓。客人进出场所的花卉数目要按要求造型、摆放；定期调换各种盆景，保持时鲜；接待贵宾或者举行盛会时，要根据酒店通知进行重点绿化布置；在绿化布置和对送达楼面的鲜花进行摆放时要特别注意客人所忌讳的花卉。

每天按顺序检查、清洁、养护全部花卉盆景；拣去花盆里的烟蒂杂物，擦净叶面枝干上的浮灰，保持叶色翠绿、花卉鲜艳；及时清除喷水池内的杂物，定期换水，对水池内的假山、花草进行清洁养护；及时修剪、整理花草；定时给花卉盆景浇水，定期给花草树木喷药灭虫；养护和清洁绿化时，应注意操作时不要溅出水滴弄脏地面，不可影响客人正常活动。

（2）门庭清洁

白天对玻璃门窗、门框、指示牌等的浮尘、指印和污渍进行擦抹，尤其是大门玻璃应始终保持一尘不染。夜间对门口的标牌、墙面、门窗及台阶进行全面清洁、擦洗，对大门口的庭院进行清扫冲洗等。

大门地垫每隔 2 小时吸尘 1 次，每晚要揭开地垫，用扫把将地面灰尘、沙粒扫干净，用湿拖布拖干净地面；外地垫除按内地垫做上述清洁外，每周还要更换地垫一次。内外地垫的铺放要求整齐对称。

（3）停车场的清洁

酒店停车场或地下停车场每晚要进行彻底清扫，保证地面无油迹、污渍。停车线、路标要清晰、干净。注意司机排队处的清洁，保证地面无烟头、杂物。停车场花盆、花槽、防滑地毯、标牌等每天要定时清理。

（4）酒店外墙的清洁

酒店外墙应经常进行清洁，做到建筑物外墙完整、美观、干净，以符合星级酒店的卫生质量要求。各酒店根据具体情况，可由酒店员工自行清洗，也可以委托专门的清洁公司进行清洗。

10.4.3 酒店公共区域清洁卫生的质量控制

1）定岗划片，包干负责

公共区域清洁卫生范围广，工作地点分散，工作繁杂琐碎，不易集中管理，且各类卫生项目的清洁方法和要求不同，很难统一检查评比标准。因此，需要实行定岗划片、包干负责、定岗定人定责任的办法，才能有利于管理和保证卫生质量。例如，可将服务员划分成若干个小组，如前厅及门前组、办公室及楼道组、花园组等，每组可根据实际需要将服务员定岗，使每一员工每天需要完成的主要工作相对固定，每人都有明确的责任范围，各负其责。定岗划片，要做到无遗漏、不交叉。

2）制定计划卫生制度

为了保证卫生质量的稳定，控制成本和合理地调配人力和物力，必须对公共区域的某些大型清洁保养工作，采用计划卫生管理的方法，制定计划卫生制度。如公共区域的墙面、高处玻璃、各种灯具、窗帘、地毯洗涤、地面打蜡等需要像客房计划卫生样，制订一份详细的切实可行的卫生计划，循环清洁。清扫项目、间隔时间、人员安排等要在计划中落实，在正常情况下按计划执行。对交通密度大和卫生不易控制的公共场所卫生，必要时应统一调配人力，进行定期突击，以确保整个酒店的清洁环境。

3）加强现场管理

公共区域管理人员要加强巡视，检查卫生质量，了解员工工作状态，及时发现问题并整改，并填好检查记录。管理人员要对公共区域卫生进行密切监督，定期或不定期地检查或抽查，才能保证公共卫生的质量，才能维护公共区域形象。

本章小结

▶ 卫生是客人对酒店的基本要求也是客人衡量酒店产品质量的最核心的因素。客房清洁服务主要包括客房的日常清洁、客房计划卫生和酒店公共区域的清洁保养等方面内容。客房清洁服务管理的目的就是要保证酒店清洁卫生质量的高效性和高品质。有效且高质量地完成各项清洁保养工作，建立完善的清洁卫生质量控制体系，最大限度地让客人满意。

复习思考题

1. 走客房日常清洁的主要内容有哪些？步骤分别是什么？
2. 酒店客房卫生质量检查的内容和标准有哪些？如何提升客房的清洁卫生质量？
3. 客房的计划卫生是指什么？如何对酒店客房计划卫生进行组织和管理？
4. 酒店公共区域指的是什么？其清洁保养都有哪些特点？
5. 提高酒店公共区域清洁卫生质量的途径有哪些？

第11章 客房物资与安全管理

■ 内容导读

本章重点对酒店客房物资管理及客房安全管理进行介绍。现代酒店客房基本设施设备和用品种类繁多，它们的质量及配备的合理性、装饰布置管理的科学性在很大程度上将影响客房产品质量；而客房安全是客人对酒店最基本的要求，客房安全管理工作是客房管理的主要内容。做好客房的物资管理与安全管理是酒店经营生产活动的基础与前提，对于酒店发展具有十分重要的意义。通过本章的学习，应达到如下目标：

- 了解客房物资管理内容及管理的主要方法。
- 熟悉客房设备管理、棉织品与制服管理以及日用品管理的任务与方法。
- 理解客房部主要安全问题及其防范措施。
- 掌握客房部火灾、盗窃的防范方法。
- 了解酒店常见安全事故的处理。

11.1 客房物资管理概述

11.1.1 客房物资管理的范围

面对激烈的市场竞争，服务产品之间的不断削价使得酒店利润空间急剧下降，控制经营成本、开源节流越来越受到酒店的重视。客房部是为酒店创造收益的核心部门，加强其设备用品管理是酒店提高经济收益的重要途径，因此，客房部物资管理范畴也远远超出了传统观念中的仓库管理，业务范围日趋扩大并逐渐系统化。目前，酒店客房物资管理大致包括：客房设施设备用品的选择与采购、使用与保养、储存与保管三部分内容。

11.1.2 客房物资管理的主要任务

客房物资管理的目标就是要为客房提供与其等级相适应的优良设备和物品，使客房经营活动建立在良好的物质基础之上，具体来说，有如下四方面：

1）编制客房设备用品采购计划

客房部各业务部门提出增加设备用品计划，客房部根据实际需要进行综合平衡后加以确定，报请酒店财务及采购供应部门，购买所需要的各种设备用品，以保证客房经营活动的正常进行。

2）制定客房设备用品管理制度

该制度主要包括设备用品分级归口管理制度，设备管理岗位责任制度，设备、工具的使用、维修保养制度，安全操作规程等各项规章制度。制度一经制定，就要认真执行，任何人不得违反，执行过程中需要赏罚分明。

3）加强设备用品的日常管理

为满足客人需求，必须在设备用品的日常管理工作上下功夫。要加强客房设备维护保养，使客房设备始终处于良好状态；及时供应客房用品，尽量减少损失和浪费。

4）更新、改造现有设备

客房部要根据设备使用状况，及时提出设备更新改造计划，报酒店批准，在酒店的统一领导下，做好客房设备的更新和改造工作。

11.1.3 客房物资管理的要求

为了便于管理，客房的基本物资可分为两大类：一类是设备部分，属于企业的固定资产，如机器设备、家具设备等；另一类是用品部分，属于企业的低值易耗物料用品，如玻璃器皿、各种针棉织品、清洁用品、一次性消耗品等。这些设备用品的质量和配备的合理程度，是客房商品质量的重要体现，也是制定房价的重要依据。客房物资管理应达到4R的管理要求：

1）适时供应（Right Time）

在要用的时候，能够及时供应，保证服务的延续性和及时性。

2）保证质量（Right Quality）

客房设备用品的品质要符合标准，能够满足客人的需要。

3）控制数量（Right Quantity）

计划采购的数量要适当控制，确定合适的采购数量和采购次数，在确保适时性的同时，做到不囤积，避免资金积压。

4）价格合理（Right Price）

以最合理的价格取得所需的客房设备用品。

11.1.4　客房物资的管理方法

酒店客房物资种类繁多，价值相差悬殊，必须采用科学的管理方法，做好管理工作。

1）核定需要量

酒店物资的需要量是由业务部门根据经营状况和自身的特点提出计划，由酒店物资主管部门进行综合平衡后确定的。客房物资管理，必须科学合理地核定其需要量，以达到增收节支的目的。

2）设备的分类、编号及登记

为了避免各类设备之间互相混淆，便于统一管理，客房部要对每一件设备进行分类、编号和登记。客房部管理人员对采购供应部门所采购的设备必须严格审查。经过分类、编号后，需要建立设备台账和卡片，记下品种、规格、型号、数量、价值、位置，负责的部门、班组等信息。

3）分级归口管理

分级就是根据酒店内部管理体制，实行设备主管部门、使用部门、班组三级管理，每一级都有专人负责设备管理，都要建立设备账卡。归口是将某类设备归其使用部门管理，如客房的电器设备归楼层班组管理。几个部门、多个班组共同使用的某类设备，归到一个部门或班组主负责管理，而由使用的各个部门、各个班组负责具体使用保管、维护保养。分级归口管理，有利于调动员工管理设备的积极性，有利于建立和完善责任制，切实把各类设备管理好。

4）建立和完善岗位责任制

设备用品的分级管理，必须有严格明确的岗位责任作保证。岗位责任制的核心是责、权、利三者的结合。既要明确各部门、班组、个人使用设备用品的权利，更要明确他们用好、管理好各种设备用品的责任。责任定得越明确，对设备用品的使用和管理越有利，也就越能更好地发挥设备用品的作用。

5）客房用品的消耗定额管理

客房用品价值虽然较低，但品种多、用量大，不易控制，容易造成浪费，影响客房的经济效益，因此，需要对客用品实行消耗定额管理，即以一定时期内，保证客房正常经营活动必须消耗的客房用品数量的标准为基础，将客房用品消耗数量定额落实到每个楼层或区域，进行计划性的管理。

11.2 客房设备管理

11.2.1 客房设备的分类和选择

1）客房设备分类

客房设备主要包括家具、电器、洁具、安全装置及一些配套设施。

（1）家具

家具是人们日常生活中必不可少的主要生活用具。客房使用的家具主要有：卧床、床头柜、写字台、软座椅、小圆桌、沙发、行李架、衣柜等。

（2）电气设备

客房内的主要电气设备有：

照明灯具。客房内的照明灯具主要有门灯、顶灯、地灯、台灯、床头灯等。它们既是照明设备，又是房间的装饰品。

电视机。电视机是客房的高级设备，可以丰富客人的生活。

空调。空调是使房间保持适当温度和调换新鲜空气的设备。

音响。供客人收听有关节目或欣赏音乐的设备，部分音响还带有智能控制、闹铃等功能。

电冰箱。为了保证客人饮料及小食供应，在客房内放置小冰箱，在冰箱内放置饮料零食，方便客人随意使用。

电话。房间内一般设两架电话机，一架放在床头柜上，另一架装在卫生间。方便客人接听电话。

（3）卫生设备

卫生间的设备主要有：洗脸台、浴缸、坐厕、毛巾架、镜子、灯具、垃圾桶等。

（4）安全装置

为了确保宾客安全，客房内一般都装有烟雾感应器，门上装有窥视镜和安全链，门后张贴安全指示图，标明客人现在的位置及安全通道的方向。楼道装有电视监控器，自动灭火器。安全门上装有昼夜照明指示灯。

2）客房设备选择

选择客房设备，是为了选购技术上先进、经济上合理、适合酒店档次的最优设备，有利于提高工作效率和服务质量，满足宾客需求。每个酒店要根据自身的特点，确定客房设备的选择标准，这是进行客房设备管理的基础。

（1）客房设备选择的标准

适应性。适应性是指客房设备要适应客人需要，适应酒店等级，与客房的格调一致，造型美观，款式新颖。

方便性。方便性是指客房设备的使用方便灵活，简单易操作，同时易于维修保养工作效率高的设备。

节能性。节能性是指能源利用的性能。随着绿色酒店、可持续发展观念的深入，客人对酒店设备的节能性要求日益增高。相对于其他服务行业而言，酒店客房用电、用水量都比较大，因此在选择设备时，应该选择节能设备。

安全性。安全是酒店客人的基本要求。在选择客房设备时要考虑是否具有安全可靠的特性和装有防止事故发生的各种装置，商家的售后服务也是设备安全的重要保证。

成套性。成套性是指各种设备配套，以保持家具的一致性和外观的协调性。

可发展性。为了配合时代发展和客人对酒店服务的需要，酒店在选购设备时要综合考虑其设备的经济性和发展性。

以上是选择客房设备要考虑的主要因素，对于这些因素要统筹兼顾，全面权衡利弊。

（2）客房主要设备的选择

家具的选择。家具必须实用、美观。构架结实、耐用和易于保养。

客房用床要求：尺寸合适。床是饭店为客人提供休息和睡眠的主要设备，大多数的床包括弹簧、床垫和架三个部分。弹簧使床具有弹性并提供支撑；床垫覆盖弹簧并加以衬料；弹簧和床垫都安放在床架上。

（3）卫生间设备的选择

客房卫生间是客人盥洗空间，它的面积一般为 4 ～ 7 平方米，主要设备是浴缸、马桶和洗脸盆三大件。浴缸有铸铁搪瓷、铁板搪瓷和人造大理石等多种。以表面耐冲击、易清洁和保温性良好为佳。浴缸按尺寸分大、中、小三种。一般酒店多采用中型浴缸，高档饭店采用大型浴缸。浴缸底部要有凹凸或光毛面相间的防滑措施。

马桶、洗脸盆有瓷质、铸铁搪瓷、铁板搪瓷和人造大理石等多种，使用最多的是瓷质的，它具有美观且容易清洁的优点。

卫生间的三大件设备应在色泽、风格、材质、造型等方面相协调。

（4）地毯的选择

地毯主要有纯毛地毯、混纺地毯、化纤地毯和塑料地毯四种。不同种类的地毯有不同的特点。纯毛地毯好看、弹性强、耐用、便于清洁，但价格较高。混纺地毯具有纯毛地毯质感舒适的特点，价格又低于纯毛地毯。化纤地毯外表与触感均像羊毛地毯，阻燃、耐磨，且价格低廉。塑料地毯则质地柔软、耐用、耐水、可用水冲洗。

11.2.2　客房设备的使用、保养与更新

1）客房设备的使用、保养

客房设备的使用，主要涉及员工与客人两方面。客房部要加强对职工的技术培训，提

高他们的操作技术水平，懂得客房部设备的用途、性能、使用方法及保养方法。

客房设备在使用中要努力防止事故发生，一旦发生事故，就要立即通知工程部及时修理或采取措施，使设备尽快恢复使用。如果事故是由于个别员工玩忽职守造成的，就需要对其进行严肃处理；如果是客人造成的，必要时需要客人进行赔偿。

2）客房设备的更新

日常更新。为保持客房服务的基本标准，应每年至少进行一次设备的更新，包括地毯、饰物的清洗；墙面的清洗和粉饰；常规检查和保养；家具的修饰；窗帘、被罩的洗涤；油漆等。

部分更新。一般指 3~5 年进行更新，包括地毯、墙纸、沙发布和靠垫及窗帘、床罩等。由于酒店竞争的日趋激烈及客人需要的不断变化，酒店客房设施更新周期越来越短，部分酒店几乎年年在部分更新。

全面更新：一般指 7~10 年要对客房设施进行一次全面的装修，并对客房设备进行更新。包括衣柜和写字台、床垫和床架、椅子和床头板、灯具、镜子和画框、地毯、墙纸和油漆、卫生间设施设备的更新等。

上述更新计划应根据酒店的具体情况进行安排。

11.3 棉织品与制服的管理

棉织品又统称为布草、布件。酒店布草房属于客房部管辖，负责向酒店各部门输送干净、卫生、合格的棉织品，向各岗位员工提供整洁、合体的制服，在整个酒店运营管理中占据基础性作用。棉织品与制服管理的合理、有效程度，将直接影响酒店产品质量和成本控制等。

11.3.1 棉织品的管理

1）棉织品的配备

每个床位应配备数量足够的棉织品，足够的概念对于每家酒店而言略有差别，标准为 3~5 套，一般取决于营业情况、客房出租率、洗衣房运转情况、部门预算等因素。一般最低标准是 3 套，即能够保证客房内使用 1 套，洗衣房在洗 1 套，棉织品仓库备用 1 套。较为充足的标准是 5 套，即客房使用 1 套，楼面储存室或工作车上 1 套，中心棉织品仓库 1 套，洗衣房待洗 1 套，洗衣房正洗涤 1 套。具体配备数量与酒店的标准定位有关，需要具体情况具体分析。

2）棉织品的存放

对于库存的棉织品，应该注意控制库房存放的湿度与温度，并整齐分类摆放，标签标注。

棉织品控制从楼层棉织品存储柜开始进行，应制定出每个存储柜的标准存放量，并根据这些标准每日盘点，及时进行补充。存储柜要上锁，并经常查看门锁是否完好，存储柜应保持清洁有序，备有足够框架。存储空间必须保持干燥通风，棉织品应进行必要的捆扎和标注。永久性记录中应该包括运进存储室的新棉织品以及报废棉织品的有关信息。

3）棉织品的送洗和发放

对于外包送洗的酒店，布草房的服务员每天应对清洗后收到的干净的棉织品数量进行清点，防止棉织品数量短缺，同时，进行抽查，看看送回的棉织品有无破损或者污点，小件棉织品争取做到全部检查，若有污点应送回外包的洗涤公司进行返洗，有破损的棉织品应与完好的棉织品分开堆放，报损或者进行修补。

对于自设洗衣房的酒店，楼层送洗的脏的棉织品应进行检查，以便发现被错误使用的棉织品和有特殊污渍的棉织品，此类棉织品应进行特殊的洗涤处理。同时，将棉织品运到楼层工作间前应统一折叠并清点、登记数量，以便楼层有足够的棉织品进行清洁服务，需注意在楼层内存放的棉织品数量不能过多也不能过少：若过多，会造成棉织品挤压，容易受到灰尘污染；若过少，服务员可能会没有足够的棉制品进行清洁服务，从而影响到客房服务质量。

注意，对于小件棉制品和一些特殊少量的棉织品，应有一套特殊的管理制度，分别单独送洗。

4）棉织品的盘存控制

棉织品可能会因为破洞、撕裂、有污迹或者使用过久而不宜再使用，这就需要对其进行更新。酒店棉织品更新通常使用更新率来表示，指的是棉织品每次替换数量占原有棉织品总量的百分比。一般酒店采用的是以旧换新的更新方式，除了适当的修补外，对于一些不能再使用的棉织品，有的酒店将其改制成为枕套、婴儿床单或者抹布，更新时需要注明更新原因和处理方式，并注明更新的批次。

布草房需要定期对棉织品进行盘点，并建立相应的盘点机制。定期对棉织品进行盘点不仅可以控制棉织品的缺损，而且能为日后会计核算和管理者统计分析提供数据。棉织品盘点的主要内容就是将在使用与存储的所有棉织品的实际存量与标准定额进行对比，了解各布件损耗情况并分析原因。

一般来说，每月应对棉织品做一次彻底清点，每季度至少应进行一次实物库存清点，清点后列明在盘存表中，以方便客房部做成本控制。盘存表一式三份，一份留布草房备查，一份交使用部门经理，一份交财务部。

11.3.2　制服的管理

酒店员工需要穿着部门样式统一、整洁美观的制服，以体现酒店的形象与企业文化。大多数情况下，员工制服的储存、发放和管理是由客房部负责的。

1）制服的存放与保管

所有的员工制服都由客房部的制服房或者布草房管理，由于制服种类多、数量大，因此，各酒店都应该建立严格的管理机制。

制服的入库保管需要相应库房条件，除布草房所应具备的条件外，为满足制服的存放，还应专门配备相应的衣架将制服挂放。制服通常实行分类存放、分类管理的办法，因此要对制服进行统一编号。

①对新进制服要分部门、工种统一编号，并用衣架挂好或折叠好后整齐摆放在制服架上，衣架、制服架上均应标明部门和制服所属者的姓名或编号。

②在制服的日常管理中，洗净后的制服经检查和修补后，要用衣架悬挂在衣架杆上。衣架杆最好有固定挂钩，并标有编号或姓名，制服应按对应编号挂好。

布草房要按制服的材质、使用部门进行分类，将制服存放在合适的位置上。如厨师的制服多为全棉面料，洗涤频率高，应将其存放在最容易拿取的地方。而酒店管理者穿着的制服，因为存放要求高，换洗频率低，则应悬挂在自动挂衣架的高处，既干燥又不容易污染。

为妥善保管制服，防止制服的流失，布草房还需要建立制服消耗记录卡。布草房对酒店各部门员工的制服要做好消耗记录，并定期进行汇总。因破损、丢失而补发的制服则要按部门登记入账，定期将账单交财务部，计入各部门成本消耗。

2）制服的收发与送洗

员工制服的收取与发放一般都在布草房进行，由制服收发人员将收到的脏衣服收集到脏制服清理点，登记并交洗衣房，制服清洗干净后由制服管理人员验收入库。

制服的收取和发放均在布草房的专用窗口进行，一般采用以脏换净的方式。酒店员工每天上班前，可将脏的制服交到布草房，换回另一套已经洗干净的制服，以适应酒店服务工作的需求。

新员工入职第一天，可凭借人事部门出具的制服领取单到布草房按照编号领取制服一套。下班后，制服不允许穿出酒店，应放在更衣室的更衣柜中，员工洗涤制服应统一交洗衣房，随时送洗。布草房将员工需要洗涤的制服统一交洗衣房或外包的洗衣公司洗涤，洗干净后再由制服收发员验收入库备用。

3）制服的盘存与更新

制服房需要建立盘点制度，定期对现有制服进行统计检查，并与配备标准进行比较，得出缺失的相关数据，并根据具体情况进行补充和更新。

（1）制服的配备数量

制服的配备数量必须能够满足员工岗位的实际需要。一部分岗位制服洗涤频率比较高，就需要增加一定数量的制服以备用。如餐厅、厨房等人员至少需要配备3~4套制服。

（2）制服的定期盘存

制服房服务员应根据酒店规定对员工制服进行定期盘存。盘存表一式三份，一份留布草房备查，一份交使用部门经理，一份交财务部核算成本。客房管理人员可以通过盘存及时了解员工制服的使用情况，并据此确定想要的补充计划，以保证员工制服的供应和进一步完善员工制服的管理。

（3）制服的补充更新

为保证酒店的正常运营，酒店员工制服需要定期补充和更新。员工制服更新一般采取以旧换新的方式。不同档次的酒店对员工制服报损的规定略有不同，一般情况下，淘汰的制服可视其旧损程度留作临时应急备用。布草房应通过缝补、妥善保管等措施延长制服的使用寿命，降低运营成本。对于不能修补或者修补后影响员工仪容仪表的制服，由主管签字报损，并从后备制服中补发新制服给员工。

11.4 客房日用品的管理

客房日用品又称日常客用品，是供客人日常使用的物品，具有品种多、数量大、使用频率高等特点，若管理不善，会造成流失和浪费，增加酒店运营成本。

11.4.1 客房日用品的控制

客房日用品的日常管理是客房用品控制工作中最容易发生问题的一环，也是最重要的一环。

1）控制流失

（1）建立客用品领班责任制

各种物资用品的使用主要是在楼层中进行的，因此，对客用品使用的好坏及定额标准的掌握，关键在领班。各楼层应配备专人负责楼层物资用品的领用、保管、发放、汇总以及分析等工作。

（2）控制日常客用品消耗量

客房用品的流失主要是员工造成的。比如有些员工在清洁整理房间时图省事，将一些客人未使用过的消耗品当垃圾扔掉，因此领班做好员工的思想工作，现场指挥和督导，是减少客用品浪费和损坏的重要环节。同时，还要为员工创造不需要使用客房用品的条件。

2）客房日用品的发放和使用控制

客房用品的发放应根据楼层小库房的配备定额明确一个周期和时间。这不仅能方便中心库房的工作，也是促使楼层日常工作有条理以及减少漏洞的一项有效措施。在发放日期之前，楼层领班应将其所管辖楼层的库存情况了解清楚并填明领料单。凭领料单领取货物之后，即将此单留在中心库房以便作统计用。

服务员按规定数量和品种为客房配备和添补用品，并在服务员做房报告上做好登记。楼层领班通过服务员清洁报表汇总服务员在每房、每客的客用品的耗用量。

一般情况下，每隔一段时间就需要对客房日用品的消耗量进行一次分析，一般间隔时间为一个月，分析内容主要包括：每日客人日用品消耗量汇总、各楼层月度客用品消耗量汇总、每月客用品消耗分析对照表、月度预算表等。

11.4.2 客房日用品消耗定额管理

客房日用品的分类方法很多，其中一个最基本的分类方法，是按消耗的方式不同，把客房日用品分为两类：一次性消耗品和多次性消耗品。一次性消耗品是一次性消耗完毕完成价值补偿的，如茶叶、卫生纸、信封、香皂、牙具等。多次性消耗品可以连续多次供客人使用，价值补偿是在一个时期内逐渐完成的，如玻璃器皿、瓷器等，棉织品也属于多次性消耗品。

一次性消耗品年度消耗定额是以单房配备为基础，确定每天需要量，然后根据预测的年平均出租率来制定的。其计算公式为：

$$A=B\times x\times f\times 365$$

其中：A 表示单项日用品的年度消耗定额；

B 表示单房每天配备数量；

x 表示客房数；

f 表示预测的年均出租率。

例如，某酒店有 400 间客房，年平均出租率为 80%，茶叶单间房配备的数量是 3 包，求茶叶年度消耗定额。

根据上述公式，可计算为

$$\begin{aligned}A_{\text{茶叶}}&=B\times x\times f\times 365\\&=3\times 400\times 80\%\times 365\\&=35.04\text{（万包）}\end{aligned}$$

多次性消耗品的消耗定额基于多次消耗品的年度更新率来确定。其定额的确定方法为：应根据酒店的档次，确定单房配备数量，而后确定其损耗率，即可制定消耗定额。其计算公式为：

$$A=B\times x\times f\times r$$

其中：A 表示单项日用品的年度消耗定额；

B 表示单房每天配备数量；

x 表示客房数；

f 表示预测的年均平均出租率；

r 表示用品的损耗率。

例如，某酒店有客房 400 间，床单单房配备 3 套。预计客房平均出租率为 75%。在更新周期内，床单的年度损耗率为 35%，求其年度消耗定额。

根据上述公式，可计算为

$$\begin{aligned}A_{\text{床单}}&=B\times x\times f\times r\\&=3\times 400\times 75\%\times 35\%\\&=315\text{（套）}\end{aligned}$$

11.4.3 客房日用品的“4R”管理

“4R”即四个英文单位 Reduce、Reuse、Recycle、Replace 的首字母，是人们对节能减排和可持续发展观念深入的具体做法和高度概括。

1）Reduce，即量化减少

一方面，尽量减少或不使用对环境有污染和破坏作用的材料和用品，如塑料用品或塑料包装材料、含氯化学清洁剂等。另一方面，尽量减少能源和物资消耗，如改进抽水马桶的装置设置、减少日用品的配备数量、减小布草的更换频率等，如上海的酒店已经不再主动提供牙刷、梳子、剃须刀等“六小件”一次性日用品。

2）Reuse，即再利用

客房内有许多虽然被用过但是仍然有再利用价值的物品，如报纸、杂志、酒瓶、饮料罐等，服务员在日常清洁工作中，可以对其进行分类回收利用。

3）Recycle，即循环使用

客房内的一些物品如果在材料和设计上做出一些调整，则可进行循环重复利用。如传统酒店的洗衣袋是塑料袋，属于一次性消耗品，用过即弃，不仅浪费而且会对环境造成污染，目前许多酒店将洗衣袋改良为布质，设计与制作均比较考究，经久耐用。

4）Replace，即使用代替品

为了减少物料消耗、降低费用、保护环境，客房内的一些物品可以用其他物品代替。例如，小包装的沐浴露、洗发液可以用液压式大瓶装替代，这样就可以减少购买包装物的费用，又可以避免过多的包装物丢弃对环境造成的污染。当然，采用这种做法时，酒店应采取相应的管理和控制措施，防止因客人带走等原因造成的浪费和损失。

11.5 酒店客房安全管理概述

11.5.1 客房安全管理

所谓的安全是没有危害、危险，不受到威胁和损失。客房安全是指宾客从入住到酒店客房开始其人身、财产、正当权益等不受侵害。酒店不仅要以热情周到的服务、舒适干净的客房、娴熟的服务技巧来满足不同客人的需求，还要特别重视宾客最基本的安全需求，为宾客提供安全和保护是酒店应尽的责任和义务。安全是酒店各项服务和活动的重要基础，也是酒店正常经营和运行的保证，只有在安全的环境下，各项服务活动才得以展开，客房是酒店的基本设施和主体建筑，是安全防范的重点部门之一，作为人员高度密集的区域，客房同时也是酒店安全事故和隐患的主要发生区域。

客房安全管理是指针对客房安全所进行的组织、计划、协调、控制等一系列管理活动。为了更好地保障客房所有宾客、员工的人身和财产安全，以及酒店财产安全，管理者应该在日常的管理中提高安全防范意识，同时也要严格按照安全规定办事，采取积极有效的措施。员工也应加强安全责任意识，根据客房部安全工作的特点，切实做好客房的各项安全工作等。

客房安全的目标是保证客房、宾客、员工的人身及财产安全，同时也要求酒店在客房设计、客房设施布置、客房服务以及管理过程中，应充分考虑到安全的因素，其建筑、设施设备、运营管理方面也应符合安全消防、安全法律法规和标准，从而达到保证宾客、员工环境及生活安全的目的。

客房安全管理具有不同于酒店其他部门的特点和任务：首先，酒店客房安全管理难度较大，人员流动量大、顾客隐私性强、客房内物资财产价值高，潜在的不安全因素过多；其次，酒店客房安全管理的弱点多，客房内备有大量的电气设备，易燃物品又比较多，安全隐患不易被发现；最后，客房安全管理要求较高，客房安全涉及的项目多，专业技术含量较高，需要掌握酒店的防火、防盗、防爆以及其他突发事件等的知识，对相关人员的素质提出了较高要求。

11.5.2 客房安全管理内容

1）客房的安全

酒店应保证客房辖区内的所有基础设施设备功能完善、正常运行，并对其进行定期的检查、维修和保养，坚决杜绝因硬件设施的使用不当或缺陷造成人员身体伤害或生命伤害。在酒店内导致客房不安全的因素一般有火灾、偷盗、食物中毒、骚扰、疾病传播、利用客房实施“三毒活动”（黄、赌、毒）的犯罪活动等，它们都会对客房安全造成影响。

2）客人的安全

客房的安全首先是“客人安全”。根据国际酒店的惯例，宾客在酒店办理完住宿手续后，即与酒店构成了合同关系，契约行为使酒店有责任和义务对客人的人身、财产和心理安全等方面进行保障和维护，并保证宾客在客房区域内的人身、财产和正当权益不受到侵害，心理上和精神上也不受到伤害。

3）员工的安全

酒店有责任和义务保护员工的人身财产安全，其中包括健康保障和职业安全，这是因为酒店与员工之间已经建立了“雇佣关系”，同时，作为酒店的员工也必须要履行自己的职责和义务，在加强自我保护意识的基础上，还要完成对宾客的安全保护。

总之，客房安全是伴随酒店接待服务始终的。常言道“安全系于大局，责任重于泰山”，安全内容有客房、宾客、员工等，保护对象是人身安全、财产安全、心理安全等方面。它是一项有专业特点、持久和复杂的工作。因此，客房安全对于树立酒店的社会公众形象，增强酒店的行业竞争力是十分有益的。

11.6 客房安全管理任务

11.6.1 责任区划分明确，组织健全

应在总经理的统一领导下，由各部门的管理人员成立酒店安全责任组织，作为酒店正

式组织，在保安部下常设办事机构，负责客房部的安全保卫工作，处理安全事件，制定各项安全防范制度和措施。客房部应在酒店统一领导下成立专门的安全管理组织，客房部经理担任负责人。

为明确划分责任安全区域，保证各项安全工作落实到位，客房部经理将以工作范围为基准，按照“以防为主，谁主管谁负责”的原则，确立安全管理的责任人。

客房安全区以楼层为责任区，楼层主管或领班为责任人，主管将楼层区域再划分为若干个区块，层层划分，责任到人，上一级附有连带的责任。安全责任制分工明确，责任清楚。客房安全事项包括消防安全、治安维护、作业安全、清洁卫生和公共区域的财产安全等。

11.6.2　强化意识，培训到位

安全培训是安全管理的主要任务之一，为了使全体员工能正确运用安全的工作方式对客服务，减少安全事故的发生、消除安全隐患，强化安全意识和到位的培训就显得尤为重要。安全培训有入职培训（上岗前）、工作指导、再培训三种：入职培训是对新到酒店工作的员工进行的安全制度和条例等培训；工作指导是对工作的复杂项或弱项等进行的培训；再培训是对引进新设备、创新项目等方面进行的培训，只要有需要就可进行再培训。无论是酒店新员工还是老员工，安全培训是所有培训中最为重要且不可或缺的培训。

酒店对员工的安全培训，一般情况下包括：安全基础知识、安全应急方法、酒店消防、火灾预防，自然灾害、停电、逃生、客人伤病、客人醉酒以及客人死亡等事故的处理。通过安全培训、安全应急预案演习等方式，使员工掌握基本的安全知识和各种状态的处理技巧，且一旦发生安全事件，客房服务人员能冷静、迅速地采取有效措施，尽量避免或减少人员伤亡和财物损失。通过培训，加强员工的安全意识，明确员工在客房安全管理中肩负的重要责任，理解客房安全管理的重要意义。

酒店有责任采取适当方法，强化客人安全意识并提醒他们对自身安全负责。为此酒店可制作安全提示卡、服务指南和安全宣传册等，提醒客人要注意安全，增强安全防范意识，使客人自觉遵守安全管理制度和安全条例，并配合酒店做好安全管理工作。

11.6.3　层层落实、制度合理

为有效地落实酒店安全管理，必须层层落实到位，并建立科学、有效、合理的安全管理制度体系，使酒店的安全管理工作有执行依据和行动指南，同时也达到促进酒店安全的目的。

首先，在制定安全管理制度时，要梳理客房各种不安全的因素，通过调查研究避免事故隐患，结合部门特点、按照岗位业务运行过程，制定出客房安全管理制度。其次，为达到解决和处理实际问题的目的，必须要制定出各岗位、各项服务工作具体的详细的安全工作标准和方法。

客房安全制度，主要包括安全工作标准和操作规程、客房钥匙管理制度、访客管理制度、贵重物品寄存管理制度以及安全应急预案等。

条例规章健全，岗位安全责任清楚，内容明确具体，层层落实到位。酒店客房为保证安全制度落实到位，除执行安全监督、检查外，更要鼓励员工自觉学习安全知识、防火知识、安全管理制度以及安全操作规范等，掌握安全器材与设施的使用方法，保障无违反安全管理制度的现象发生。为保证管理制度的执行，管理者还应建立奖惩制度，对真正保证酒店安全的职工进行奖励，对事故违规责任人层层追究责任，并按照奖惩的办法进行相应的处罚。

11.6.4 安全设施设备配备要完善

酒店客房安全系数的高低与安全设施设备及用品的配备是否完善有着直接的关系。酒店为保障宾客住宿期间的安全，必须在客房楼层区域设立各项安全设施和设备。一般情况会通过电视监控系统监视，此系统由摄像机、录像机、电视屏幕等组成。酒店通过对客房楼层出入口处、走廊、电梯内部等地方进行监视，使入住的宾客有安全感，也给客房区域带来有效的安全保障。同时，酒店客房还有其他的安全设置，例如：钥匙系统的管理，也具有间接监控的功能，管理人员通过检查门锁系统，可以得到一段时间内所有进入房间内的记录；房间大门上安装的窥视镜、安全链（安全环）以及双锁，门后张贴的安全疏散图，都起到告知客人所在的位置及安全疏散的方向和路径的作用；壁橱内安装供客人存取贵重物品的保险箱；天花板上也设温感喷淋头消防设备和烟雾报警器，供自动灭火和报警时使用；为防止意外事件发生，在床头柜和卫生间靠近浴缸处，安装安全报警及呼救设备，供客人发生意外时紧急呼救；楼道内也要根据消防的要求，安装完善的消防设施设备以及通畅的消防疏散走道等。

11.6.5 重视并加强检查和督导过程的管理

客房安全检查是对安全过程管理进行督导的一种形式。客房通过安全检查，可以及时发现安全隐患和各种不安全的因素，同时，各级领导为了防患于未然，可采取定期检查和不定期抽查的方式履行客房安全检查的职责。

一般情况下，客房检查的主要内容是：楼层和客房内的安全装置、客房设备设施的运转和维护情况、员工工作中的各种安全疏漏以及灭火设备和消防报警等。

11.7 安全事故的防范及处理

在客房的实际管理中，安全问题始终是每位管理者最关心的问题之一，为客人提供一个安全的住宿环境，是客房安全管理的重要任务。客房安全管理上要以防火、防盗、防爆、防突发事件为主。安全问题有着随机性、复杂性和不可控制的特点，这就大大增强了客房部管理的难度。所以，做好客房安全事故的预防和应急处理尤为重要。

11.7.1 火灾的防范及应急处理

酒店最大的致命伤就是火灾。虽然火灾发生率很低，但一旦发生后果就会相当严重。楼层客房一旦发生火灾，客房服务人员必须保持镇静，迅速采取有效措施，正确处理紧急状况，保证客人的生命、财产安全，尽量减少人员伤亡和财产损失。

1）火灾发生的原因及预防

火灾发生的直接原因很多，如吸烟不慎、电器事故、炊事用具使用不当、电器漏电等都可能引发火灾。服务员对吸烟客人的房间要格外予以关注，近年来，随着科技的发展，客房电器大量增加，因电器原因造成的火灾有上升趋势，电器造成的火灾也需要得到足够的重视。

（1）在酒店的建设中，设计安装必要的防火设施及设备

酒店疏散楼梯与消防电梯的设计应符合我国现行的消防规范，疏散楼梯的位置应考虑人在火灾发生时可能疏散的方向。高层酒店的客房楼层还需要设置有排烟前室的消防电梯，以供消防人员在火灾发生、普通客梯停止运行后，能乘用消防电梯迅速抵达火灾现场。

针对电气设备起火这一现象，酒店在各种电路系统中设置保险装置，并安装防火报警系统。在客房内天花板上安装烟感报警器和温感喷淋头，供报警和自动灭火之用。

条件允许时，家具、地毯、窗帘和床上用品等采用具有阻燃性能的防火材料，减少火灾隐患。

（2）重视员工安全培训，增强其防火意识

对新上岗的员工进行安全培训，增强其防火意识，培训消防设备的使用用法，制订火灾疏散计划，同时还可以利用淡季组织消防演习。

（3）强化安全责任意识，减少火灾隐患

设立防灾中心，24 小时执行警戒任务，制定并贯彻执行消防安全制度、防火责任制度；要对酒店重点部位和隐患部位定期检查评比；定期检查、维修电气线路，尽量避免因使用时间过长、磨损等情况引起漏电、火灾；定期检查消防设施是否良好；在客房门内贴紧急疏散图，并在客房写字台的文件夹内放置防火宣传单，向客人宣传火灾安全知识；注意观察客人所携带行李，若发现有易燃易爆危险品，应立即向上级或总服务台报告。

2）火灾的应急处理

（1）通报

发现火情应立即向有关部门通报，并及时向客人发出通告。

（2）报警

发现火情应立即使用最近的报警装置报警，打电话通知总机，讲清着火的地点和燃烧物，迅速用消防器材控制火势；关闭电器开关，关闭通风、排气设备。火势不能控制时应立即离开火场，及时疏通酒店大门和临近路口道路，以便消防车到达现场。

（3）组织人员疏散逃生

接到火警报告后，客房部管理人员应立即奔赴现场，进行人员分工，组织疏散工作。要迅速打开安全门、安全梯，组织疏导客人撤离，一定不能乘用电梯。在各层楼梯口、路口需要有人把守，为客人引路。合理确定疏散路线和进行人流分配，避免大量客人集中造成堵塞。同时，指定客房服务员逐一检查客房，确定无人后在门上做标记或者挂“已检查过”的牌子，并将门关好，以阻止火势蔓延。

（4）现场紧急救护

对火灾中的受伤者能否及时救护，直接关系被救人员的生死存亡。因此，在救护工作中应依照正确的救护顺序，采取正确有效的救护方法进行紧急救护。

11.7.2 失窃的防范及处理

失窃现象是酒店安全管理中较容易遇到的问题，尤其是在管理不当的酒店更时常发生，从窃贼的构成上看，酒店的盗窃现象主要可以分为外部偷盗、内部偷盗、内外勾结、旅客自盗等四类。对于失窃的防范可以从以下三方面入手：

①加强对员工职业道德的教育。严格把控员工招聘，强化管理制度，加强培训教育。

②加强客房钥匙的管理。做好钥匙的交接记录，禁止随便为人开门，因公需要钥匙时必须随身携带，不得随处摆放。

③加强对访客的管理。凡住客带领客人进入，前台均需做好记录。对于独自来访者，要问明情况，必要时可礼貌查验证件，并应先向房间打电话征得客人同意，再陪访客到门口，待其与客人握手后再离开。若住客不在房间又无亲自留言，则不得让访客进房等候。

若酒店发生了失窃事件，作为客房部员工，在报告领导和保安部门的同时，主动保护好现场，不向不相干的宾客等外人传播未明真相的相关信息。一般情况下，失窃的处理程序如下：

①接到客人报失后，服务员应及时上报安保部和相关领导。

②保安部人员、大堂经理和客房部相关人员向失主了解事情经过、物品丢失情况等。

③帮助失主回忆和查找，丢失物品价值达到立案标准或在店外丢失物品，在客人同意时，协助其向公安部门报案请求帮助。

④请客人填写“客人物品报失记录”，留下通信地址，在客人离开酒店后保持联系，继续帮助查找，并做好后续工作。

⑤将整个事件经过和处理结果记录归档。

案例分享

防盗窃，看起来简单也不简单

一、案例介绍

住在某酒店412房的刘小姐，见到隔壁413房间的客人衣着光鲜、穿戴时尚，遂起歹意。当她看到并确认该房客人离开房间、房内无人后，就佯装成413的客人，站在413门口给服务中心打电话，要求楼层服务员送一瓶水到413房。

服务员很快将水送到413房，见该小姐站在门口，就将水瓶递给她，刘小姐谎称，房卡忘带出来，请服务员开一下门。该服务员见状，立即为该小姐微笑着打开413房间的房门，然后离去。刘小姐进房后，立即将房内客人携带的贵重物品拿走，并马上到前台办理了退房手续。

413房客人回来后，发现自己的贵重物品不见了，便打电话问服务中心，是否有人进他房间，服务中心告知，曾有一位小姐说413房要一瓶水，该客人立即明白他的东西已经被该小姐偷走，严厉要求酒店承担责任。

二、案例分析及解决方案

乍看起来，这类骗术不好防范，服务员很无辜，但是，深入分析，可知这位楼层服务员并没有按照酒店安全规定进行客人身份核验操作，并随意为人开门。案例中的服务员工作很热情，在客人提出需求后，马上予以办理，而客人在提出要她帮助打开房门的额外要求时，她也不假思索地照办，真是因为缺少安全意识和对酒店安全规章制度的熟悉，才使得坏人得逞。因此，在酒店客房服务中，要求服务人员遵循酒店的安全守则及基本操作流程，同时，需要提高其识别和判断能力，培养员工面对不常见的服务情形，应保持理智和冷静的能力，不要因为热情服务冲淡了安全意识。

酒店安全规范与人性化服务并存

一、案例介绍

一天上午，某酒店客房服务员Rena在清洁3608退客房时，听到外面有人叫服务员，她便立即放下手中的工作，快步走出房间。看见3612房门口站着一位先生，身穿西装且打着领带，手里还拿着一些文件。Rena微笑着迎上去问候客人并询问有什么事需要帮忙。站在3612房门口的先生说："我的一位朋友住在3612，他让我把东西送过来，并在这里等他回来，而且我现在急需用一下卫生间，赶快给我开门，否则我就向你们总经理投诉，说你对客服务不礼貌。"这位先生不耐烦地大声对Rena吼道。

"先生，请问您朋友贵姓？"Rena微笑着问客人。"怎么，不相信我？"客人用质疑的语气反问Rena，并从上衣口袋里掏出他的证件，伸到Rena面前，原来他是一名执法人员。

Rena明白客人误解了自己的意思，但还是有礼貌地对客人微笑着说："先生，您误会了，我对您肯定是信任的，但是您的朋友住在我们酒店，这个房间目前的所有权归他，如果不经他本人同意，我们是无权为任何人开其房门的。您可换个角度来想，如果这个房间是您的，而在您不在的情况下，我们服务员……如果您需要用卫生间，我们酒店一楼大堂设有公共的客用卫生间。"

客人听完Rena的一席话后，脸上露出了和蔼的笑容，他拿手机拨通了朋友的电话，讲明情况后，客人把电话递给了Rena，客人在电话里说："小姐，谢谢你，我是3612房间的客人，我叫Alex，麻烦你帮忙把房间门打开，让我的朋友进去，我马上就回来，谢谢。"

挂断电话后，Rena对访客说："先生，对不起，请稍等，我去拿钥匙。"Rena借机打电话到客房部办公室，对3612房间的情况再次进行了确认，并在最短的时间内来到了客人面前打开房门，之后Rena很有礼貌地为客人沏了杯茶水，来访的先生微笑着对她说："小姑娘，刚才真不好意思，吓着你了，你对工作这么认真负责，我很佩服，我的朋友住在这儿，一定很放心，我回去一定会向我的亲戚朋友推荐你们酒店，谢谢你。"Rena听到客人的赞赏，心里感到十分高兴，并对客人说："应该要谢的是您，谢谢您对我们工作的支持和理解，耽误了您这么长的时间，非常抱歉，您先休息一下，喝点茶水，等您朋友回来，如有什么需要帮忙的，请致电‘8500’，我们随时为您服务，祝您在这过得愉快！”说完之后，Rena 便退出房间，并帮客人带好房门，继续做自己的工作去了。客人退房之后，便给 Rena 写了一封表扬信，Rena 由于工作认真负责，得到了客人高度的赞扬。

二、案例分析及解决方式

这是一个语言技巧服务的典型案例，展现了语言艺术的重要性。“让顾客满意”是我们服务行业的宗旨。按规范化的标准程序操作去达到客人最终的满意，也是每一个服务人员的职责。

该案例中，访客在 Rena 的耐心核实下，由不高兴到认可，再到向 Rena 表示歉意，最后到赞扬，说明 Rena 恰到好处地做到了言之有“礼”、言之有“理”的语言艺术。作为一名楼层服务人员，在某种程度上担负着客人安全保卫的职责，Rena 在安全方面有着极高的警惕性，并没有因客人的不耐烦及凶狠的语气而胆怯，在通过访客电话确认后，Rena 并没有拿出随身佩带的钥匙给客人开门，而是礼貌地让客人稍等，并在最短时间内与客房办公室联系确认，同时还把客人的朋友当成自己的朋友一样招待，把工作做到最细致，不忽视每一个细节，表现出 Rena 在遇到紧急事情时，仍然能保持着沉着冷静的心态，同时也表现出 Rena 在对客服务中有着良好的技巧性及专业性。

11.7.3 伤病客人的处理

客人在酒店居住期间，身体有可能会偶感不适或者突发疾病，客房部员工要及时发现、及时处理并汇报，为客人留下良好的印象。

1）一般性疾病

客人可能会偶感风寒或有其他小恙，服务员发现后，可询问情况，帮助客人寻找医生进行诊治，多关注关心客人，多送开水，提醒客人按时服药。

2）突发性疾病

若客人患突发性疾病包括心脑血管病、肠胃疾病、食物中毒等，客房服务员一旦发现，要立即请医生来，同时报告管理人员，绝对不能自作主张救治病人，以免导致更严重的后果。在没有医生抵达现场的情况下，如果患者头脑尚清醒，请服务员帮助购药服用，服务员应婉言拒绝，劝客人立即到医院或请医生到酒店治疗，以免误诊。

若客人病情严重，客房部要立即与同来的家属、同伴或随员联系。若客人独自住在酒店，客房部经理应立即报告酒店经理或大堂副理，请酒店派车送客人去医院救治，必要时，还要设法与客人的公司或家人联系。

3）传染性疾病

若发现客人患的是传染性疾病，必须立即向酒店总经理汇报，并向卫生防疫部门汇报，以便及时采取有效措施，防止疾病传播。对患者使用过的用具、用品严格消毒，并在客人离店后对房间、卫生间严格消毒。接触过患者的服务员要在一定时期内进行体检，防止疾病扩散。

11.7.4　醉酒客人的处理

酒店经常发生客人饮酒过量现象，此时客人处于不能自控状态，处理起来要格外谨慎。

①对醉酒程度较轻的客人，可婉言劝导，安置其回房间休息。

②对醉酒程度重且不听劝导的客人，要协助保安将其安抚，待其状态稳定后送回客房，以免其扰乱其他住客或伤害自己。

③对醉酒客人的房间要特别注意观察，防止客人在失去理智时破坏房间设备或因吸烟引起火灾。

④若服务人员在楼层走廊遇见醉酒客人，不要单独扶客人进房间甚至为其宽衣，以免客人酒醒后造成误会。

总之，客房安全管理工作是酒店工作的基础，也是一项系统化工程。安全是酒店工作的切入点，安全工作如果做不好，酒店就没有宾客和效益，更不可能生存。

本章小结

▶ 本章介绍了客房部各类物资管理的内容、管理任务、管理方法以及客房部安全管理的主要内容、客房部常见安全事故防范与处理等内容。物资和安全是酒店得以存在并发展的前提基础和重要保障。

复习思考题

1. 酒店物资管理按照管理内容主要可以划分为哪三类？
2. 酒店物资管理中应遵循的原则有哪些？
3. 酒店客房部安全管理具有哪些特质？
4. 如何进行客房区域的安全管理工作？
5. 怎样有效实施火灾的预防和处理？
6. 酒店客房能够采取哪些防盗措施？

参考文献

Cankao Wenxian

[1] 刘伟 . 前厅与客房管理 [M] . 北京 : 高等教育出版社，2018.

[2] 田雅琳 . 前厅与客房管理 [M] . 北京 : 机械工业出版社，2014.

[3] 李伟清 . 酒店运营管理 [M] . 重庆 : 重庆大学出版社，2018.

[4] James A. Bardi. 饭店前厅管理 [M] . 曾国军，赵永秋，主译 . 5 版 . 北京 : 中国人民大学出版社，2014.

[5] 于水华，谌文 . 酒店前厅与客房管理 [M] . 北京 : 旅游教育出版社，2011.

[6] 吴军卫 . 饭店前厅管理 [M] . 北京 : 旅游教育出版社，2003.

[7] 曾小力，韦小良，韦明体 . 前厅服务与管理 [M] . 北京 : 旅游教育出版社，2002.

[8] 陈雪琼 . 前厅、客房服务与管理 [M] . 北京 : 机械工业出版社，2004.

[9] 唐飞，雅贤，曹洪珍 . 酒店前厅与客房管理 [M] . 北京 : 清华大学出版社，2012.

[10] 曹红，方宁 . 前厅客房服务实训教程 [M] . 北京 : 旅游教育出版社，2009.

[11] 田言付，鲍富元 . 酒店前厅与客房管理 [M] . 哈尔滨 : 哈尔滨工程大学出版社，2011.

[12] 胡顺利，侯荣 . 酒店客房运营与管理 [M] . 北京 : 化学工业出版社，2015.

[13] 祝红文，周令芳，代荣英，等 . 前厅实务 [M] . 重庆 : 重庆大学出版社，2009.

[14] Michael L Kasavana，Richard M Brooks. 前厅部的运转与管理 [M] . 包伟英，译 . 6 版 . 北京 : 中国旅游出版社，2002.

[15] Gary K Vallen，Jerome J Valeen. 现代饭店管理技巧——从入住到结账 [M] . 潘惠霞，主译 . 北京 : 旅游教育出版社，2002.

[16] 林璧属，丁林 . 前厅、客房的服务与管理 [M] . 北京 : 清华大学出版社，2006.

[17] 余炳炎 . 现代饭店房务管理 [M] . 上海 : 上海人民出版社，1998.

[18] 侯兴起 . 如何挖掘酒店前厅服务的潜力 [N] . 中国旅游报，2011-09-21.

[19] Margaret Kappa，CHHE，Alita Nitschke，et al. Managing Housekeeping Operations [M] . Second Edition. the Educational Institute of the America Hotel & Motel Association，1997.

[20] David K Hayes，Jack D Ninemeier. Hotel Operations Management [M] . Second Edition . New York: Pearson Education Inc，2003.

[21] 乔治娜 · 塔克尔，梅特琳 · 斯尼德，等 . 旅游饭店客房管理 [M] . 赵秀英，缪梨，金伟青，等，编译 . 杭州 : 浙江摄影出版社，1991.

[22] 蔡平，梁盛 . 酒店实习指导书［M］. 北京：旅游教育出版社，2017.
[23] 陈的非 . 饭店服务与管理案例分析［M］. 北京：中国轻工业出版社，2010.
[24] 尹成旭，等 . 中国饭店服务存在的问题及补救分析［J］. 社会科学家，2006（z）.
[25] 孟庆杰 . 前厅与客房管理［M］.2 版 . 北京：旅游教育出版社，2011.
[26] 徐文苑 . 酒店客房管理实务 ［M］. 广州：广东经济出版社，2008.
[27] 何丽芳 . 酒店服务与管理案例分析［M］. 广州：广东经济出版社，2005.
[28] 蔡万坤 . 前厅与客房管理［M］. 北京：北京大学出版社，2006.
[29] 李光宇 . 前厅客房服务与管理［M］. 北京：化学工业出版社，2007.
[30] 陈云川，鄢赫 . 饭店前厅客房服务与管理［M］. 北京：机械工业出版社，2008.
[31] 薛秀芬 . 前厅与客房管理［M］. 大连：大连理工大学出版社，2011.
[32] 苗淑萍 . 客房服务与管理［M］. 北京：北京大学出版社，2015.
[33] 林江 . 顾客关系管理［M］. 北京：首都经济贸易大学出版社，2006.
[34] 邹益名，张世琪 . 现代饭店房务管理与案例［M］. 沈阳：辽宁科学技术出版社，2003.
[35] 孙茜 . 饭店前厅客房服务与管理［M］. 北京：旅游教育出版社，2008.